海德格尔形式显示的实存哲学

Heideggers formal anzeigende Existenzphilosophie

马小虎 著

陕西新华出版传媒集团
陕 西 人 民 出 版 社

图书在版编目（CIP）数据

海德格尔形式显示的实存哲学 / 马小虎著. — 西安：陕西人民出版社，2022.6

ISBN 978-7-224-14532-8

Ⅰ.①海… Ⅱ.①马… Ⅲ.①海德格尔（Heidegger，Martin 1889-1976）—存在主义—哲学思想 Ⅳ.①B086 ②B516.54

中国版本图书馆 CIP 数据核字(2022)第 067561 号

责任编辑：关　宁　晏　藜
封面设计：蒲梦雅

海德格尔形式显示的实存哲学

作　　者	马小虎
出版发行	陕西新华出版传媒集团　陕西人民出版社 （西安市北大街 147 号　邮编：710003）
印　　刷	广东虎彩云印刷有限公司
开　　本	787 毫米×1092 毫米　1/16
印　　张	16.5
字　　数	282 千字
版　　次	2022 年 6 月第 1 版
印　　次	2022 年 6 月第 1 次印刷
书　　号	ISBN 978-7-224-14532-8
定　　价	78.00 元

如有印装质量问题，请与本社联系调换。电话：029-87205094

国家社科基金后期资助项目出版说明

后期资助项目是国家社科基金设立的一类重要项目，旨在鼓励广大社科研究者潜心治学，支持基础研究多出优秀成果。它是经过严格评审，从接近完成的科研成果中遴选立项的。为扩大后期资助项目的影响，更好地推动学术发展，促进成果转化，全国哲学社会科学工作办公室按照“统一设计、统一标识、统一版式，形成系列”的总体要求，组织出版国家社科基金后期资助项目成果。

全国哲学社会科学工作办公室

序　言

一、海德格尔研究的"实存哲学范式"

海德格尔进入哲学界已有100多年，海德格尔全集预告有100多卷，这些基本情况都提示着我们，海德格尔哲学或海德格尔的思想形象必定是错综复杂的，任何阐释方案都不敢声称最终掌握了海德格尔或"海德格尔哲学本身"。但是，根据解释学原理，任何理解都是一种应用（Applikation），亦即将"要理解的文本应用于解释者的目前处境"①。于是可以说，任何解释都不是对要理解的文本的绝对客观的再现，而是带有解释者的主观性，诸如解释者的视角和处境。②

这样一来，我们一方面要承认，我们所认识到的海德格尔不可能是海德格尔哲学本身，不可能是海德格尔思想形象本身。按照这样的表述，似乎海德格尔哲学成了某种"事物本身"（Ding an sich），我们只能认识到有关事物本身的诸种现象，却不能认识到事物本身。但是，依循现象学精神，所谓"面向实事本身"（Zu den Sachen selbst），不就是面向实事的诸种显现吗？于是，我们可以认识到海德格尔哲学的诸种显现，这就已经具有了积极的意义。

海德格尔讨论问题的广度和影响范围就像黑格尔那样，几乎牵涉哲学学科的所有领域。按照国内的学科划分，哲学学科下设马克思主义哲学、中国哲学、外国哲学、逻辑学、伦理学、美学、宗教学和科技哲学等8个二级学科。毫不夸张地说，海德格尔在这8个二级学科中都被人们不同程度地讨论着。比如，美学和科技哲学学科领域对海德格尔的关注就非常热烈。不容忽视的是，国内马克思主义哲学圈同样非常重视海德格尔。不得不承认，这些关注和探讨都具有积极意义。

---

① 伽达默尔：《真理与方法》，洪汉鼎译，商务印书馆，2007年，第418页；Hans-Georg Gadamer, *Hermeneutik I* (GW1), Verlag Mohr Siebeck 1999, S. 313.

② 海德格尔在1922年"纳托普报告"中就业已提到，"视位"（Blickstand）、"视向"（Blickrichtung），和由此二者构成的"视域"或"视界"（Blickweite）乃是任何解释的三个要素。参见海德格尔：《形式显示的现象学——海德格尔早期弗莱堡文选》，孙周兴编译，同济大学出版社，2004年，第76—77页。

在外国哲学学科领域,如何定位海德格尔?常见的解释方案大概有两种:实存哲学的方案和现象学的方案。可以说,海德格尔可以列入实存哲学,也可以列入现象学;同时,无论是把海德格尔纳入实存哲学还是纳入现象学,都要带有某些限定条件;海德格尔到底算不算实存哲学,到底算不算现象学,这些本身还是有待争议的问题。① 不过,尽管有诸种争议,但是并不妨碍人们可以将海德格尔看作是实存哲学,或者将海德格尔看作是现象学。这取决于人们必定带有的某种"前见"(Vor-urteil),而带有"前见"在文本解释中乃是十分正常的事情。

美国学者 T. Sheehan 曾有一篇文章,叫作《海德格尔研究的一种范式转换》(*A paradigm shift in Heidegger research*),他主要探讨《哲学论稿》对于海德格尔研究范式转换的意义。②不过,"海德格尔研究的一种范式转换"(A paradigm shift in Heidegger research)确实提示出,在海德格尔研究中存在着研究范式的差异。可以说,将海德格尔列入现象学,这是海德格尔研究的一种范式,例如,倪梁康教授在撰写"现象学运动的基本意涵"时,就将海德格尔列入胡塞尔以来诸位现象学家的序列。③但是,倪梁康教授其实也知道,海德格尔哲学到底算不算现象学,其实是有争议的,例如胡塞尔在 20 世纪 30 年代就曾认识到,海德格尔哲学与胡塞尔自己的哲学完全不同。④只不过,倪梁康教授认为,海德格尔 1928 年前的论著对于理解胡塞尔现象学往往具有"启示性的帮助"。⑤

如若倪梁康教授等学者可以看作是海德格尔研究之"现象学范式"的

---

① 参见 https://plato.stanford.edu/entries/heidegger/:"Martin Heidegger (1889-1976) was a German philosopher whose work is perhaps most readily associated with phenomenology and existentialism, although his thinking should be identified as part of such philosophical movements only with extreme care and qualification."

② 参见 Thomas Sheehan, *A paradigm shift in Heidegger research*, in: Continental Philosophy Review (34),2001, pp. 183-302.

③ 参见倪梁康:《心的秩序:一种现象学心学研究的可能性》,江苏人民出版社,2010 年,第 1—3 页。

④ 参见《胡塞尔于 1931 年 1 月 6 日致普凡德尔的信》,倪梁康:《胡塞尔与海德格尔——弗莱堡的相遇和背离》,商务印书馆,2016 年,第 210—215 页。

⑤ 参见倪梁康:《胡塞尔与海德格尔——弗莱堡的相遇和背离》,商务印书馆,2016 年,第 5 页。

代表，那么孙周兴教授等学者可以看作是海德格尔研究之“实存哲学范式”①的代表。孙周兴教授提到，可以将 Existenzphilosophie 译作“实存哲学”，而不作“生存哲学”，更不作“存在哲学”（因为“存在”对应于 Sein）；尽管海德格尔并不认可雅斯贝尔斯的“实存哲学”（Existenzphilosophie）和萨特的“实存主义”（Existentialismus），但是，我们完全可以借助“实存哲学”来探讨海德格尔哲学。②后来，孙周兴教授进而提出了实存哲学的诸种规定：实存哲学是个体论、实现论、潜能论、超验—神学论，并且也是某种形而上学。③当然，孙周兴教授在使用“实存哲学范式”时，也并不排斥“现象学范式”，亦有关于海德格尔的现象学论著或编著。④

二、“海德格尔形式显示实存哲学”的取名缘由

本书取名为“海德格尔形式显示的实存哲学”，可以用德文表述为 *Heideggers formal-anzeigende Existenzphilosophie*，或者 *Die formal-anzeigende Existenzphilosophie bei Heidegger*。如此命名，主要考虑到两种渊源：其一，张祥龙教授和孙周兴教授等人有关海德格尔“形式显示”或“形式指引”（formale Anzeige、formal indication）的翻译和研究。他们的译介工作主要受益于美国学者 T. Kisiel 的倡导，Kisiel 乃是海德格尔形式显示/形式指引思想

① 实际上，国内最早接触海德格尔哲学并且亲自聆听海德格尔课程的熊伟先生最初就在使用“存在主义”的提法，中国台湾和中国香港的学者们，诸如陈鼓应、洪耀勋、劳思光和高宣扬等人，以及日本的许多学者诸如曾接受海德格尔私人授课的九鬼周造，就在使用“存在主义”或“实存哲学”的提法来论述海德格尔哲学，参见《存在主义哲学》，中国科学院哲学研究所西方哲学史组编，商务印书馆，1963 年，或《存在主义哲学资料选辑》，熊伟编译，商务印书馆，1997 年；《存在主义》，陈鼓应编，台湾商务印书馆，1967 年，或中华书局，2019 年版；高宣扬：《存在主义概说》，香港天地图书有限公司，1979 年，或高宣扬：《存在主义》，上海交通大学出版社，2016 年；洪耀勋：《实存哲学论评》，台北水牛出版社，1970 年；劳思光：《存在主义哲学新编》，张灿辉、刘国英合编，中文大学出版社，2001 年。日本学界的译介和著述：《實存哲學概說》，波爾諾（Bollnow, Otto Friedrich）撰，塚越敏、金子正昭同譯，理想社，1927；《實存哲學》，耶斯伯斯（Jaspers, Karl）撰，鈴木三郎譯，理想社，1962；《實存哲學》，九鬼周造撰，岩波书店，1933 年；《實存哲學道》，本多謙三撰，理想社，1949 年；《キエルタユ. オルカウサルトハ：實存哲學研究》，高坂正顯撰，弘文堂，1949 年。

② 参见孙周兴：《西方形而上学的实存哲学路线》，载于孙周兴：《后哲学的哲学问题》，商务印书馆，2009 年，第 42—64 页。

③ 参见孙周兴：《实存哲学与当代汉语哲学》，孙周兴、贾冬阳主编：《存在哲学与中国当代思想——张志扬从教五十周年庆祝会文集》，商务印书馆，2015 年，第 558—567 页。

④ 参见孙周兴：《形式显示的现象学——海德格尔早期弗莱堡讲座研究》，《现代哲学》2002 年第 4 期，第 85—95 页；海德格尔：《形式显示的现象学——海德格尔早期弗莱堡文选》，孙周兴编译，同济大学出版社，2004 年；孙周兴：《以创造抵御平庸——艺术现象学演讲录》，中国美术学院出版社，2010 年。1994 年中国现象学专业委员会成立以后，研究胡塞尔的学者和研究海德格尔的学者们在“中国现象学”名义下组织学术会议，这里的“现象学”泛指广义的现象学思潮，并不排斥海德格尔研究的“实存哲学范式”。

方法的首要倡导者。①不过,Kisiel 的研究也只能算是海德格尔研究诸种范式的其中一种,并没有得到海德格尔学术界的普遍认可。②幸好,在国内学术界,由于张祥龙教授和孙周兴教授等人的倡导,人们似乎已经较为普遍地认可了“形式显示”作为海德格尔哲学核心字语的意义。

当然,本书取名为“海德格尔形式显示的实存哲学”,还有另一渊源,亦即孙周兴教授对于“实存哲学”的使用和倡导。实际上,靳希平教授多次使用“人生现象学”(并且在讲座中使用过“人生哲学”)来指称海德格尔哲学,而且,他认为《存在与时间》的主要内容就是有关“人生达在”的人生现象学,所谓对于存在本身的追问根本没有展开,因而,人们称之为“存在主义”并不奇怪,因为“存在主义”就是人生现象学的别名。③唐君毅在介绍海德格尔哲学时,就曾使用“人生哲学”的提法,他认为海德格尔固然有形上学,但是也有人生哲学,而且,其人生哲学的主要渊源是克尔凯郭尔。④海德格尔在《存在与时间》就反复提及“存在论—实存论的”(ontologisch-existenzial),这种提法实际上就是或者说可以表述为“实存哲学”(Existenz-philosophie 或 Existentiale Philosophie)。

至于把“形式显示”和“实存哲学”合并起来称作“海德格尔形式显示的实存哲学”则是本书作者的创造。其中缘由亦不难明白:海德格尔1919—1928 大约 10 年间理论探索的最终成果大概就是他发明的 formale Anzeige 和被他搁置了伦理内容的 phronesis 这两个字语,phronesis 可以为 formale Anzeige 提供历史性支撑⑤,而 formale Anzeige 又可以为 phronesis 伦理内容的搁置提供合理性解释。人们关于“实存哲学”的一般印象就

① T. Kisiel 的相关研究,参见本书第一章第 2 节“海德格尔形式显示的出场方式”的导言部分“形式显示在海德格尔学术界的出场”。

② 本书作者在国外访学时,就曾遭遇到海德格尔学界的某著名学者,他断然否认“形式显示”这个词语的思想意义,他认为这一字语在《存在与时间》中就不复存在了,谈不上是海德格尔哲学的核心字语。显然,他并没有阅读 Kisiel 及其学生 Imdahl 的研究论著,实际上,“形式显示”(formale Anzeige)在《存在与时间》中是否出场,只要检索一下便可知晓。

③ 参见靳希平:《〈存在与时间〉的“缺爱现象”——兼论〈黑皮本〉的“直白称谓”》,《世界哲学》2016 第 5 期, 第 20—28 页 。而且,靳希平将 das menschliche Dasein 译作“人生此在”,而不是译作“人类此在”,更容易彰显海德格尔关注人生实存的实存哲学(人生哲学)的思想意图,参见萨弗兰斯基:《来自德国的大师——海德格尔和他的时代》,靳希平译,商务印书馆,2007 年,第 209 页等。

④ 参见唐君毅:《海德格》,载于陈鼓应主编:《存在主义》,中华书局,2019 年,第 110—122 页。

⑤ T. Kisiel 和 J. V. Buren 坚持这一点,参见这篇文章的转述:Matthew I. Burch, *The Existential Sources of Phenomenology: Heidegger on Formal Indication*, European Journal of Philosophy vol. 21-2 , 2011 , p. 260. 朱海斌:《海德格尔形式显示的现象学方法》,《同济大学学报(社会科学版)》2013 年第 5 期,第 17 页。

是,这种哲学拒绝伦理思考的传统形式,不会给出某种明确的伦理学说,但是,这种哲学确实关注着个体在世的伦理处境;海德格尔哲学虽然致力于存在论,但是可以从其中识别出有关伦理学或本真性伦理学的某种轮廓(a sketch、the vague outlines)。①

自2010年以来,本书作者开始探索国内外学术界的一个热点问题:海德格尔到底有没有伦理学或实践哲学(以及政治哲学)?海德格尔与伦理学或实践哲学(以及政治哲学)到底有何种关系?通过谨慎辨析,本书的最终结论是,不可简单地断言海德格尔有或者没有伦理学或实践哲学(以及政治哲学),而应当说,海德格尔有何种意义上的伦理学或实践哲学(以及政治哲学)?这种具有海德格尔特色的伦理学或实践哲学(以及政治哲学),并不是传统意义上或标准意义上的伦理学或实践哲学(以及政治哲学),于是,不方便再称之为伦理学或实践哲学(以及政治哲学),不妨称之为"实存哲学",而且可以说这是某种"形式显示的实存哲学"(formal-anzeigende Existenzphilosophie)。

依据马尔库塞的回忆,《存在与时间》出版后,他和他的朋友们感受到,这部作品开创了某种新的哲学:"关注着人生实存、人生境况,而不只是抽象观念和抽象原则";并且,他把这种哲学称作"具体哲学"(concrete philosophy)。②但是,不久之后,马尔库塞就改变了他对海德格尔哲学的看法,不再认为它是具体哲学了。他认为,"海德格尔的具体性(concreteness)在很大程度上是伪装的、虚假的具体性":"他的哲学是抽象的,远离现实,甚至避免现实";"他的实存分析远离社会现实,而不是切入社会现实";"海德格尔的存在主义其实是某种先验观念主义"。③在他看来,海德格尔的许多字语都缺乏质料内容:"此在"只是中性范畴,没有牵涉个体的阶级、工作、消遣、痛苦、反抗和奋斗,连性别差异都不存在;"历史"作为实存范畴,不含有任何特殊的物质和文化,也被中性化了(neutralization);"本真性"只是说回到自身,自行决断,至于决断的内容、决断的目标、决断是否有益,

---

① 参见 Jon Stewart:Existentialism,2012 Elsevier Inc., pp. 250-263, 特别是 p. 251, p. 257.

② Marcuse, *Heidegger's Politics: An Interview*, in: Heideggerian Marxism, ed. Richard Wolin and John Abromeit, University of Nebraska Press 2005, p. 186; Marcuse, *Postscript: My Disillusionment with Heidegger*, in: Heideggerian Marxism, 2005, p. 176.

③ Marcuse, *Heidegger's Politics: An Interview*, in: Heideggerian Marxism, 2005, p. 166, pp. 166-168.

这些经验内容都被存而不论和中性化了。①

此处引人注意的是 neutralization,这是马尔库塞对海德格尔的诊断,正是由于这一点,他才断定海德格尔哲学只是某种虚假的具体性。而 neutralization 则在于忽略质料性内容,只作形式分析。可以说,马尔库塞的思想嗅觉极其敏锐,确实把握到了海德格尔哲学的要害。F. Volpi 亦有类似的看法,他认为,《存在与时间》是对《尼各马可伦理学》的消化和吸收,但是,消化和吸收的方式却是"存在论化"(Ontologisierung),只保留了其中的存在论关联,排除了其中存在者层次上的成分。②照此意见,海德格尔吸收了亚里士多德伦理学的某些成分,却忽略了其中显赫的伦理意义。在此问题上,G. Figal 是这样看的:"海德格尔关心的只是生活现象学的历史性范例,牵涉具体当下行动的考虑,对他而言则无关紧要。"③

海德格尔自己这样说:他的"现象学解释并非是去认识存在者的诸种属性,而是要去规定其存在的诸种结构"。④可以说,海德格尔坚持的乃是某种"存在论的伦理学"。⑤所谓"中性化"或"存在论化",用海德格尔使用过的字语来说,就是"形式显示"(formal-anzeigend),亦即就相关论题给出概略性的指引和提示。这种"存在论化"或"形式显示的实存哲学"既是海德格尔实存哲学的特色,同时意味着海德格尔哲学的某种"缺失"。靳希平教授和张祥龙教授分别指出,海德格尔哲学缺乏对"爱"和"家"的论述。⑥我们知道,海德格尔这个人并不缺乏"爱"和"家",但他确实没有在文字上就这些论题进行详细的论述。于是,"形式显示的实存哲学"既可以标识海德格尔哲学的特色,同时又可以说明此种哲学的"缺失"。当然,这种"缺失"乃是特定视角下的缺失,并不是"海德格尔哲学本身"的

---

① Marcuse, *Heidegger's Politics: An Interview*, in: Heideggerian Marxism, 2005, pp. 167-169, p. 172.

② 参见 Volpi, *Sein und Zeit: Homologien zur Nikomachischen Ethik*, in: Philosophisches Jahrbuch (96), Verlag Karl Alber 1989, S. 231, 234;弗朗柯·伏尔皮:《〈存在与时间〉——〈尼各马可伦理学〉的改写?》,王宏健译,《清华西方哲学研究》2017 第 2 期,中国社会科学出版社,第 155—172 页。

③ Figal, *Heidegger als Aristoteliker*, in: Heidegger-Jahrbuch 3, Verlag Karl Alber 2007, S. 60.

④ Heidegger, *Sein und Zeit*(EA), Verlag Max Niemeyer 2006, S. 67.

⑤ 邓安庆教授就曾使用过这一标题,参见邓安庆主编:《存在论的伦理学:以海德格尔为中心的探讨》,《伦理学术》2018 年秋季号(总第 005 期),上海教育出版社,2019 年。

⑥ 参见靳希平:《〈存在与时间〉的"缺爱现象"——兼论〈黑皮本〉的"直白称谓"》,《世界哲学》2016 年第 5 期,第 20—28 页,其摘要版和修订版收入《中国哲学年鉴》2017 年 第 1 期,第 301—303 页和《伦理学术》2018 年 第 2 期,第 124—139 页;张祥龙:《"家"的歧异——海德格尔"家"哲理的阐发和评析》,《同济大学学报(社会科学版)》2016 年 第 1 期,第 19—29 页。

缺失。

三、本书结构安排和内容概要

本书在篇幅上包括六章，每章包括三节，全书共计十八节，具体章节安排可以参考目录。这里扼要介绍一下，方便读者了解全书的结构安排。虽然本书包括六章，但是可以划分为以下四个部分：

导论部分：形式显示与实存哲学——海德格尔形式显示实存哲学的概要介绍。

我们将海德格尔实存哲学或实践论述揭示为"形式显示的实存哲学"或"形式显示的实践论述"：异质性或个体性的倾向，还不足以传达海德格尔实存哲学的特色，毋宁说，问题的关键在于异质性—个体性的实行—实践；异质性—个体性——次性的审时度势和相时而动，最终并不是"读书"之事，而是"行路"之事，这是海德格尔实存哲学的特色。海德格尔并不漠视伦理领域的实践，而是要告诉我们：实际生活是变动不居和具体多样的，我们应当采取相时而动的应对姿态，切勿执着于以某种一劳永逸的、普遍有效的现成规范来应对变动不居的实际生活；不要满足于泛泛的空谈，毋宁说，要在概略论述的形式指引下，积极展开个体此在的具体实行。

同时，我们介绍了海德格尔"形式显示"的出场方式，包括"形式显示"在海德格尔文本中的直接出场和它在海德格尔文本中的隐匿性出场。这一部分的核心论题是形式显示实存哲学的"两段法"：a. 概略性指引或提示；b. 个体此在之具体实行。海德格尔不仅介绍了形式显示的两段法（首先显示，然后充实），而且还为这种两段法添加了一组可以震撼整个海德格尔学术界的形容词"非本真的"（uneigentlich）与"本真的"（eigentlich）：a. 显示出来的东西、具有形式性质的东西，还是非本真的，然而，恰是这个"非"字彰显出了积极的指引；b. 要想通往本真的东西，那就要对非本真地显示出来的东西加以遭受和充实。①形式显示的两段法还可以这样概括：形式显示概念只是给出某种显示（Anzeige）或提示（Hinweis），以此呼吁此

① 参见 Heidegger, *Phänomenologische Interpretationen zu Aristoteles. Einführung in die phänomenologische Forschung*（GA61），Verlag Klostermann1985，S. 33：a）…，dass das，was gesagt ist，vom Charakter des 》Formalen《 ist，uneigentlich，aber gerade in diesem 》un《 zugleich positiv die Anweisung. b）…，dass es，soll es zum Eigentlichen kommen，nur den Weg gibt，das uneigentlich Angezeigete auszukosten und zu erfüllen，der Anzeige zu folgen.

在在其自身中实行某种改变(eine Verwandlung vollziehen)。①倪梁康教授曾对 Hinweis 这一字语给予特别的关注,认为哲学的使命往往就是 Hinweis。②

第一部分:海德格尔形式显示实存哲学的两种论题——理论与实践、潜能与实现。

“形式显示”是海德格尔自己发明的字语,缺乏历史性力量,所以,他试图在亚里士多德哲学中寻找历史性的支撑力量。海德格尔在 1924—1925 年冬季学期和 1931 年夏季学期对亚里士多德的 aletheia 和 energeia 进行了深入的阐释,这两个字语可以标识出海德格尔形式显示实存哲学的两种论题。③经过海德格尔的阐释,可以看到,“具体处境(Situation/Lage)”之揭示属于“揭示真理”(aletheuein)之事业,潜能之拥有(echein)和潜能之实现(energein)乃是潜能(dynamis)之二重性。这些论述与人生实存密切相关,而且具有概略指引和呼吁实行的形式显示特征。

与此同时,我们介绍了伽达默尔和阿伦特的实践论述、博伊斯和阿甘本的潜能论述,通过对比,可以感受到海德格尔的论述不如这些学者做得更有内容或更为详细,海德格尔的论述只能说是概略指引或缺乏内容的概略指引,而这些学者的论述则是包含伦理、政治、经济以及艺术等内容的具体论述。在海德格尔那里,潜能之拥有和潜能之实现,这种看似存在论的概念游戏,很可能具有着政治意蕴:走出洞穴可以意指潜能之拥有,回到洞穴可以意指潜能之实现,当然这里都是说政治参与或政治引领的潜能;但是,很可惜,这种指引充其量只是些空洞的指引,并不涉及真正的政治技

① 参见 Heidegger, *Die Grundbegriffe der Metaphysik. Welt-Endlichkeit-Einsamkeit*(GA29/30), Verlag Klostermann1983, S. 429-430: Der Bedeutungsgahalt dieser Begriffe meint und sagt nicht direkt das, worauf er sich bezieht, er gibt nur eine Anzeige, einen Hinweis darauf, dass der Verstehender von diesem Begriffszusammenhang aufgefordert ist, eine Verwandlung seiner selbst in das Dasein zu vollziehen.

② 倪梁康:《哲学何为? 哲人何为?》,https://www. douban. com/group/topic/2197059/:“至于哲学的实用功能,那是取决于各个时代哲人的问题。现象学家们常常愿意区分指明(Hinweis)和证明(Beweis)。因此,我们在这里似乎可以这样说,伟大的哲人并不曾证明什么,但他们指明着什么。这些为他们看到和指明的东西,就是可能性:人生、世界如何展开的可能。……倘若不愿一辈子浑浑噩噩度人生、迷迷糊糊看世界,你要么可以在这些可能性中择一而信之,要么就身体力行,自己尝试去看、去知,从而发现被指明的可能性确否如此,甚或去发现新的可能! 哲人与世人之间并没有明确的界限。”

③ 张祥龙教授提到,海德格尔找到形式显示这种思想方法之后,就迫不及待地将其用在对亚里士多德的阐释上,他致力于“形式显示地揭示亚里士多德的现象学存在论”,参见张祥龙:《海德格尔传》,商务印书馆,2007 年,第 111—113 页;同时可以参考韩潮:《海德格尔与伦理学问题》,同济大学出版社,2007 年,第 107 页。

艺,所以,对于政治领域的具体事务而言并无实际意义。

第二部分:海德格尔实存哲学比较欠缺的两种论题:友爱和主从、身体和财富。

这一部分更加明确地指出了海德格尔实存哲学的"缺失",亦即在重要论题上的"缺失"或"缺席"。敬请读者特别关注"海德格尔与亚里士多德的共在论比较"和"海德格尔的尼采阐释与实存哲学的基本形象"这两节,这两节乃是这一部分的核心内容。与亚里士多德相对照,海德格尔哲学缺乏伦理、政治和经济等具体内容;与尼采相对照,海德格尔哲学缺乏对于身体等论题的具体论述。由于缺乏经济或财富等论题上的具体论述,这就构成了海德格尔哲学与马克思哲学的根本差异;由于缺乏伦理和政治论题上的具体论述,亦使海德格尔区别于阿伦特和伽达默尔等后学。

海德格尔"形式显示的实存哲学"固然有许多高明和美妙的真知灼见,但是在许多重要论题上存在着"缺失"或"缺席",诸如在"友爱和主从"①"身体和财富"②等实存哲学不可或缺的重要论题上就存在着论述的"缺失"或"缺席"。海德格尔式的实存哲学拘泥于形式显示的概略指引,没有像亚里士多德和尼采等思想家那样,就实存哲学的具体论题给出详细论述。海德格尔这个人自然通晓实存哲学的诸种具体论题,但是他不愿意具体地探讨那些具体的论题。③

于是,在"海德格尔形式显示的实存哲学"这个标题下,我们不仅会指出海德格尔实存哲学的特色,而且会指出海德格尔式实存哲学的"缺失"。

---

① 关于海德格尔哲学在友爱和主从等论题上的匮乏,参见前面提到的靳希平教授和张祥龙教授的论文;此外,还可以参考赵汀阳:《共在存在论:人际与心际》,《哲学研究》2009 年第 8 期,第 22—30 页,以及赵汀阳:《第一哲学的支点》,三联书店,2013 年,第 102—107、121—123 页;陈治国:《哲学的友爱:亚里士多德、海德格尔与伽达默尔》,《复旦学报(社会科学版)》2015 年第 2 期,第 63—76 页;陈治国:《海德格尔基础存在论中的友爱伦理》,《哲学动态》2014 年第 7 期,第 61—67 页。

② 关于海德格尔哲学在身体论题上的论述缺失,参见王珏:《大地式的存在——海德格尔哲学中的身体问题初探》,《世界哲学》2009 第 5 期,第 126—142 页;王珏:《海德格尔论身体、疾病与医学——兼论其与中国传统医学的对话可能》,《中国现象学与哲学评论》2018 年第 1 期,第 166—185 页。关于海德格尔哲学在财富等论题上的论述缺失,参见国内马克思主义哲学圈的相关研究,他们大致认为,基于唯物史观的马克思哲学才是真正的"生存论",海德格尔哲学最终还是某种人本主义的空想。

③ 据说,海德格尔希望人们这样来概括他的一生:出生了,劳作了,死亡了,而不愿将其哲学与其人生经历结合起来。其实,这是出于欧洲哲学延续至今的某种优雅风度,海德格尔哲学难免与其生活经历相关,海德格尔难免会处理许多具体事务或"俗务"。这里仅给出一个事例,他曾为了挣钱而给日本贵族提供私人授课,参见《海德格尔与妻书》,葛尔特鲁特 · 海德格尔选编,常晅、祁沁雯译,南京大学出版,2016 年,第 136—137 页。

为此，我们会让海德格尔和其他思想家进行对照，进而概括出海德格尔式实存哲学的特色和缺失。这些对照既包括海德格尔与其前人的对照，诸如海德格尔与亚里士多德、与尼采乃至与马克思等人的对照，而且包括海德格尔与其后学的对照，诸如海德格尔与伽达默尔、与阿伦特，以及与马尔库塞等人的对照。①

结论部分：形式显示实存哲学的运行机制，参考“具体哲学”“实践哲学”和黑格尔版实存哲学。

谈论“运行机制”更加符合海德格尔形式显示的实行意义或运行意义(Vollzugssinn)，形式显示的实存哲学要在实行—运行(Vollzug)中方能显示出其真正的意义。诚然，任何论述难免是概略指引，但是面向具体论题的概略指引或许更贴近人生实存；实存哲学固然首先是某种论述，但是其终极目的乃是具体实行；实存哲学不仅有呼吁本真性的海德格尔版本，也有倡导不任性的黑格尔版本。海德格尔式实存哲学具有形式显示的特色和缺失，而实存哲学并非只有海德格尔式实存哲学这一唯一版本和唯一格调。

通常认为，海德格尔实存哲学缺乏对伦理和政治等论题的关注和探讨；海德格尔式实存哲学之所以给人这样的印象，原因就是他所使用的形式显示的思想方法，这一方法致使他不探讨许多细致的问题或者不作细致的探讨。最初人们觉得，这就是海德格尔式实存哲学的优越性，所谓只在存在论层面上探讨问题，而不在存在者层面上进行探讨。其实，随着时代的变化，这样崇高而优雅的风度越来越不合时宜了，伽达默尔在战后业已感到学生的大众化②，几十年之后的大学教育愈加大众化了，哲学的受众不再是为数较少的精英贵族了，因此，哲学论述还是以细致和详细为好。

可以看到，海德格尔的后学们诸如伽达默尔、阿伦特和马尔库塞等人，都倾向于更加细致的论述风格，而不是固守所谓“海德格尔本身”的论述风格。所以，我们为何一定要坚持所谓“海德格尔本身”的论述风格呢？其次，论述不等于实行，不能替代实行，所谓“论述本身就是某种实行”固然是正确的，但仍旧回避不了个体切身的与伦理—政治以及身体—财富等

① 理查德·沃林提到，“在思想实体和其接受之间不存在绝对的分离”，而且，“很少有作者是自己作品的最佳法官”，因此，通过考察海德格尔的学生们，可以对海德格尔“思维方式的丰富性和局限性获得新的见解”，参见理查德·沃林：《海德格尔的弟子：阿伦特、勒维特、约纳斯和马尔库塞》，张国清、王大林译，江苏教育出版社，2005 年，第 2—3 页。

② 参见伽达默尔：《哲学生涯》，陈春文译，商务印书馆，2003 年，第 121—122 页。

内容相关的具体实行；例如，伽达默尔所讲的“实践哲学”并不等同于亚里士多德所讲的“实践智慧”（phronesis）。[①]此外，海德格尔式实存哲学固然是形式显示的实存哲学，诚然是概略性的指引和提示，但是，总还是夹带着某种呼吁本真性的格调；黑格尔那种倡导不任性的实存哲学标识着实存哲学的另一格调，值得深思；伽达默尔讲授“教化”（Bildung）时，就依循着黑格尔的容忍异己和适应他人的思想观念。[②]

在这一序言的结尾处，我们还需要预先说明另一问题：众所周知，依照海德格尔形式显示的思想方法，“实行意义”（Vollzugssinn）占据非常重要的位置，而且，按照我们的概括，形式显示思想方法的完整意义乃是“两段法”——概略指引和具体实行，并不是要停留在概略指引的阶段。不过，这并不意味着否认或轻视思想工作的重要性。从事伦理政治领域的诸种事务固然是“实行”（Vollzug），但是，从事理论活动同样属于“实行”。海德格尔提出形式显示思想方法的理论动因是向我们展示源初的生活经验或原本的实际生活，这种源初生活就是拉斯克所讲的“完全投入”（Hingabe）[③]，这种状态可能类似海德格尔后来提到的 Zuhandenheit 那种与事物的交往状态。诚然，依据本书的处理方式，形式显示（formale Anzeige）和实践智慧（phronesis）密切相关，但是，并不意味着形式显示的“实行”仅仅包括伦理政治领域的 praxis。[④]

海德格尔在 1922 年就提到过：动变、操劳、或打交道，并不局限于人生此在与世界的日常交往，还包括进行观看的操劳（Sorgen des sehens），可以说，理论观察也是“实行”。[⑤]他在 1927 年《存在与时间》有进一步而且更为确切的表述：a.“其实行动源始地有它自己的视，考察也同样源始地是一种操劳”（das Betrachten ist so ursprünglich ein Besorgen, wie das Handeln seine Sicht hat）；b.“就像实践具备其特有的视（理论）一样，理论研究也并非没有它自己的实践”［Und wie der Praxis ihre spezifische Sicht（Theorie）eignet,

---

① 参见洪汉鼎：《实践哲学 修辞学 想象力：当代哲学诠释学研究》，中国人民大学出版社，2014 年，第 7、96 页。

② 参见伽达默尔：《诠释学 I：真理与方法》，洪汉鼎译，商务印书馆，2007 年，第 19—32 页。

③ 参见张祥龙：《现象学导论七讲》，中国人民大学出版社，2011 年，第 216—217 页。

④ 靳希平教授曾将 Vollzugssinn 译作“运作意义”，照此翻译而且依据萨弗兰斯基的看法，“只有在这种运作的意义中，存在意义才可能展现出来”，举例来说，经济、音乐、文艺、宗教、体育、爱情和游戏，都要在其各自的运行或运作之中进行理解。参见萨弗兰斯基：《来自德国的大师——海德格尔和他的时代》，商务印书馆，2007 年，第 160—162 页。

⑤ 参见 Heidegger, *Phänomenologische Interpretationen Ausgewählter Abhandlungen des Aristoteles zur Ontologie und Logik*（GA 62）, Verlag Klostermann 2005, S. 353-354.

so ist die theoretische Forschung nicht ohne ihre eigene Praxis][1]这两处高度凝练的经典表述,都意在破除“理论”与“实践”的对立和割裂,前一句使用的字语是 Betrachten 和 Handeln,后一句直接使用了 Theorie 和 Praxis。

关于海德格尔的这种表述,陈嘉映教授曾有专门分析和评论:亚里士多德提出了人类活动的某种三分法——“理论”—“制作”—“实践”,海德格尔在这里使用的乃是近代以来较为常用的某种二分法——“理论”—“实践”,也就是说,他把“制作”包括在“实践”中;通过海德格尔前面两处经典表述的提示,可以理解,亚里士多德所讲的三分法中的每一项活动其实都可以分为两个方面:“知”和“行”,所以,“实践”有其自己的“知”,而“理论”也有其自己的“行”;举例而言,绘画等艺术活动以及学术活动,都有其自己的“行”,比如艺术家有“绘画实践”,哲学家有学术研究之“写作实践”和学术交流之“交往实践”以及学术传播之“教学实践”,都不会停留在大脑的思考阶段,而且,这些实践或“行”未必依赖专题化的系统性的“理论”。[2]

没错,“理论”业已是某种“实践”,“思想”业已是某种“行动”,“理论”与“实践”之割裂并非源初状态,不一定要为“理论”与“实践”之孰为优先争论出一个结果。这样讲固然没有问题,做学问本身就是某种有意义的活动了,王阳明就曾提示,博学、慎思、明辨和审问这些环节已是某种“行”[3],学者们的学术活动,包括看书、做笔记、写论文、讲课、听讲座、参与学术会议等等,都是有意义的活动,都可以说是某种“行”。而且,作为一个学者,就要做好自己的本职工作,就要把读书、科研、教学和学术交流等学术事务做好。无论他研究什么内容,就其学术活动而言,都是某种有意义的“行”。文本阐释之活动本身就是有意义的“行”,观看和指引本身就是有意义的“行”。

但是,这样讲容易和另一真正的问题失之交臂。即使是从事“理论哲

---

① Heidegger, *Sein und Zeit*(EA), Max Niemeyer Verlag 2006, S. 69, S. 358.;海德格尔:《存在与时间》,陈嘉映、王庆节译,熊伟校,三联书店,2012 年,第 81—82 页、406—407 页。

② 参见陈嘉映:《实践/操劳与理论》,《同济大学学报(社会科学版)》2014 年第 1 期,第 15—23 页。

③ 参见王阳明:《传习录》“答顾东桥书”:尽天下之学,无有不行而可以言学者。则学之始,固已即是行矣。笃者,敦实笃厚之意。已行矣。而敦笃其行,不息其功之谓尔。盖学之不能以无疑,则有问。问即学也,即行也。又不能无疑,则有思。思即学也,即行也。又不能无疑,则有辨。辨即学也,即行也。辨既明矣,思既慎矣,问既审矣,学既能矣,又从而不息其功焉,斯之谓笃行。非谓学问思辨之后而始措之于行也。

学"之学术研究，这种研究活动本身就已经是某种"行"。这固然不错，但是，所谓"实践哲学之当代复兴"①和本书使用的"实存哲学"的诸种呼吁，其真正意义并不停留在这个层面，而是试图探讨某种更为源初的生活现象，或者说试图面对更广阔的读者范围。从事"理论哲学"或"学院哲学"，听众或者获得专业训练，用于以后的学术发展，或者获得思维训练，用于以后的日常工作。但是，不是所有哲学的读者和听众都将要从事专业哲学，更多人会从事非专题性的日常工作。在苏格拉底—柏拉图—亚里士多德那个时期，哲学的原本使命就是让人们学会演讲和辩论，以及更为高深的技艺，用以帮助他们过好政治或日常的生活。因此，实存哲学固然依旧是某种论述，但是实存哲学以及"形式显示的实存哲学"，其意义恰好在于它指向人生实存，期望它对人生实存能有一些帮助。②

---

① 参见张鼎国：《黎德尔论"第二哲学"》，张鼎国：《诠释与实践》，商务印书馆，2016年，第3—33页。其中谈到，伽达默尔曾把亚里士多德那里为伦理学和城邦政治学奠定基础的实践哲学传统称作古希腊哲学的第二传统；"理论"无关乎利害和价值，但是，哲学的问题不仅关涉事物，而且关涉到"人—事"；"伦理"和"传统"等问题同样需要人们去关注和探讨；在J. Ritter的鼓励下，M. Riedel汇编了两卷共计一千两百页的《实践哲学之复兴》(*Rehabilitierung der Praktischen Philosophie*, Verlag Romabach 1972&1974)，伽达默尔在这部文集中发表了自己的文章《诠释学作为实践哲学》，参见伽达默尔：《科学时代的理性》，薛华译，国际文化出版公司，1988年，第77—99页。

② 张志伟教授提到，专业哲学固然是有意义的，但是，哲学的现状总是专注于哲学史研究，远离了现实生活，忽视了哲学的社会责任，因而，现时代哲学的繁荣掩盖着哲学的危机，参见张志伟：《哲学学科的繁荣与哲学的危机》，《中国高校社会科学》2018年第1期，第27—33页。庞学铨教授提到，哲学的专业化和学院化，导致哲学在公共生活中的影响和地位越来越边缘化，但是，哲学在根本上要关注生活世界，要为生活提供引导，参见庞学铨：《生活哲学：当代哲学的一种可能路向》，《哲学分析》2016年第6期，第74—84页。列斐伏尔认为，启蒙运动以来的西方思想，将哲学提升到纯粹的高度，并且与无关紧要的日常生活一刀两断，这是日常生活遭到忽略的原因之一，参见刘怀玉：《现代性的平庸与神奇——列斐伏尔日常生活批判哲学的文本学解读》，北京师范大学出版社，2018年，第119—120页。王俊教授认为，"现象学与生活艺术哲学都是基于对现代科学技术的批判性反思，思考在技术时代个体如何更好地生活"，参见王俊：《从现象学到生活艺术哲学》，《浙江大学学报(人文社会科学版)》2018年第1期，第331—340页。

目　录

结论部分

导论部分

第一章　形式显示与实存哲学
——形式显示实存哲学的概要介绍

本章导读　通过考察海德格尔对李凯尔特和亚里士多德的消化和吸收,可以看到,海德格尔实存哲学的特色乃是个体性之历事。海德格尔形式显示的思想方法并非单纯的理论构建,毋宁说,在亚里士多德和尼采那里汲取了历史性力量。海德格尔的实践论述,接近亚里士多德模式,乃是形式显示的概略指引,呼吁着个体此在之具体实行。

§1　海德格尔实存哲学的两种渊源①

可以说,海德格尔从事哲学的问题意识即科学与哲学的区分,首先源自其导师李凯尔特;这种区分在李凯尔特那里表现为自然科学(Naturwissenschaft)与历史科学(Geschichtswissenschaft)的区分,不过,李凯尔特的这种区分可以追溯到文德尔班,还可以进一步追溯到狄尔泰。② 在1919年夏季学期,海德格尔回顾过这段历史:问题起源于孔德和密尔,他们试图用自然科学来说明精神科学(Geisteswissenschaft);而狄尔泰的思想贡献在于,他在1883年《精神科学导论》中试图阐明"精神科学相对于自然科学的独立地位",并且,狄尔泰已经认识到了"历史现实中个别性和唯一性的意义"(die Bedeutung des Sigulären und Einmaligen in der geschichtlichen Wirklichkeit);"他认识到它在精神科学中有一种与在自然科学中全然不同的意义。在后者中它只是为分析概括提供跳板的工具,在历史中它则是目

① 毫无疑问,海德格尔思想离不开胡塞尔现象学,不过,海德格尔的思想渊源牵涉到许多前辈。这一节仅仅举出李凯尔特和亚里士多德对海德格尔的影响;对海德格尔实存哲学具有重要影响的还有克尔凯郭尔和尼采等前辈。参见张旭:《〈存在与时间〉的方法、内容和叙事》,《江海学刊》2014年第1期,第52—56页,其中特别提到了克尔凯郭尔对海德格尔的影响。

② 海德格尔从1912年夏季学期到1915年夏季学期所参与的李凯尔特的课程竟然达到14门之多,参见登克尔等主编:《海德格尔及其思想的开端》,靳希平等译,商务印书馆,2009年,第6—8页。

的和目标”。①

此后1894年,文德尔班在《历史与自然科学》的演说报告中提出,自然科学与精神科学的划分依据是领域的差异,然而,真正的问题不是领域的差异,而是方法的差异(例如心理学,尽管它研究精神,但在方法上却从属于自然科学),所以,更妥当的划分是:研究一般规律的自然科学和研究特殊历史事实的历史科学。② 对此,李凯尔特有这样的表述:“如若我们以普遍性(das Allgemeine)视角观察现实,现实就是自然;如若我们以特殊性和个别性(das Besondere und das Individuelle)视角观察自然,现实就是历史。”③通常而言,自然科学追求普遍规律,将个别性的东西(das Individuelle)当作非本质的(unwesentlich)而加以排除;而历史科学的任务,恰好在于描述那些“一次性的、特殊的和个别性的东西”(Darstellung des Einmaligen, Besonderen und Individuellen)。④ 在他看来,“将个别化的(individualisierend)历史方法和普遍化的(generalisierend)自然科学方法区分开”,是非常合理的,而且,完全可以用“科学”(Wissenschaft)一词来统称自然科学和历史科学。⑤

1899年,李凯尔特在《文化科学和自然科学》阐述了某种“异质性原理”。在他看来,经验现实乃是一种“茫无边际的多样性”(unübersehbare Mannifaltigkeit);这种多样性越是深入,则越是显得无边无际,被纳入概念的东西,与被舍弃的东西相比,实在是微不足道。⑥ 李凯尔特用两个原理来刻画这种无边无际的多样性:其一,“一切都在流动着(Alles fließt)……每一个占有一定空间和一定时间的形成物,都具有这种连续性(Stetigkeit)”,这就是“一切现实之物的连续性原理”(Satz der Kontinuität alles Wirklichen)。其二,任何事物与其他事物都不会完全等同,每一事物的这个部分和那个部分都不会完全等同,每个现实事物都表现出某种“特殊的、特有的和个别的特征”,这就是“一切现实之物的异质性原理”(Satz

① Heidegger, *Zur Bestimmung der Philosophie*(GA 56/57), Verlag Klostermann 1987, S. 164-165;译文依据海德格尔:《论哲学的规定》,孙周兴、高松译,商务印书馆,2015年。

② 文德尔班:《历史与自然科学》,王太庆译,载于《西方现代资产阶级论著选辑》,洪谦主编,商务印书馆,1982年,第53—56页。

③ Rickert, *Kulturwissenschaft und Naturwissenschaft*, Verlag von J. C. B. Mohr 1926, S. 55;译文依据李凯尔特:《文化科学和自然科学》,涂纪亮译,杜任之校,商务印书馆,1986年。

④ Rickert, *Kulturwissenschaft und Naturwissenschaft*, Verlag von J. C. B. Mohr 1926, S. 54.

⑤ Rickert, *Kulturwissenschaft und Naturwissenschaft*, Verlag von J. C. B. Mohr 1926, S. 60,57.

⑥ Rickert, *Kulturwissenschaft und Naturwissenschaft*, Verlag von J. C. B. Mohr 1926, S. 30-31.

der Heterogeneiät alles Wirklichen)。总而言之,现实事物乃是“连续的异质性”(stetige Andersartigkeit)。[①]

李凯尔特不仅阐述了经验现实的异质性原理,而且阐述了认识的简化特性。由于经验现实乃是茫无边际的多样性、连续的异质性,人的认识不可能精确地描述现实,不可能将现实的全部细枝末节如实地反映到概念中,毋宁说,“认识不是反映(Abbilden),而是改造(Umbilden)”,“与现实本身相比,认识总是一种简化(Vereinfachen)”。认识的这种改造或简化,在李凯尔特看来,表现为对异质的连续性的改造,“或者改造为同质的连续性,或者改造为异质的间断性”;“数学采用的是前一种方法[将异质的连续性改造为同质的连续性],这种方法是从排除异质性(Beseitigung der Heterogeneität)开始的”;这种做法当然付出了很高的代价,数学的世界变成了同质连续的纯粹量的世界,只是观念的世界,不再是真实的世界。不仅如此,由于对数学的推崇和应用,原本必须研究真实存在的物理学等自然科学,也更多地关注同质的连续性了。[②]

一、海德格尔学生时期与李凯尔特

1913年,海德格尔在其博士论文《心理主义的判断理论》全篇结尾处表示:“本论文愿做哲学论文,因为它致力于终极整体。”[③]此处所谓整体,意味着存在整体,它可以被划分为诸种现实领域;所谓致力于整体,意味着要致力于阐述诸种现实领域各自的独特性;只有澄清了诸种领域的各自特性,才算是对哲学事业做出了贡献。当然,海德格尔在1913年仅仅区分了逻辑学领域和心理学领域;不过,他在1913年博士论文的前言中提到,由于前辈的教导,他这个非历史的数学家爱上并且理解了历史。[④] 这意味着,非历史的数学领域和历史领域这种对峙,实际上已经进入了海德格尔的视域。海德格尔的这种努力稍后体现在1915年的教职论文《邓·司各脱的范畴学说和意谓理论》中。在海德格尔看来,“各门科学探讨不同的对象领域,或者是在不同的观察视角下对同一领域进行探讨”,而所谓范畴学说,就是划分不同的现实领域(Wirklichkeitsbereiche),并且阐明其各自的特性(Eigenart)。[⑤]

---

① Rickert, *Kulturwissenschaft und Naturwissenschaft*, Verlag von J. C. B. Mohr 1926, S. 31-32.

② Rickert, *Kulturwissenschaft und Naturwissenschaft*, Verlag von J. C. B. Mohr 1926, S. 30-35.

③ Heidegger, *Frühe schriften*(GA1),Verlag Klostermann 1978, S. 187;译文参见海德格尔:《早期著作》,张珂、马小虎译,商务印书馆,2015年。

④ Heidegger, *Frühe schriften*(GA1),Verlag Klostermann 1978, S. 61.

⑤ Heidegger, *Frühe schriften*(GA1),Verlag Klostermann 1978, S. 210-211.

1915 年,海德格尔在其教职论文中,通过援引邓·司各脱论述了一番"个别性原理":"真正实存的乃是个别性的东西"(Was real existiert, ist ein Individuelles);个别性意味着独一无二,不会在其他任何时间和任何地方被发现;"所有真正实存的,都是某种此时此地的东西";此种个别性乃是现实的源初规定,这种现实乃是"极为巨大的多样性""异质的连续性"。写到这里,海德格尔才说,这种特有的视角在当前是被李凯尔特刻画出来的,并且是李凯尔特基本方法论的基础;同时,海德格尔提示我们关注李凯尔特《自然科学概念形成的界限》等文献。① 海德格尔将教职论文题献给李凯尔特——"至为感激地敬献给海因里希·李凯尔特"②——并非敷衍应付;"个别性原理"源自李凯尔特 1899 年《文化科学和自然科学》所阐述的"异质性原理"。

海德格尔这样设问:"在这种茫无边际的多样性中如何进行计数活动"?举例来说,"倘若每一棵树都已经通过它的位置上的规定性而区分于另一棵树,……那么,我究竟如何才能对这些树进行计数呢?"由于经验现实的多样性和异质性,每一棵树和另一棵树都是各个不同的;如若基于这种异质性的观察视角,那么计数是不可能的;要想进行计数,就必须引入某种"同质性"(Homogeneität)的观察视角:根据并且仅仅根据某种确定的视角来观察对象,仅仅考虑"树之存在的一般规定性"(die allgemeine Bestimmkeit des Raum-Seins);在此过程中,异质性就被扬弃了。可以这样概括:经验现实原本被理解为绝对的多样性和异质性,但是,在同质性的观察视角下,经验现实被塑形、被规定、被安排了。③ 人们固然可以借助同质性的观察视角对经验现实进行加工,但是,这种同质性的加工始终不能逾越经验现实的异质性。海德格尔提到,普遍化方法(Generalisierung)不可能穷尽异质的多样性(heterogene Mannifaltigkeit),个别性的东西不可能被完全把握。④ 这种观念实际上仍旧源自李凯尔特。

这样一来,海德格尔就触及了两个领域:异质性领域和同质性领域。在教职论文中,他提到,数学领域和逻辑领域都是同质性的领域、非感性的领域,这种同质性基于观察视角的同一性;当然,这两种领域虽然都是同质性领域,但是根据不同,数学领域的同质性依据的是量(Quanlität),而逻辑

① Heidegger, *Frühe schriften*(GA1), Verlag Klostermann 1978, S. 252-254.
② Heidegger, *Frühe schriften*(GA1), Verlag Klostermann 1978, S. 190.
③ Heidegger, *Frühe schriften*(GA1), Verlag Klostermann 1978, S. 254-255.
④ Heidegger, *Frühe schriften*(GA1), Verlag Klostermann 1978, S. 252-253.

领域的同质性依据的乃是意向性(Intentionalität)。① “纯粹的数无法把握经验现实,进而无法就个别性而把握历史性的东西”,“[数字]序列以及诸序列体系只存在于同质性领域,所以对个别性的东西进行表述的尝试,从一开始就是无可指望的。数学的—自然科学的知识不是那种知识”。②在1915年试讲报告《历史科学中的时间概念》中,海德格尔终于非常明确地探讨了自然科学和历史科学的区分:以时间为例,自然科学如物理学中的时间,是同质性的可测量的时间,不再是“本真的、处于流动中的时间”(die eigentliche Zeit in ihrem Fluß)③;区别于自然科学的同质性时间,历史科学中的时间乃是在性质上各个不同的、异质性的时间(Die Zeiten der Geschichte unterscheiden sich qualitativ)。④ 由此可见,李凯尔特有关自然科学和历史科学的区分,对海德格尔的学生时代具有直接影响;不仅如此,李凯尔特对于海德格尔思想的后续发展同样具有深远的影响。

二、从李凯尔特溯源到亚里士多德

依据李凯尔特的描述,通常所说的科学致力于形成普遍概念,个别事物乃是普遍概念之从属事例;普遍概念超越直接经验,直接经验或个别的东西无法进入科学。⑤ 值得注意的是,李凯尔特援引亚里士多德来论证这种观点:“从一定意义上说,人们可以援引亚里士多德的著作以支持这种意义。不仅自然科学而且一般科学都是普遍化的。”⑥并且,他认为,依照亚里士多德逻辑——几乎所有现代逻辑都无法离开的基础,“关于单一的和单称的东西的科学是没有的,即从对象的单一性和特殊性方面去阐述对象的科学是没有的。毋宁说,一切对象都从属于普遍概念之下,在可能的情况下,从属于规律的概念之下。”⑦

可以用亚里士多德原著来印证李凯尔特对亚里士多德的“援引”:在《形而上学》中,亚里士多德这样说:“似乎任何普遍性名词皆不可称为一个本体。每一事物的本体其第一义就在它的个别性——属于个别事物的就不属于其他事物;而普遍则是共通的,所谓普遍就不止一事物所独有”;

---

① Heidegger, *Frühe schriften*(GA1), Verlag Klostermann 1978, S. 282–283.

② Heidegger, *Frühe schriften*(GA1), Verlag Klostermann 1978, S. 262–263.

③ Heidegger, *Frühe schriften*(GA1), Verlag Klostermann 1978, S. 422–424.

④ Heidegger, *Frühe schriften*(GA1), Verlag Klostermann 1978, S. 431–433.

⑤ Rickert, Rickert, *Kulturwissenschaft und Naturwissenschaft*, Verlag von J. C. B. Mohr 1926, S. 39.

⑥ Rickert, *Kulturwissenschaft und Naturwissenschaft*, Verlag von J. C. B. Mohr 1926, S. 52.

⑦ Rickert, *Kulturwissenschaft und Naturwissenschaft*, Verlag von J. C. B. Mohr 1926, S. 39.

"凡是共通的云谓只指说'如此',不能指示'这个',但本体是'这个'",但是,"若说原理的性质不是普遍的而是个别的,它们就是不可知的;任何事物的认识均凭其普遍性"。① 由此可见,李凯尔特对亚里士多德的援引是妥当的:在亚里士多德那里,本体是个别事物,但是原理是普遍的;以李凯尔特的话来说,科学致力于形成普遍概念,个别的东西无法进入科学。

当然,关于现实的个别性和科学的普遍性之间的鸿沟,李凯尔特也注意到了:医生诊治的是个别的病人,或者说是个别的疾病,但是,医生要使用他的自然科学知识进行诊断,就要把这个特殊的病例纳入普遍的疾病概念下,进而作出判断:在一般情况下,这种疾病该如何治疗。这种思路是从个别出发联系到普遍的普遍化(Generalisation)。② 亚里士多德就曾说过:在教育和医疗的情形中,个别情况个别对待当然好了,但是,"如果懂得了总体情形或某个其他的同类情形,他就能最好地提供个别关照。因为科学从它的名称以及实际看,都是关乎于共同的情况"③。李凯尔特的思路合乎亚里士多德的论述。

另一方面,李凯尔特注意到:医生也知道,实际上没有"一般疾病"或者"普遍疾病",只有"个别的疾病",于是,仅仅使用自然科学给出的一般化说明还是不够的。医生还需要了解个别病人的个别病例,亦即需要个别化(Individualisieren),这就不再是自然科学的思路了。④ 在此问题上,亚里士多德亦曾有类似的论述:"医师并不为'人'治病,他只为'加利亚'或'苏格拉底'或其他各有姓名的治病,而这些恰巧都是'人'。倘有理论而无经验,认识普遍事理而不知其中所涵个别事物,这样的医师常是治不好病的;因为他所要诊治的恰好是些'个别的人'。"⑤由此可见,李凯尔特有关现实个别性和科学普遍性之间鸿沟的沉思,很有可能是源自亚里士多德的相关论述,因为李凯尔特的相关思路乃至他所举的医学例子都与亚里士多德相似。

至于海德格尔和亚里士多德的关系,那就更加密切了,而且更加明显,以至于菲加尔(G. Figal)教授写过《作为亚里士多德主义者的海德格尔》,

---

① 亚里士多德:《形而上学》1038b5—10、1003a8—9、1003a15;译文参见亚里士多德:《形而上学》,吴寿鹏译,商务印书馆,1997年。

② Rickert, *Kulturwissenschaft und Naturwissenschaft*, Verlag von J. C. B. Mohr 1926, S. 44.

③ 亚里士多德:《尼各马可伦理学》1180b10—15;引文依据亚里士多德:《尼各马可伦理学》,廖申白译,商务印书馆,2003年。

④ Rickert, *Kulturwissenschaft und Naturwissenschaft*, Verlag von J. C. B. Mohr 1926, S. 44.

⑤ 亚里士多德:《形而上学》981a15—25。

沃尔皮(F. Volpi)教授写过《海德格尔与新亚里士多德思潮》。[1] 不过,海德格尔究竟是如何"发现"亚里士多德的呢?很有可能与李凯尔特的影响有关,前面我们论及李凯尔特对亚里士多德的援引,而海德格尔对李凯尔特著作是非常熟悉的。有关海德格尔和亚里士多德,特别值得一提就是他在 1924—1925 年冬季学期的讲课稿,着重阐释了《尼各马可伦理学》第 6 卷和《形而上学》第 1 卷第 1—2 章。不过,在此之前,我们不妨先行叙述一下亚里士多德以及海德格尔有关学科划分的另一种论述:

亚里士多德有关学科划分的论述,不仅表现在《尼各马可伦理学》第 6 卷 sophia 和 phronesis 的对峙,而且表现在此书第 1 卷等地方有关数学(精确性)和政治学(非精确性)的对峙。亚里士多德的基本思路是这样的:如若相关题材是确定的,那么,这门科学就是精确的;如若相关题材是不确定的,那么,这门科学就是非精确的。数学的题材,例如为两个端点求取中点或者给一个圆找到圆心,是就事物本身而言的,是确定的,所以,数学是精确的。政治学探讨人的行为,而人的行为包含差异性和不确定性,是相对于我们而言的,不是确定的,于是,政治学乃是非精确的。而且,数学和政治学之精确性和非精确性基于其题材的确定性和不确定性,这并不涉及这两种科学的优劣或高低的排序。[2]

没有直接证据可以表明,海德格尔吸收了亚里士多德的这种思想;但是,海德格尔从 20 年代末直到 30 年代,确确实实有十分相似、当然意义更加丰富的表述。一方面,海德格尔区分了"精确性"一词的广义和狭义:就其广义(确切、准确和谨慎)而言,精确性就是严格性,每门科学都是严格的、精确的;但是,就其狭义(按照数字被测量和计算)而言,精确性只是严格性的某种表现形态,严格性尚有其他的表现形态。[3] 当然了,人们通常使用的乃是"精确性"的狭义——按照数字被确定、被测量和被计算。另一方面,海德格尔主张,诸种科学,无论是数学自然科学还是历史精神科学,作为科学,都具有严格性,而且是各自的严格性;精确性只是数学特有的严格性,并不是精神科学特有的严格性。[4] 数学化的自然科学之所以具有精确性的特征,是因为"它的对象区域的维系具有精确性的特征";"与

---

① 参见 *Heidegger und Aristoteles*, Heidegger-Jarhbuch 3, Verlag Karl Alber 2007, S. 53-76, 221-236.

② 参见亚里士多德:《尼各马可伦理学》1094b10—30、1106a25—35。

③ 海德格尔:《哲学论稿》,孙周兴译,商务印书馆,2012 年,第 157 页。

④ 海德格尔:《路标》,孙周兴译,商务印书馆,2000 年,第 120 页。

之相反，一切精神科学，甚至一切关于生命的科学，恰恰为了保持严格性才必然成为非精确的科学；“向历史学提出精确性的要求，就会与精神科学的特殊严格性之观念抵牾”；“虽然我们也能把生命理解为一种空间—时间上的运动量，但是这样一来，我们就不再是把握生命了。历史学精神科学的非精确性并不是缺憾，而纯粹是对这种研究方式来说本质性的要求的实行”。①因此，海德格尔表示，自然科学和历史科学，无论是就其研究领域还是就其研究方法，都无法作出有关优先性的高下排序。②

当然，如欲探讨海德格尔对亚里士多德哲学的阐释和吸收，必定不可绕过他 1924—1925 年冬季学期的讲课稿，亦即对《尼各马可伦理学》第 6 卷和《形而上学》第 1 卷第 1—2 章的阐释，特别梳理和阐发了 sophia 和 phronesis 的对峙③，也就是亚里士多德有关学科划分的论述，其中要点如下：

1. 依据亚里士多德，我们所知道的东西，乃是不可变的，必定始终如此；因为可变者处于知识(episteme)的范围之外；而 phronesis(明智)的题材则包含着变化。④ 海德格尔认为，亚里士多德的 episteme 概念正是后来乃至当今科学概念的渊源；而且，据此 episteme 概念，“历史性的东西(das Geschichtliche)无法获得真正的认识”⑤。

2. 依据亚里士多德，明智之人善于考虑对他自身而言的善，而智慧之人并不关心自身的实用利益。⑥ 海德格尔的阐述是这样的：明智之人考虑的正是“他自己和本己的行动”(sich selbst und das eigene Handeln)，至于外在的追求和不必自己亲力亲为的事务，则交由技术或技术家处理。⑦

3. 依据亚里士多德，知识(episteme)和技术(techne)趋向于普遍性；然而，倘若只有普遍性理论而缺乏个别经验，在事功上未必能胜过那些有经验的人；即使如此，即使并不知道每一事物的细节，只要掌握了普遍性原理，则就可以号称知晓一切。⑧ 与此脱离行动的普遍化趋势相反，明智，在

---

① 海德格尔：《林中路》，孙周兴译，上海译文出版社，2004 年，第 81 页；海德格尔：《路标》，孙周兴译，商务印书馆，2000 年，第 120 页。

② 海德格尔：《路标》，孙周兴译，商务印书馆，2000 年，第 120 页。

③ 参见本书第 4 节“实践哲学的隐秘起源？——海德格尔 1924 年冬季学期亚里士多德讲稿之疏解和评论”。

④ 亚里士多德：《尼各马可伦理学》1139b20—21、1140b5。

⑤ Heidegger, *Platon*: *Sophistes*(GA19), Verlag Klostermann 1992, S. 32—33.

⑥ 亚里士多德：《尼各马可伦理学》1140a25—30、1141b5—10。

⑦ Heidegger, *Platon*: *Sophistes*(GA19), Verlag Klostermann 1992, S. 49-50.

⑧ 亚里士多德：《形而上学》981a15—20, 982a10—15。

海德格尔的阐释下，显现为与人生行动相关的、对人生处境的把握：明智，观看着瞬间处境的具体当下，即那种一次性的东西（das Diesmalige、Diesmaligkeit）。①

三、个体性之历事：海德格尔实存哲学的特色

按照李凯尔特的观点，自然科学通常追求普遍性，把个别性当作非本质的东西而排除掉；要想认识异质性的现实，必须对现实进行简化。那么，这是否意味着，普遍化方法是“对现实的规避”？李凯尔特认为，不能这样看问题，只是说，不论科学多么努力，都不可能穷尽现实的多样性；不论研究多么深入，始终有遗留的东西尚未得到揭示。所以，李凯尔特并没有否定普遍化方法，而且还对普遍化方法给予了积极评价：“如果没有通过普遍化方法对世界进行简化，那就不能对世界进行计算和支配。在个别和特殊之物的无限多样性没有通过普遍概念得到克服之前，这种多样性使我们感到头晕目眩。”②并且，“概念之所以只能由普遍的因素所形成，这只是因为科学所使用的词汇必须具有普遍意义，以便能为大家所理解”③。

如果说李凯尔特给人的印象是“双重真理说”——对自然科学之普遍化方法和历史科学的个别化方法分别给予了肯定，那么，海德格尔给人的印象就大不相同了，他对科学（实指自然科学）的批判似乎更加明显。1920—1921年冬季学期，海德格尔援引胡塞尔有关“普遍化”的分析，批评了传统哲学的理论化偏失，这些偏失实际上同样适用于自然科学：“普遍化”（Verallgemeinerung）包括“总体化”（Generalisierung）和“形式化”（Formalisierung），致力于把握现象的“是什么”（Was）亦即其“内涵意义”（Gehaltssinn），但是，现象的意义整体在内涵意义之外还包括“关联意义”（Bezugssinn）和“实行意义”（Vollzugssinn），而这些方面却是普遍化方法无能为力的。④ 在1929年教授任职报告中，海德格尔指出，科学关注并且仅仅关注“存在者”（das Seiende），并且认为除此之外再无什么值得关注了；同时，科学拒斥“无”（Nichts），并且是把“无”当作虚无（das Nichtige）而抛弃掉的。海德格尔实际上用“存在者”（das Seiende）指示“现成存在”（Vorhandensein），用“无”（Nichts 或 Nichten）指示对存在者或现成存在的

---

① Heidegger, *Platon: Sophistes* (GA19), Verlag Klostermann 1992, S. 163-164.

② Rickert, *Kulturwissenschaft und Naturwissenschaft*, Verlag von J. C. B. Mohr 1926, S. 39-44.

③ Rickert, *Kulturwissenschaft und Naturwissenschaft*, Verlag von J. C. B. Mohr 1926, S. 40.

④ 海德格尔：《形式显示的现象学》，孙周兴译，同济大学出版社，2004年，第67—73页。

超越(Transzendenz)。①海德格尔其实是想说,科学仅仅关注现成性,而存在的本质却在于超越性。

但是,海德格尔另一方面也有这样的表态:"我的意图并不狂妄,并不想改进全部科学的工作,甚或贬低这些工作";而且,按照海德格尔的思想逻辑,提出一些反对意见,未必就意味着完全否定。毋宁说,海德格尔的真正意图是,或者说海德格尔的尺度在于,反对把科学技术的客观化思维方式应用到生活的一切领域,仿佛一切都是客观化的,仿佛一切都可以设想成可操纵和可控制的客体。举例来说,在花园赏花、在博物馆观看雕像、与病人攀谈以及道德责任等,均不宜采取客观化的思维方式。② 因此,普遍化、现成性和客观化等字语可以标识海德格尔对科学(实指自然科学)的认知和评价,但是并不意味着海德格尔对科学或自然科学的完全否定。可以这样表达:普遍化、现成性和客观化的自然科学思维方式切勿侵占个别化、超越性和主观化的历史科学领地。当然,这在自然科学居于统治地位的当今时代并非易事。因此,海德格尔表面上"极度仇恨"自然科学的思维方式,但实际上是迫于时代之弊而发声过多,他和他导师李凯尔特一样,对于自然科学和历史科学的思维方式其实都是认可的。

李凯尔特以普遍性和个别性的视角差异或方法差异来区分自然和历史,不仅具有知识论的或形而上的意义,而且具有伦理学意义。在他看来,人并非"科属概念的事例或样本"(Exemplar eines Gattungsbegriffes)——这是自然科学的惯常做法;与此相反,人始终是作为个体③(包括伦理学意义上的个体)而生活和行动;不仅人与人彼此不同,而且其所处的现实也不尽相同,因而"其伦理使命(sittliche Aufgaben)也必定始终是个别化的"。因此,如若从自然科学的科属概念引出伦理价值(sittliche Werte),引出普遍有效的规范(allgemeine gültige Normen),那么,这种伦理学就无法理解个别的人物(individuelle Persönlichkeit),伦理学的绝对命令就"必然使每个人变成没有个人特色的人(Durchschinittsmensch)"。这时候,"伦理学的个体主义"(sittliche Individulismus)就可以声称,模仿自然科学普遍概念的普遍

---

① 海德格尔:《路标》,孙周兴译,商务印书馆,2000年,第122页、125、133页。

② 海德格尔:《路标》,孙周兴译,商务印书馆,2000年,第492、410、84、80—82页。

③ Das Individuelle,在知识论或形而上学中译作"个别",而在伦理学中译作"个体",似乎更为妥当。

规范势必会“摧毁个体生活的意义乃至生活本身的意义”。①

相反,“只要人们不再从自然科学的科属概念引出伦理规范,那么,普遍有效的伦理学绝对命令就不会排斥个别人物的权利”,毋宁说,“普遍价值和个体形态必定是互相关联的”,“每个人无论他所处的位置如何崇高或如何低下”,都能以其个性“效力于普遍价值的实现”。为了传达这种观念,并且区别于传统意义上的康德哲学,李凯尔特精心制作了如下表达:“如果你想行善,你就应当通过你的个性,在你的现实中所处的那个个别位置上去做只有你才能做的事情,因为在这个到处都个别化的世界没有其他任何人具有恰恰与你相同的使命”;李凯尔特相信,如果用这种方式去理解伦理学中最普遍的绝对命令,那么,“伦理学的个体主义”就不必担心普遍规范会摧毁个体生活的意义了;李凯尔特试图建立某种个体主义的同时又是普遍有效的伦理学原理。②

众所周知,海德格尔哲学的个体论色彩是十分明显的,个体此在是《存在与时间》等作品的核心论题,比如,此在总是我的存在,这是此在的向来我属性(Jemeinigkeit);畏(Angst)将此在的个别化(Vereinzelung)开展出来,以至于表现为实存论的唯我主义(Solipsismus);死亡最能突显出此在的个别化,因为死亡是不可代理的。③ Jemeinigkeit、Vereinzelung、Solipsismus,这些字语及其相关论述有力地刻画出了人生此在的个体性。不过,海德格尔哲学还有另一个方面——《存在与时间》第26节将共在规定为此在的本质:“此在的世界是共同世界(Mitwelt)。在之中就是与他人共同存在(Mitsein mit Anderen)。他人的在世界之内的自在存在就是共同此在(Mitdasein)”;“此在本质上是共在(Dasein ist wesenhaft Mitsein),这一现象学命题具有实存论和存在论意义”;“即便是此在之独在(Alleinsein)也是在世界中共在。……独在乃是共在的某种残缺样式”。④ 这种措辞预示着海德格尔个体论与其共在论的兼容的可能性。可以说,不论是李凯尔特还是海德格尔,尽管以异质性或个体性为出发点,但同时也会兼顾到同质性或公

---

① Rickert, *Die Grenzen der naturwissenschaftlichen Begriffsbildung. Eine logische Einleitung in die historischen Wissenschaften*, Verlag von J. C. B. Mohr 1902, S. 715-716;译文依据《李凯尔特的历史哲学》,涂纪亮译,北京大学出版社,2012年。

② Rickert, *Die Grenzen der naturwissenschaftlichen Begriffsbildung. Eine logische Einleitung in die historischen Wissenschaften*, Verlag von J. C. B. Mohr 1902, S. 716-717,717-718.

③ Heidegger, *Sein und Zeit* (EA), Max Niemeyer Verlag 2006, S. 42, 188-189.

④ Heidegger, *Sein und Zeit*(EA), Max Niemeyer Verlag 2006, S. 118, 120.

共性的维度。①

然而,海德格尔实存哲学的真正特色在于对"历史科学"(Geschichtswissenschaft)的批判,进而发挥出"历史"(Geschichte)的实行意义即"历事"(Geschehen)。可以发现,文德尔班将历史科学的使命仅仅规定为对一次性或特殊性事物的"描绘"或"摹写"②;李凯尔特虽然将"历史"(Geschichte)理解为"一次性的、个别的过程",将"历史的东西"(das Geschichtliche)理解为"一次性的、特殊的、个别的东西",将"历史方法"(die geschichtliche Methode)理解为"个别化"(individualisierend)方法,但是,他最终仍旧将"历史(学)的科学目的"(das wissenschaftliche Ziel der Geschichte)规定为"对一次性和个别性过程"的"描述"(Darstellung)。③ 因而,文德尔班和李凯尔特的"历史科学"最终只是一种"描述",最终只是一种"科学"。而海德格尔则不愿在此种"历史科学"的层次上止步不前,不愿安享这种健康人类知性的思想工作④;毋宁说,海德格尔用形式显示的思想方法将"历史"的"实行意义"(Vollzugssinn)揭示为"历事",即"关涉到自身世界、共同世界和周围世界的实际生活的发生性历事"。⑤ 而且,此在之历事乃是实践的本真意义,可以刻画为此在的历史性。⑥ 因此,仅仅指出海德格尔对李凯尔特异质性—个体性思想的吸收还是不够的,还要指出海德格尔对"历史科学"的这种形式显示的改造。

亚里士多德是海德格尔构建其实存哲学的历史范例,自然也是其实存哲学的渊源之一。海德格尔认为,亚里士多德的《范畴篇》业已传达了这样的思想:第一位意义的出场乃是 hoti estin/Daß-sein/existentia,第二位意义上的出场是 ti estin/Was-sein/essentia,因而,亚里士多德的这种论述业已揭示出了后世实存哲学的基本命题——"实存先于本质"⑦。更为重要的是海德格尔对亚里士多德《形而上学》第 1 卷第 1—2 章的阐释,其中谈

---

① 参见本书第四章"友爱与主从:海德格尔实存哲学比较欠缺的论题"(第 10—12 节)以及本书结论部分第 18 节"黑格尔版实存哲学与形式显示实存哲学的运行机制"。

② 文德尔班:《历史与自然科学》,王太庆译,载于《西方现代资产阶级论著选辑》,洪谦主编,商务印书馆,1982 年,第 55、59 页。

③ Rickert, *Kulturwissenschaft und Naturwissenschaft*, Verlag von J. C. B. Mohr 1926, S. 59-60.

④ Heidegger, *Phänomenologie des religiösen Lebens*(GA60), Verlag Klostermann 2011, S. 31-32

⑤ Heidegger, *Phänomenologie der Anschauung und des Ausdrucks*(GA59), Verlag Klostermann 2007, S. 58-59, 85.

⑥ Heidegger, *Die Grundprobleme der Phänomenologie*(GA24), Verlag Klostermann 1997, S. 393.

⑦ 海德格尔:《尼采》下册,孙周兴译,商务印书馆,2002 年,第 1042—1043 页。

到:有经验的人在事功或实行(Erfolg/Ausführen)方面要胜过那些只有理论的人。[①] 结合他对亚里士多德《尼各马可伦理学》第6卷的阐释,这就意味着,人的实践活动往往需要面对那种"一次性的"(diesmalig)[②]的具体处境而展开具体的实行。也就是说,仅仅指出异质性或个体性的倾向,还不足以传达海德格尔实存哲学的特色,毋宁说,问题的关键在于异质性—个体性的实行—实践。这才是海德格尔实存哲学的特色,也是亚里士多德实存哲学的特色;例如,亚里士多德《尼各马可伦理学》不仅强调"审时度势"(即通常所讲的"适度"或"中道"),而且强调这门学问的目的"不是知识而是行为"[③]。

萨特在1945年将雅斯贝尔斯、马塞尔、海德格尔和包括他在内的"存在主义"的共同主张概括为"存在先于本质"(existence precedes essence)。[④] 事实上,海德格尔在1927年《存在与时间》中就有类似的表达:der Vorrang der existentia vor der essentia[⑤],可以译作"实存对于本质的优先地位",或者索性译作"实存先于本质"。只不过,萨特版的实存哲学在措辞上简单明了,非常清晰地将自身展现为一种行动哲学,几乎是将"存在"或"实存"理解为"行动"了。[⑥] 依据克莱因伯格(E. Kleinberg)的观点,萨特认为海德格尔哲学具有一种使人从理念世界走向行动世界的引导力量,而且,"萨特所展现出来的海德格尔是与马克思根本上相容的"[⑦]。这里略加提示,海德格尔的"历事"与马克思的"创造历史"在旨趣上是相通的。[⑧] 而且,海德格尔曾和勒维特提到,他的历史性概念乃是他投身政治的哲学基础。[⑨] 只不过,异质性—个体性——次性的审时度势和相时而动,最终并不是"读书"之事,而是"行路"之事;所以,即使是号称实存哲学大师的海德格尔也难免有时会误入迷途。

---

① Heidegger, *Platon:Sophistes*(GA19), Verlag Klostermann 1992, S. 75-76.

② Heidegger, *Platon:Sophistes*(GA19), Verlag Klostermann 1992, S. 163-164.

③ 亚里士多德:《尼各马可伦理学》1095a5—6。

④ 萨特:《存在主义是一种人道主义》,周熙良等译,上海译文出版社,2016,第5页。

⑤ Heidegger, *Sein und Zeit*(EA), Max Niemeyer Verlag 2006, S. 43

⑥ 萨特:《存在主义是一种人道主义》,周熙良等译,上海译文出版社,2016,第20—23页。

⑦ 克莱因伯格:《存在的一代:海德格尔哲学在法国1927-1961》,陈颖译,新星出版社,2010年,第175、207页。

⑧ 参见本书第14节"海德格尔与马克思的会通?"。

⑨ 勒维特:《与海德格尔的最后一次见面》,载于奈斯克主编:《回答:海德格尔说话了》,陈春文译,江苏教育出版社,2005年,第140页。

§2 海德格尔形式显示的出场方式

据不完全统计，在海德格尔学术界，最先关注形式显示这个论题的很可能是珀格勒(Otto Pöggeler)，他在1959年论文《存在与本有》(*Sein und Ereignis*)和1963年专著《马丁·海德格尔的思想道路》(*Der Denkweg Martin Heideggers*)已有涉及。他在波恩大学求学期间，海德格尔的第一代学生贝克尔(Oscar Becker)曾向他传授过海德格尔的早期课程。①贝克尔从1919年起就在弗莱堡跟随胡塞尔和海德格尔学习哲学，直到1931年才离开弗莱堡到波恩大学任教。在海德格尔全集计划尚未启动、其讲课稿尚未公开出版的年代，贝克尔却保存着珍贵的课堂笔记，正是这些资料促成了形式显示在海德格尔学术界的最初出场。

不像贝克尔那样幸运，伽达默尔师从海德格尔较晚，他错过了海德格尔有关形式显示的讲座课，海德格尔早期弗莱堡的课程他大概只参加过1922—1923年冬季学期的讨论课和1923年夏季学期的讲座课。直到1986年，海德格尔逝世十周年纪念之际，伽达默尔撰文回顾海德格尔的思想道路，这时候他才读到1985年刚刚出版的海德格尔1921—1922冬季学期有关形式显示的文本。他认为，形式显示足以支撑海德格尔的整个思想，并且表述了他对形式显示的领悟：每个人都要个体化地去实行和充实形式显示所显示出来的东西。②

从1986年到1998年，在海德格尔晚年私人助手冯·赫尔曼(F.-W. v. Herrmann)主编的《海德格尔研究》(Heidegger-Studien)上，Hartmut Tietjen、Th. C. W. Oudemans和R. J. A. van Dyk等学者陆续发表了一些有关形式显示的论文。③然而，在海德格尔学术界真正“领风气之先”的乃是美国学者克兹尔(Theodore Kisiel)④，他在1993年率先介绍海德格尔1920—1921年冬季学期对形式显示的专题论述，在1997年将形式显示称

---

① Theodore Kisiel, *Die formale Anzeige als Schlüssel zu Heideggers Logik*, in: *Heidegger und Logik*, hrsg. von Alfred Denker & Holger Zaborowski, Rodopi B. V. 2006, S. 55.

② 参见 Hans-Goerg Gadamer, *Martin Heidegger's One Path*, in: *Reading Heidegger from the start*, ed. by Theodore Kisiel & John van Buren, State University of New York Press 1994, pp. 33-34.

③ 参见孙周兴：《形式显示的现象学——海德格尔早期弗莱堡讲座研究》，《现代哲学》2002年第4期，第89页脚注3。

④ 克兹尔(1930—)，是美国北伊利诺伊大学(Northern Illinois University)教授，他原先是英国知名的原子物理学家，后来去德国钻研海德格尔。

作海德格尔的“秘密武器”(Geheimwaffe)。[①] 1997 年,他的学生伊姆达尔(Georg Imdahl)对形式显示作了迄今为止最为全面的介绍。[②]直到 2005 年,海德格尔早期弗莱堡讲课稿全部出齐,学术界有关形式显示的研究,始终前进在克兹尔开辟出来的道路上。[③]

在汉语思想界,最早大概是 1997 年,张祥龙教授介绍了海德格尔的形式显示,并且提到了克兹尔的相关研究。[④] 2002 年,欧东明译、张祥龙校的译文《形式化和形式显示》公开发表,选自海德格尔 1920—1921 年冬季学期讲课稿。[⑤]同年,孙周兴教授发表了有关形式显示的专题论文,稍后在 2004 年编译了有关形式显示的专题文选。[⑥]这些介绍和译作为汉语思想界讨论形式显示提供了导论性和基础性的文献,几乎奠定了后续研究的主要方向。[⑦]当然,随着研究的深入,有关形式显示的一些细节问题逐渐演变为汉语思想界争论的热点。

一、形式显示在海德格尔文本中的直接出场

直到现在,恐怕有些学者还在质疑,形式显示在《存在与时间》是否出场过、是否发挥过关键作用。其实,就其公开出版而言,形式显示的首次出场就是在《存在与时间》。依据伊姆达尔制定的索引[⑧],很容易检索到形式显示在《存在与时间》中的出场。“形式显示”(formal Anzeige)在这本书中至少出现过四次,在海德格尔看来,“此在”(Dasein)或“实存”(Existenz)这些概念就是形式显示的概念。有关此在的两个规定——此在乃是去存

---

① 参见 Theodore Kisiel, *Die formale Anzeige: Die methodische Geheimwaffe des frühen Heideggers. Heidegger als Lehrer: Begriffsskizzen an der Tafel*, *in*: *Heidegger-neu gelesen*, *hrsg. von* Markus Happel, Königshausen und Neumann 1997, S. 22-40.

② 参见 Georg Imdahl, *Das Leben verstehen: Heideggers formale Anzeigende Hermeneutik in den frühen Freiburger Vorlesungen*(1919 *bis* 1923), Königshausen und Neumann 1997, S. 142-174.

③ 还可以参考 D. Dahlstrom(1994)、J. V. Buren(1995)、R. Streeter(1997)、S. Overgaard(2005)、L. MacAvoy(2010)和 M. I. Burch(2011)的论文,这些论文直接以形式显示为标题,论述得较为详细;相关的内容提要,参见本书第 17 节第三部分“海德格尔:形式显示呼吁着具体实行”。

④ 张祥龙:《海德格尔传》,河北人民出版社,2007 年,第 90—99 页。

⑤ 参见海德格尔:《形式化和形式显示》,欧东明译、张祥龙校,《世界哲学》2002 年第 2 期,第 45—49、70 页。

⑥ 参见孙周兴:《形式显示的现象学》,《现代哲学》2002 年第 4 期,第 85—95 页;海德格尔:《形式显示的现象学》,孙周兴编译,同济大学出版社,2004 年。

⑦ 参见朱松峰:《“反思”对“形式指引”——胡塞尔与海德格尔之方法的比较》,《武汉大学学报(人文科学版)》2009 年第 6 期,第 727—731 页;朱海斌:《海德格尔形式显示的现象学方法》,《同济大学学报(社会科学版)》2013 年第 5 期,第 17—25 页;张祥龙:《海德格尔的形式显示方法和〈存在与时间〉》,《中国高校社会科学》2014 年第 1 期,第 40—61 页。

⑧ 参见 Georg Imdahl, *Das Leben verstehen*, Königshausen und Neumann 1997, S. 143.

在、此在总是我的存在——就是形式显示的规定。[①]当然,何谓“形式显示的概念”,这部作品并没有给出专门解说。

形式显示在海德格尔文本中的第二次公开出场,大概是在1973年首次出版、1976年收入全集版第9卷《路标》的文章《评雅斯贝尔斯〈世界观的心理学〉》(作于1919—1921年)。[②]孙周兴教授也将这篇文章收入《形式显示的现象学——海德格尔早期弗莱堡文选》,用来表示这篇文章与形式显示的重要关系。这篇文章提到:“在形式显示中,真正讨论的对象乃是实存。这个概念,依照形式显示,当着眼于我在(ich bin)现象来加以领会。”[③]与1927年出版的《存在与时间》一样,这篇文章也没有关于形式显示的专门解说。

直到1983年海德格尔全集第29/30卷,也就是1929—1930年冬季学期讲课稿的公开出版,这种情况才发生了改变:“形式显示的概念”(die formale anzeigenden Begriffe)指向个体此在的具体状况,但并不给出内容(Gehalt),而是形式显示(formal anzeigend);形式显示概念只是给出某种显示(Anzeige)或提示(Hinweis),以此呼吁此在在其自身中实行某种改变(eine Verwandlung vollziehen)。[④]这里提到了“内容”和“实行”,提到了形式显示的“两段法”——其一,给出提示;其二,实行改变。当然,1983年的这些表述在当时还不足以引起学术界的注意。

此后,从1985年到2005年,海德格尔弗莱堡讲师时期的讲课稿陆续出齐,为学术界详细研究形式显示提供了文本基础。在此期间,以克兹尔为代表的一些学者已经对形式显示进行了扎实的研究。克兹尔的专著《海德格尔〈存在与时间〉的起源》出版于1993年,当时海德格尔全集第29/30卷(1983年)、第56/57卷(1987年)、第61卷(1986年)、第63卷(1988年)已经出版。根据这些文本,可以再次确认形式显示的两段法:形式显示

---

① 这两个规定首先出现在《存在与时间》第9节,然后在德文单行本第114、117、231和313页,海德格尔表示,有关此在的这种规定乃是形式显示的规定,参见Heidegger, *Sein und Zeit*(EA), Max Niemeyer Verlag 2006.

② 海德格尔将这样一篇文章收入全集版《路标》,在我们现在看来,未必是想介绍他与雅斯贝尔斯的思想交往,很可能是想提示出形式显示的蛛丝马迹,海德格尔生前并不打算公开出版其弗莱堡讲师时期的讲课稿。

③ 海德格尔:《路标》,孙周兴译,商务印书馆,2002年,第13—14页、第33—35页。

④ Heidegger, *Die Grundbegriffe der Metaphysik. Welt-Endlichkeit-Einsamkeit*(GA29/30), Verlag Klostermann 1983, S. 429-430.

只给出“起始方向”(Ansatzrichtung),还需要加以“具体充实”(konkrete Erfüllung)。①

接下来,我们将扼要提出形式显示的要点,并且分别介绍与之相关的学术探讨。

1. 内涵意义、关联意义、实行意义

1919—1920年冬季学期,海德格尔首次提到“内涵意义”(Gehaltssinn)、“关联意义”(Bezugssinn)和“实行意义”(Vollzugssinn),把它们称作“意义要素”(Sinnelemente)或者“意义运行”(Sinnführungen)——“生命河流本身的诸种运行”,并且将它们看作“处境”(Situation)的结构。由此三种意义要素构成的处境乃是变动不居的、丰富多彩的、活生生的生活本身,借助这三种意义要素可以通达生活本身。而且,实行意义乃是实存(Existenz)的源初意义,乃是理论活动的最终本源。② 1920年夏季学期,海德格尔首次提到“形式显示”,并且进一步讨论了内涵意义、关联意义和实行意义。③ 直到1920—1921年冬季学期,有关这三重意义方向的探讨达到了完备的程度。需要注意,这里的“意义”(Sinn),不同于语言哲学的“意义”,海德格尔曾这样说:“意义等于方式、生活的如何(Sinne = Weisen, Wie des Lebens)。”④可见,在海德格尔看来,三种意义方向乃是三种生活方式。

学术界提出这样一个问题:海德格尔在以上三种意义之外,是否还提出过第四重意义方向——“时机化意义”(Zeitigungssinn)?⑤在1921—1922年冬季学期,海德格尔确实使用过Zeitigungssinn这个提法。我们不妨举出三处:其一,“实行作为实行,要在其处境中,并且为了其处境,根据时机而展开行动(sich zeitigt)。此种相时而动可以阐释为相时而动的意义(Die Zeitigung ist zu interpretieren auf den *Zeitigungssinn*)”⑥。从这里可以看出,

① 参见 Heidegger, *Phänomenologische Interpretationen zu Aristoteles. Einführung in die phänomenologische Forschung* (GA61), Verlag Klostermann 1985, S. 33; Heidegger, *Ontologie: Hermeneutik der Faktizität*(GA 63), Verlag Klostermann 1988, S. 29, 80, 85.

② 参见 Heidegger, *Grundprobleme der Phänomenologie*(GA58), Verlag Klostermann 1993, S. 261-262.

③ 参见 Heidegger, *Phänomenologie der Anschauung und des Ausdrucks*(GA 59), Verlag Klostermann 1993, S. 85, 60-86.

④ Heidegger, *Phänomenologische Interpretationen Ausgewählter Abhandlungen des Aristoteles zur Ontologie und Logik*(GA 62), Verlag Klostermann 2005, S. 49.

⑤ 参见朱海斌:《海德格尔形式显示的现象学方法》,《同济大学学报(社会科学版)》2013年第5期,第21页。这篇文章介绍了Zeitigungssinn在学术界的出场。

⑥ 参见 Heidegger, *Phänomenologische Interpretationen zu Aristoteles. Einführung in die phänomenologische Forschung* (GA61), Verlag Klostermann 1985, S. 53.

相时而动乃是实行的具体方式。其二,“对定义的领悟要依循其本己的实行意义和相时而动的意义而导向具体”①。众所周知,“A 和 B”这种短语结构在日常语境中未必意味着 A 和 B 是两个截然不同的东西,很可能是两个相近的东西,多讲一次,表示加强语气,这是一种修辞手段。其三,“‘形式地’给出‘起始性’,用于对显示出来的东西进行源初的充实,亦即相时而动的实行(Fomal « gibt den » Ansatzcharakter « des Vollzugs der Zeitigung der ursprünglichen Erfüllung des Angezeigten ».)”。这里的表述就很清楚:“相时而动的实行”(Vollzugs der Zeitigung)意味着相时而动乃是实行的具体方式。

还有一个问题,似乎还没有引起学术界的足够的重视:在 1922 年夏季学期,海德格尔提到:“实际生活之存在,被我们标识为实际性(Faktizität),其决定性的基本结构乃是‘如此’之特征(Daß-Charakter)。实际生活的存在意义乃是‘如此—存在’(Daß-Sein)。以下状况并不构成对此的反驳:这一‘如此’之特征在实际生活的经历中会受到遮蔽。这乃是出于某些动因的自行遮蔽。在生活之存在中,‘什么’(das Was)被推到‘如此’(das Daß)的前面。对生活之存在而言,主导性的乃是‘什么’(Was)被经验到了。在实际生活的存在特征中,‘什么—存在’(Was-Sein)被推到‘如此—存在’(Daß-Sein)前面,这一特有方式在哲学中有其思想史的动因:自亚里士多德以来,‘什么—存在’始终在原则上优先于‘如此—存在’;而且,对‘如此’的谈论,也只是在‘什么’(Was)的视域内进行的。”②

实际上,这乃是海德格尔对“形式显示”构成要素的转换性表述,其意义非同凡响。我们知道,他在 1920—1921 年冬季学期提出,构成意义整体的三个方向乃是内涵意义、关联意义和实行意义;其中,内涵意义乃是被经验的“什么”(Was),而关联意义和实行意义都是被经验的“如何”(Wie);传统哲学的弊端就在于过分重视内涵意义(Gehaltssinn)亦即“什么”(Was),“形式显示”正是要呼吁我们重视关联意义(Bezugssinn)和实行意义(Vollzugssinn)亦即“如何”(Wie)。③于是,对照这一学期与 1922 年夏季学期的表达方式,可以发现,“形式显示”的构成要素(内涵意义、关联意义

① Heidegger, *Phänomenologische Interpretationen zu Aristoteles. Einführung in die phänomenologische Forschung* (GA61), Verlag Klostermann 1985, S. 31.

② Heidegger, *Phänomenologische Interpretationen Ausgewählter Abhandlungen des Aristoteles zur Ontologie und Logik*(GA 62), Verlag Klostermann 2005, S. 180.

③ Heidegger, *Einleitung in die Phänomenologie der Religion*, in: *Phänomenologie des religiösen Lebens*(GA 60), Verlag Klostermann 1995, S. 63-65.

和实行意义)在1920—1921年冬季学期原本就和“什么”(Was)与“如何”(Wie)的区分密切相关,而1922年夏季学期的“什么—存在”(Was-Sein)与“如此—存在”(Daß-Sein)乃是对以上区分的转换性表述。这一转换性表述直接影响到海德格尔对尼采的阐释。①

2. 总体化、形式化、形式

在1919—1920年冬季学期,海德格尔已经留意到,胡塞尔在《逻辑研究》(第1卷)最后一章和《纯粹现象学与现象学哲学的观念》(第1卷)第13节所作出的区分——“总体化”(Generalisierung)与“形式化”(Formalisierung)。对于这两种做法,海德格尔持批判态度,而且提示出了新的道路:对某个尚未确定的东西加以充实。不仅如此,海德格尔还批驳了两种极端:“实存,如若没有意蕴,则无以激励;实存,如若被无所不包地充分规定了,则这样的实存绝不会在实际生活中出现。”②这就是说,在海德格尔看来,我们既不能对“实存”不作任何规定,也不能试图对“实存”作出无所不包的规定。那么,我们究竟应该如何恰如其分地规定“实存”呢?这正是“形式显示”得以形成的问题意识。

在1920—1921年冬季学期,海德格尔再次提及胡塞尔的区分,并且提出了自己的术语,实际上出现了三个基本术语:总体化(Generalisierung)、形式化(Formalisierung)、形式显示(formale Anzeige)的“形式”(formal)。海德格尔说:“形式化与总体化的共性在于,它们都处于‘普遍的’这种意义中,而形式显示却与普遍性毫无干系。在‘形式显示’中,‘形式的’一词的含义是更为原始的。……这种(形式化的)区分是与‘普遍’的意义联系在一起的。与之相反,形式显示却与此无关。它在合乎姿态的理论因素之外。”③由此可见,海德格尔对总体化和形式化持批判态度,认为此种普遍化乃是理论姿态,而他想要倡导的乃是不同于普遍化的“形式显示”的“形式”。

这就引出了海德格尔形式显示的一个疑难:如何理解形式显示(formale Anzeige)的“形式”(formal)?或者可以换个问法:形式显示的概念(die formale anzeigenden Begriffe)有何特性?《存在与时间》就曾提到“此

① 参见本书第13节“海德格尔的尼采阐释与实存哲学的基本形象”。

② Heidegger, *Grundprobleme der Phänomenologie* (GA 58), Verlag Klostermann 1992, S. 216-217.

③ Heidegger, *Einleitung in die Phänomenologie der Religion*, in: *Phänomenologie des Religiösen Lebens* (GA60), Verlag Klostermann 1995, S. 59;海德格尔:《形式显示的现象学》,孙周兴编译,同济大学出版社,2004年,第69页。

在之实存机制的形式意义”(der formale Sinn der Existenzverfassung des Daseins)和“实存的形式概念”(der formale Begriff von Existenz)①,该如何理解呢?克兹尔这样说:“形式显示的概念不是科属普遍性(Gattungsallgemeinheit),而是某种具体普遍性(ein jeweiliges Universal)。”②孙周兴教授将形式显示的“形式”理解为某种区别于传统普遍性的“普遍意义”。③倪梁康教授认为,形式显示的“形式”源自胡塞尔的范畴直观,胡塞尔起初将“范畴直观”等同为“形式直观”。④已有学者从胡塞尔范畴直观的角度来审视海德格尔形式显示的形式。⑤

笔者认为,形式显示的“形式”,就适用性而言,可以适用于众多个体,而不是仅仅适用于某个个体,它当然具有某种普遍意义;但是,就其本身而言,这种形式似乎可以理解为带有质料的形式,这样才能把它和两种普遍化区别开来。张祥龙教授就曾提到,海德格尔的形式“已经是和质料不可分的了,是在实际生活中的”⑥。例如,海德格尔对此在的形式显示规定——此在的本质乃是去存在,此在总是我的存在,不得不说这种规定是带有质料的形式规定,亦即实际生活的形式规定,不同于总体化和形式化的那种普遍化规定。我们不妨试着举一个例子,对形式显示的领悟和运用离不开举例:“仲弓为季氏宰,问政。子曰:先有司,赦小过,举贤才。”⑦孔夫子的这番话就有形式意义或普遍意义,而不是仅仅针对某件事而言的,这番话同时具有实际生活的质料内容,而不是抽象的形式规定。

3. 显示与充实

前面业已提到形式显示的两段法:依据1983年出版的讲课稿,可以这样概括:形式显示概念只是给出某种显示(Anzeige)或提示(Hinweis),以

① Heidegger, *Sein und Zeit* (EA), Verlag Max Niemmeyer 2006, S. 43, 53.

② Theodore Kisiel, *Die formale Anzeige als Schlüssel zu Heideggers Logik*, in: *Heidegger und die Logik*, Rodopi B. V. 2006, S. 57.

③ 参见孙周兴:《非推论的思想还能叫哲学吗?——海德格尔与后哲学的思想前景》,《社会科学战线》2010年第9期,第20—21页。

④ 参见陈嘉映主编:《普遍性种种》(修订版),华夏出版社,2013年,第219页。

⑤ 参见尹兆坤:《范畴直观与形式显示》,《现代哲学》2013年第1期,第80—85页。

⑥ 陈嘉映主编:《普遍性种种》,华夏出版社,2013年,第219页。在这方面海德格尔和舍勒或许有共通之处,参见张任之:《伦理政治哲学的第三条道路》,《哲学研究》2013年第4期,第86—94页;张任之:《质料先天与人格生成——对舍勒现象学的质料价值伦理学的重构》,商务印书馆,2014年。传统哲学多半倾向于形式主义,实际生活多半流于经验主义,实存哲学作为哲学要想有所作为,恐怕需要走质料形式主义的道路。

⑦ 《论语·子路第十三》。

此呼吁此在在其自身中实行某种改变(eine Verwandlung vollziehen)。① 1986 年伽达默尔读到海德格尔 1921—1922 年冬季学期讲课稿后,对形式显示作了这样的表述:每个人都要个体化地去实行和充实形式显示所显示出来的东西。②从这些文字中可以看出,形式显示有两个步骤:其一,有所显示,显示出某些东西;其二,需要进一步加以充实,加以实行,涉及到改变。于是,笔者将此称作"形式显示的两段法",当然这是两个不可分割的步骤,前一个步骤启发和发动着后一个步骤,而后一个步骤乃是对前一个步骤的充实和完成。用流行的话语来说,它们乃是相辅相成的关系。

这就引出了有关形式显示的另一个争论:如何理解形式显示与生活实践的关系?朱海斌博士认为,"形式显示虽然表现出海德格尔哲学浓厚的实践、生活倾向,但这并不简单地意味着海德格尔仅仅以生活实践代替理论,毋宁说,形式显示是对哲学研究方式的一种重新解释,它试图寻求抽象普遍的定义与具体的体验之间的中间立场,它是一种居间";作者在此援引了克兹尔的意见③,之后又说:"形式显示一方面使现象学避免了完全的形式化,而另一方面也使现象学避免沦为单纯体验的生活哲学。"④笔者认为,要想领会这种意见,需要我们更加深入地领会形式显示的两段法。⑤

在 1921—1922 年冬季学期讲课稿中,海德格尔不仅介绍了形式显示的两段法(首先显示,然后充实),而且还为这种两段法添加了一组可以震撼整个海德格尔学术界的形容词"非本真的"(uneigentlich)与"本真的"

---

① 参见 Heidegger, *Die Grundbegriffe der Metaphysik. Welt-Endlichkeit-Einsamkeit*(GA29/30), Verlag Klostermann 1983, S. 429-430:Der Bedeutungsgahalt dieser Begriffe meint und sagt nicht direkt das, worauf er sich bezieht, er gibt nur eine Anzeige, einen Hinweis darauf, dass der Verstehender von diesem Begriffszusammenhang aufgefordert ist, eine Verwandlung seiner selbst in das Dasein zu vollziehen.

② 参见 Hans-Goerg Gadamer, *Martin Heidegger's One Path*, in: *Reading Heidegger from the start*, State University of New York Press 1994, pp. 33-34:But when we have immersed ourselves in these things and taken to heart that what formal indication is describing in this way is itself a formal indication, then what was important to Heidegger comes into view: namely, that it remains for each and every one of us to carry out individually our own fulfillment of the thing of which we are given an indication.

③ 参见 Kisiel, *The Genesis of Being and Time*, University of California Press 1993, p. 233:…, formal indication, which seeks a middle gruound between abstractly strict universal definition (its overestimation) and concrete experience (underestimation of definition), ….

④ 朱海斌:《海德格尔形式显示的现象学方法》,《同济大学学报(社会科学版)》2013 年第 1 期,第 24 页。

⑤ 可以参考 D. Dahlstrom(1994)、J. V. Buren(1995)、R. Streeter(1997)、S. Overgaard(2005)、L. MacAvoy(2010)和 M. I. Burch(2011)的论文,相关的内容提要,参见本书第 17 节第三部分"海德格尔:形式显示呼吁着具体实行"。

(eigentlich):a)显示出来的东西、具有形式性质的东西,还是非本真的,然而,恰是这个“非”字彰显出了积极的指引。b)要想通往本真的东西,那就要对非本真地显示出来的东西加以遭受和充实。①由此可见,形式显示的两段法固然是不可分割的,但是,其第二个步骤更为要紧。当然,这种重要性的排序丝毫不能影响其两个步骤的相辅相成。形式显示既要有所显示,也要有所充实,但是,就某种意义而言,其重点在充实。当然,在一般情况下,还是要这样说:显示和充实都是至关重要的。形式显示确实要避免两个极端——脱离行动的思想和脱离思想的行动,但是,如果把思想与行动的分离和对立看作一个极端的话,那么形式显示恰好是与之相对的另一个极端。

二、形式显示在历史性范例中的隐匿性出场

形式显示在海德格尔文本中的直接出场,主要体现在海德格尔 20 年代的讲课稿和作品中,在他 30 年代以后的文字中形式显示就几乎不再直接出场了。所以,学术界在此问题上就产生了争议:海德格尔后来是否放弃了形式显示?如果我们把“在场”(anwesen)理解为绝对同一者的持久在场,那么形式显示的出场就被等同为“形式显示”(formale Anzeige)这个字语的出场,这样看来,形式显示确实在 30 年代后不再出场了。然而,在场总是带有差异的在场,出场总是带有差异的出场,形式显示完全可以有新的出场形态。②

“没有人能够脱离传统而思想”,思想创造往往离不开哲学传统,海德格尔也不例外;菲加尔教授认为,海德格尔在构建生活现象学的过程中,也在寻找用以支撑其思想建构的某种“历史性范例”(einem historischen Paradigma),首先是在原始基督教那里寻找,后来发现行不通,才转而在亚里士多德那里寻找。③在我们看来,形式显示乃是其生活现象学的核心思想,为生活现象学寻找历史性范例,其实就是为形式显示寻找历史性范例。形式

① 参见 Heidegger, *Phänomenologische Interpretationen zu Aristoteles. Einführung in die phänomenologische Forschung* (GA61), Verlag Klostermann 1985, S. 33:a)..., dass das, was gesagt ist, vom Charakter des 》Formalen《 ist, uneigentlich, aber gerade in diesem 》un《 zugleich positiv die Anweisung. b)..., dass es, soll es zum Eigentlichen kommen, nur den Weg gibt, das uneigentlich Angezeigete auszukosten und zu erfüllen, der Anzeige zu folgen.

② 关于差异性出场的“出场学”,参见任平:《创新时代的哲学探索——出场学视域中的马克思主义哲学》,北京师范大学出版社,2009 年,序言第 11 页、正文第 307—318 页。

③ Guenter Figal, *Heideger als Aristoteliker*, in: *Heidegger und Aristoteles*, hrsg. von Alfred Denker, Günter Figal, Franco Volpi, & Holger Zaborowski: *Heidegger und Aristoteles*, Verlag Karl Alber 2007, S. 53, 58-59.

显示的历史性范例首先是亚里士多德,其次是尼采。[①] 他们两位由于抵制柏拉图主义的共同旨趣而颇受海德格尔的青睐。

形式显示在亚里士多德这个历史性范例中若隐若现:其一,亚里士多德在介绍"经验"、"技艺"、"知识"和"智慧"的区分时,就曾指出:"倘有理论而无经验,认识普遍事理而不知其中所涵个别事物,这样的医师常是治不好病的;因为他要诊治的恰是那些个别的人。"[②]海德格尔也有这样的转述:就"实行"(Ausführung)而论,拥有经验者要胜过那些仅有逻各斯(logos)的人。[③]在海德格尔看来,亚里士多德已经意识到单纯的普遍知识不足以做好事情,已经考虑到了"实行"维度。其二,海德格尔发现,努斯(nous)在亚里士多德那里其实有两种可能:在智慧(sophia)中把握理论知识的始点,在明智(phronesis)中把握实践活动的始点。特别是在明智中,其始点乃是一次性的、变动不居的具体处境。[④]牵涉到理论知识的始点,特别是实践活动的始点——变动不居的具体处境,逻各斯(logos)是无能为力的,只能由努斯(nous)出马。海德格尔于此再度强调了逻各斯的限度。以上两条表明,海德格尔在亚里士多德那里找到了形式显示的问题意识,并且获得了亚里士多德思想资源的支持:实行乃是不可忽视的维度,逻各斯是有局限的。

形式显示在尼采这个历史性范例那里亦有隐形的出场:其一,通常而言,柏拉图主义意味着,超感性世界与感性世界、真实世界与虚假世界的对立和排序:前者是高高在上的、值得追求的,后者是低下的、不值得追求的。[⑤]尼采当然是要打破这种排序并且进行重新排序,但是,海德格尔说:"无论是对感性领域的废除还是对非感性领域的废除,都是没有必要的。相反地,倒是需要消除对感性领域的误解和诋毁,同样也要消除对超感性领域的过分抬高。"[⑥]从这段话对于形式显示的意义来说,那就意味着:海德格尔试图在普遍性和具体性之间保持某种节制。其二,海德格尔用 Was-Sein 和 Wie-Sein/Daß-Sein 来概括尼采哲学:强力意志意味着"存在者在其机制中是什么(was)",而相同者的永恒轮回则意味着"具备此种机

① 关于海德格尔与亚里士多德,参见本书第 4、7 节;关于海德格尔与尼采,参见本书第 13 节。

② 亚里士多德:《形而上学》,吴寿彭译,商务印书馆,1997 年,第 2 页。

③ 参见 Heidegger, *Platon: Sophistes*(GA 19), Verlag Klostermann 1992, S. 75-76.

④ Heidegger, *Platon: Sophistes*(GA 19), Verlag Klostermann 1992, S. 163-164.

⑤ 参见海德格尔:《尼采》,孙周兴译,商务印书馆,2002 年,第 528—529、222 页。

⑥ 海德格尔:《尼采》,孙周兴译,商务印书馆,2002 年,第 231 页。

制的存在者在总体上如何(wie)存在"。①不仅如此,在海德格尔看来,古往今来的形而上学都可以用 Was-Sein 和 Daß-Sein 来加以梳理,亦即用 essentia 和 existentia 来阐释。②按照他的阐释,柏拉图是从 Was 出发将存在理解为 idea,而亚里士多德是从 Wie 或 Daß 出发把存在理解为 energeia,"亚里士多德比柏拉图思考得更希腊",在亚里士多德那里,"energeia 取得了优先地位,但在任何时候都没有把作为存在的一个基本特征的 idea 排除掉"。③我们不妨这样看:亚里士多德的 energeia 兼容了 Wie-Sein 和 Was-Sein 两个维度,如此才成就了亚里士多德,这样的亚里士多德形象更加切合海德格尔兼容 Wie-Sein 和 Was-Sein 两个维度的形式显示。④

无论是在阐释亚里士多德还是在阐释尼采的时候,海德格尔都念念不忘对普遍性的批判,对传统意义上的普遍性的批判正是形式显示的问题意识。值得留意的至少有以下两点:其一,源初意义上的真理与普遍有效性(Allgemeingueltigkeit)毫无瓜葛,普遍有效的东西很有可能不是真的,很有可能遮蔽事物。真的东西,不必适用于每个人,只需适用于某个单个的人即可。⑤ 其二,有效的东西可以分为两种:das Vielgültige 和 das Allgemeingültige。但是,"普遍有效的东西、亦即对相关的许多事物有效的东西,却被搞成绝对普遍有效的东西。所谓'普遍有效的',现在不再仅仅意味着:对许多相关的个别事物是有效的,而是自在地一般地始终有效的东西,是不变的、永恒的、超时间的东西了"⑥。形式显示的概念能否得到普遍的运用,这首先要求我们对"普遍"这个词语进行一番审视,以上材料可以提供有力的支持。

三、形式显示在"暗示"中的隐匿性出场

海德格尔在 50 年代提到,"语言"(Sprache)的本质并不在于声音或文字的出场,不在于言辞的数量,毋宁说,"语言"本质现身于"寂静之音"(das Geläute der Stille),"语言的本质就在道说中。道说(sagen)……即让

① 海德格尔:《尼采》,孙周兴译,商务印书馆,2002 年,第 918 页。

② 海德格尔:《尼采》,孙周兴译,商务印书馆,2002 年,第 1034—1035 页。

③ 海德格尔:《尼采》,孙周兴译,商务印书馆,2002 年,第 1033、1044—1045 页。

④ 有关亚里士多德和柏拉图的异同,参见黑格尔的论述:《小逻辑》,贺麟译,商务印书馆,2014 年,第 298 页。

⑤ 参见 Heidegger, *Platon*: *Sophistes*(GA 19), Verlag Klostermann 1992, S. 24. 最后一句的原文:Umgekehrt kann gerade das wahr sein, was nicht für jeden, sondern nur für einen einzelnen verbindlich ist.

⑥ 海德格尔:《尼采》,孙周兴译,商务印书馆,2003 年,第 161—162 页。

显现(erscheinen lassen)";在与日本学者的探讨中,海德格尔注意到,"一个微不足道的手势,就能让强大有力的东西呈现出来"。①借助"手势",海德格尔注意到的乃是"暗示"(Winkel):"指引(das Weisen)就是思想的基本特征"②,但是,他更为关注的"指引"乃是暗示;"暗示也许就是词语的基本特征"(Dann wäre der Wink der Grundzug des Wortes)③;"词语乃暗示,而非纯粹标记意义上的符号……暗示需要最广大的伸展范围"④;"暗示乃是有所澄明的掩蔽的消息"⑤。于是,在海德格尔看来,恰如其分的思想与言说,或许是有节制的道说和暗示,这样既能够发挥逻各斯的应有作用,也能够为个体此在的具体实行留下应有的空间。在他看来,思想或词语的"指引"或许是某种"暗示",这种"暗示"规定着"形式显示"的风格:从肯定的方面来说,形式显示给人留有空间;从否定的方面来说,形式显示可能就是缺乏内容的指引。⑥

例如,海德格尔对于"诗意栖居"的阐释。荷尔德林的原文是:"充满劳绩,但人诗意地,栖居在这片大地上。"⑦海德格尔的相关阐释看似玄奥,但是我们不妨对其阐释进行一番简化:其一,"诗意栖居",但还有前半句,那就是"充满劳绩",于是,完整地讲,乃是这样的:虽然充满劳绩,但是人诗意地栖居;诗意栖居是在充满劳绩的基础上,并不是"毫无劳绩,且诗意地栖居"。其二,"诗意栖居"的后面还有半句,"在这片大地上"。就是说,诗意栖居并不是离开这片大地,飘浮在这片大地之上。⑧但是,这种揭示,还是某种优雅而高贵的揭示,乃是面向少数文化人的揭示。叶朗的讲法就大不一样,他写的是一本面向广大读者的教材——固然也是一本研究性著作,所以,就把问题讲得非常清楚。⑨

再举一例:从海德格尔的尼采阐释出发,我们将重新阅读尼采(《偶像

---

① 海德格尔:《在通向语言的途中》,孙周兴译,商务印书馆,1997年,第251、210、212、213、22、193、104页。

② 海德格尔:《演讲与论文集》,孙周兴译,三联书店,2005年,第141页。

③ 海德格尔:《演讲与论文集》,孙周兴译,三联书店,2005年,第111页;Heidegger, *Unterwegs zur Sprache*(GA12), Verlag Klostermann 1985, S. 109.

④ 海德格尔:《在通向语言的途中》,孙周兴译,商务印书馆,1997年,第115页。

⑤ 海德格尔:《在通向语言的途中》,孙周兴译,商务印书馆,1997年,第133页。

⑥ 参见本书第8—9节以及结论部分第16节"马尔库塞'具体哲学'与形式显示实存哲学的运行机制"。

⑦ 海德格尔:《演讲与论文集》,孙周兴译,三联书店,2005年,第200页。

⑧ 海德格尔:《演讲与论文集》,孙周兴译,三联书店,2005年,第200—201页。

⑨ 参见叶朗:《美在意象》,北京大学出版社,2010年,第478—479页;参见本书第9节"卡尔纳普的批评和海德格尔的美学旨趣"。

的黄昏》、《瞧，这个人》和《权力意志》)，我们会感觉到，海德格尔的尼采阐释是对头的，尼采哲学确实是对柏拉图主义的倒转；尼采对于柏拉图主义的倒转，确实可以构成海德格尔批判传统哲学的历史性范例，确实可以为其实存哲学提供历史性的理论支撑。但是，我们也发现，海德格尔的尼采阐释与尼采哲学本身，确实存在着很大的距离，并不是说，他的阐释不对头，而是说，他的阐释还不够彻底：他忽略了尼采身体哲学的质料性内容(不同于海德格尔的尼采阐释，尼采自己对柏拉图主义的批判更加细腻，尼采梳理了柏拉图主义的两个具体表现：蔑视身体、鼓吹忘我)①，正如他忽略了亚里士多德伦理学和政治哲学的质料性内容。②

§ 3 海德格尔形式显示的实践论述

如何理解海德格尔有关实践的论述？这在国内外海德格尔学术界既是一个热点，也是一个难点。而且，与此相关的学术讨论从一开始就倾向于把“实践”限定在伦理政治领域。③《存在与时间》出版不久，海德格尔就被问及，是否要接下来写一部伦理学。④但是，很遗憾，海德格尔始终没有写过伦理学方面的专著。再说，如若依照海德格尔“存在”与“存在者”的层次划分，伦理政治领域的实际事务，通常容易被划入“存在者”层次，于是，海德格尔伦理政治维度的缺失似乎可以在他本人那里找到学理依据。⑤

但是，学术界仍旧找到了相关研究的突破口，主要方案有两种：其一，较早的研究方案，从海德格尔生前公开出版的文本中寻找蛛丝马迹，尤其

---

① 参见本书第13节“海德格尔的尼采阐释与实存哲学的基本形象”。再举一例：在普鲁塔克笔下，阿那克萨戈拉在穷困潦倒的时候，昔日的学生伯里克利来看望他，他的措辞是这样的：“伯里克利啊，谁需要一盏明灯，谁就得往灯里添油。”(普鲁塔克：《希腊罗马名人传》(上册)，黄宏煦等译，商务印书馆，1990年，第480页)这种修辞可谓是优雅风度的典型；参见本书第15节“亚里士多德实践哲学的经济维度”。

② 参见本书第10节“海德格尔与亚里士多德的共在论比较”。

③ 相关研究参见韩潮：《海德格尔与伦理学问题》，同济大学出版社，2007年；朱清华：《回到源初的生存现象——海德格尔前期对亚里士多德的存在论诠释》，首都师范大学出版社，2009年。

④ 海德格尔：《路标》，孙周兴译，商务印书馆，2000年，第416页。

⑤ 参见张汝伦：《海德格尔的实践哲学》，《哲学研究》2013年第4期，第60页。通常认为，“存在”(Sein)与“存在者”(Seiende)、“存在论层面”(ontologisch)与“存在者层面”(ontisch)乃是海德格尔的基本区分，同时，“存在者”(Seiende)被理解为“存在着的具体东西”(参见海德格尔：《存在与时间》，陈嘉映等译，三联书店，1987年，第4页，“脚注4”)。在《存在与时间》汉译本的修订版中这个脚注被删除了，这也许说明，把“存在者”理解为“存在着的具体东西”还有待进一步探讨。

是依据《存在与时间》和《关于人道主义的书信》。其二,当前较为流行的研究方案,从海德格尔对亚里士多德《尼各马可伦理学》的相关阐释入手。在众多研究中,最有代表性的有两位学者,他们实际上把以上两种研究方案融合了起来:第一位是海德格尔意大利全集主编、帕多瓦大学教授沃尔皮(F. Volpi),他曾提出一个著名的问题——《存在与时间》是不是《尼各马可伦理学》的翻版或化用?①通常认为,沃尔皮肯定了《存在与时间》的伦理学意义。第二位是比利时鲁汶大学教授塔米尼奥(J. Taminiaux),他认为,《存在与时间》侧重唯我论意义上的孤立个体,进而否定了《存在与时间》的伦理学意义。②

无论人们在此问题上的观点多么纷繁复杂,都不得不面对沃尔皮提出的疑难,我们不妨称之为"沃尔皮疑难":1924—1925 年冬季学期,海德格尔在弗莱堡大学对亚里士多德《尼各马可伦理学》作了精心的阐释,当时听过这门课的许多学生,诸如伽达默尔、阿伦特、里特尔(J. Ritter)、约纳斯(H. Jonas)、列奥·斯特劳斯(Leo Strauss)等,乃是 20 世纪六七十年代复兴实践哲学的新亚里士多德思潮的代表人物。如若海德格尔对伦理政治毫无兴趣,并且在此领域毫无建树,何以开启出一个实践哲学的潮流?海德格尔的这些学生何以走上实践哲学的道路?③

若想解决上述"沃尔皮疑难",从而更好地领会海德格尔有关实践的具体论述,至少需要"四个创新":其一,文本创新:不仅要关注海德格尔生前出版的作品,如《存在与时间》和《关于人道主义的书信》,而且要关注他阐释亚里士多德的讲课稿,更要关注他涉及康德实践哲学的讲课稿。其二,方法创新:不妨把"形式显示"(fomale Anzeige)看作海德格尔的思想精髓或活的灵魂,用来审视其实践论述。其三,修辞创新:不妨跳出海德格尔的修辞风格和字语游戏,用较为通用的文字来作表述。其四,概念创新:海德格尔的"实践论述"恐怕并不局限于伦理政治领域的"实践","实践"尚

① 参见 Franco Volpi, *Sein und Zeit: Homologien zur Nokomachischen Ethik?*, in Hermann Krings, Arno Baruzzi, Hans Michael Baumgartner, Alois Haider, Klaus Jacobi & Heinrich Rombach (hrsg.), *Philosophisches Jahrbuch* (Band 96), Verlag Karl Alber 1989, S. 225-240.

② 参见 Jacques Taminiaux, *Heidegger and the Project of Fundamental Ontology*, State University of New York Press 1991, pp. 129-130.

③ 参见 Franco Volpi, *Heidegger und der Neoaristotelismus*, in Alfred Denker, Günter Figal, Franco Volpi & Holger Zaborowski (hrsg.), *Heidegger und Aristoteles*, Verlag Karl Alber 2007, S. 222.

有其他意义。①

一、领会海德格尔实践论述的若干误区

1. 1924—1925 年冬季学期，海德格尔对亚里士多德《尼各马可伦理学》第 6 卷作了较为详尽的阐释，牵涉到亚里士多德有关人的活动的三重划分："制作"、"实践"和"理论"。其中特别强调，实践以自身为目的，而制作效力于外在目的。②于是，人们认为，这正好表明了实践的优越性或优先性，进一步而言，表明了实践哲学或伦理学的优先性。其实，这种观点难以成立：所谓"'制作'效力于外在目的"，这与制作活动本身并无关系，而是取决于它所处的经济条件。在自然经济条件下，人们从事制作活动，主要是为了满足自己和家人的需要，这时候的制作者和使用者乃是一体的，制作出来的作品通常并没有外在的用途。在高度发达的市场经济条件下，设计者、制作者、流通者、购买者和使用者之间出现了高度的分离，这时候的作品往往脱离了设计者和制作者的掌控，很可能服务于外在的目的。

2. 仍以 1924—1925 年冬季学期讲课稿为依据，人们发现，海德格尔曾经这样说：如若以是否关心人生实存为标准加以衡量，则实践活动优先，实践哲学乃是最高学问。人们认为，海德格尔在这里明确主张实践乃至实践哲学的优先性。但是，我们不得不说，这是一种很容易纠正的误解。因为，海德格尔随即指出，此乃柏拉图的看法。③海德格尔也曾指出，如若以其对象孰为高级为标准加以考察，则理论活动优先，理论哲学乃是最高学问，但是，这只是亚里士多德的看法。④就自足性而言，理论活动较少依赖他人，比实践活动更加自足一些，但是，这还是亚里士多德的观点，并非海德格尔的新观点。⑤海德格尔的严谨和冷峻令人震惊，整部讲课稿从未对实践和理论孰为优先作出自己的表态。

3. 在海德格尔阐释亚里士多德《尼各马可伦理学》的讲课稿公开出版之前，人们主要依据《存在与时间》来寻找海德格尔实践论述的蛛丝马迹。

---

① 阿伦特以 Tätigkeiten 统称"劳动"(Arbeiten)、"制作"(Herstellen)和"实践"(Handeln)，参见 Hannah Arendt: *Vita activa oder Vom tätigen Leben*, Piper Verlag GmbH 2000, S. 16. 毛泽东《实践论》的德文译者同样以 Tätigkeiten 统称各种社会实践，参见 Mao Tse-tung, *Ausgewählte Werke*, Band I, Verlag für fremdsprachige Literatur 1968, S. 347-364. 本文所讲的广义实践概念，就是 Tätigkeiten 意义上的实践。

② 参见 Heidegger, *Platon*: *Sophistes*(GA19), Verlag Klostermann 1992, S. 21-64.

③ 参见 Heidegger, *Platon*: *Sophistes*(GA19), Verlag Klostermann 1992, S. 135-136.

④ 参见 Heidegger, *Platon*: *Sophistes*(GA19), Verlag Klostermann 1992, S. 136-137.

⑤ 参见 Heidegger, *Platon*: *Sophistes*(GA19), Verlag Klostermann 1992, S. 166-171、S. 176-177.

塔米尼奥(J. Taminiaux)便是其中的著名代表。在他看来,《存在与时间》执着于唯我论意义上的孤独个体,无法释放出亚里士多德意义上的伦理学,反倒是沿袭了柏拉图轻视实践的传统。①这种看法有一定的合理性,因为《存在与时间》在非本真共在方面动用了许多笔墨,以至于人们认为,海德格尔将共在等同于非本真或沉沦。然而,即便是在《存在与时间》中,海德格尔也并没有把共在等同为非本真或沉沦,只是说本真的共在是难能可贵的,是较为罕见的,并不是说没有本真的共在。人们很容易混淆两个概念——"罕见"与"不存在"。而且,海德格尔在1924年夏季学期还特别阐发了logos和doxa的共在论意义:logos意味着与他人说话,与他人打交道,即与他人共在。② doxa乃是日常讨论和学术研究的起点或前提,往往来源于贤哲的看法;人们追求doxa,并且运用doxa,正好表明与他人共在的积极意义。③

4. 仍以1927年出版的《存在与时间》为主要依据,通常认为,沃尔皮(F. Volpi)将《存在与时间》视为《尼各马可伦理学》的化用或翻版,似乎《存在与时间》就是海德格尔的伦理学。但是,这种看法并不切合沃尔皮的原本意图。诚然,沃尔皮曾指出,海德格尔的"上手"、"现成在手"和"此在"与亚里士多德的"制作"、"理论"和"实践"很可能有某种呼应关系;并且,海德格尔对亚里士多德的消化和吸收方式乃是"存在论化"(Ontologisierung),特别是将亚里士多德的"实践"存在论化为"此在"。④我们当然可以说,海德格尔主张"此在"优先于"上手"或"在手",但是,我们不可以仅凭这一点就说,海德格尔主张"实践"优先于"制作"和"理论"—— 既然海德格尔已经将亚里士多德的"实践"存在论化了,亦即有所吸收并且有所改造,那么,在海德格尔的语境下,此后便已然不存在亚里士多德意义上的"实践"了,因此,《存在与时间》并没有主张"实践"的优先性甚或实践哲学的优先性。

5. 沃尔皮认为,海德格尔对亚里士多德《尼各马可伦理学》的消化和

① 参见 Jacques Taminiaux, *Heidegger and the Project of Fundamental Ontology*, State University of New York Press 1991, pp. 129–130.

② 参见 Heidegger, *Grundbgriffe der aristotelischen Philosophie* (GA18), Verlag Klostermann 2002, S. 61.

③ 参见 Heidegger, *Grundbgriffe der aristotelischen Philosophie* (GA18), Verlag Klostermann 2002, S. 118, 138, 150–152.

④ 参见 Franco Volpi, *Sein und Zeit: Homologien zur Nokomachischen Ethik?*, *Philosophisches Jahrbuch*(Band 96), Verlag Karl Alber 1989, S. 231, 234.

吸收方式是“存在论化”,但是,这种提法容易引起严重的误解——人们以为,海德格尔此种“存在论化”或“中性化”的做派乃是对伦理或伦理学的漠视或抵制。1924年夏季学期以来,海德格尔对agathon(通常译作“善”)作了独特的阐释,他没有把agathon简单地阐释和等同为“价值”(Wert),而是将其阐释为“终点”(telos)。[①]此种做法确实异乎寻常,姑且称之为“存在论化”或“中性化”。而且,这种“存在论化”或“中性化”的阐释,构成了以上误解潜在的文本依据。不过,没有把agathon阐释为“价值”,这并不意味着海德格尔漠视伦理或反对伦理。[②]在我们看来,海德格尔其实是要为agathon赋予广阔的空间:无论是制作、实践,还是理论,各有其“作品”(ergon),各有其“终点”(telos),各有其“善”(agathon)。事实上,并不存在所谓“存在”与“善”的紧张对峙,实际存在的只可能是某种善与某种善的对峙,或者某种存在与某种存在的对峙。存在,按照海德格尔的阐释,本就意味着“立身于作品中”(Am-Werk-Sein)[③],亦即立身于某种善中,只不过这种善并不局限于某种狭隘的善。就此而论,海德格尔既没有反对伦理学,但也没有局限于伦理学。

6. 且让我们再次考量一下《存在与时间》和《关于人道主义的书信》,看看还有哪些蛛丝马迹。首先,可以肯定,海德格尔并没有放弃对伦理的关注,毋宁说,真正的问题是他究竟以何种方式关注伦理或伦理学。他不打算写一部伦理学的专著,但是,并未主张放弃现存的伦理约束。[④]他有一个提法——“源初的伦理学”(die ursprüngliche Ethik)[⑤],不过,这个“源初的伦理学”始终是晦暗不明的。其次,最让人感到头疼和无所适从的是,海德格尔动不动就声称要超越“理论”与“实践”的区分。[⑥]我们正要探讨海德格尔在理论与实践相关问题上的态度,他却突然来了这么一手,实在令我们惊慌失措。不过,总有一些冷静的学者,他们不会被海德格尔的修辞风格或文风牵着鼻子走,如德国学者艾尔姆(R. Elm)认为,海德格尔其实是想抵制实践与理论的分离和对立,最终追寻的乃是“带有明智因素的智

---

① 参见Heidegger, *Grundbgriffe der aristotelischen Philosophie* (GA18), Verlag Klostermann 2002, S. 43, 65, 98.

② 参见海德格尔:《路标》,孙周兴译,商务印书馆,2000年,第408—410页。

③ 参见Heidegger, *Grundbgriffe der aristotelischen Philosophie* (GA18), Verlag Klostermann 2002, S. 100.

④ 参见海德格尔:《路标》,孙周兴译,商务印书馆,2000年,第416页。

⑤ 参见海德格尔:《路标》,孙周兴译,商务印书馆,2000年,第420页。

⑥ 参见海德格尔:《存在与时间》,陈嘉映等译,三联书店,2012年,第406—407页;海德格尔:《路标》,孙周兴译,商务印书馆,2000年,第421、427页。

慧”和“带有智慧因素的明智”,亦即明智与智慧的统一性,换言之,实践与理论的统一性。①

以上诸种歧误当然有其原因:其一,急于论证伦理或伦理学的优先性,给出的论证却是站不住脚的。我们当然承认伦理或伦理学对于现实生活的重要性,但是在学术研究上还是要尽量做充分的论证。其二,急于批评海德格尔对伦理的漠视或伦理学维度的缺失,但是,他们对海德格尔文本的解读未必对头。其三,以上两条其实均牵涉到海德格尔的修辞风格或文风:诡异、游移不定、不知所云、令人无所适从。其四,倘若我们试图摆脱海德格尔的文风,用较为通用的文字来表述问题,如艾尔姆对海德格尔的解读,在“海德格尔主义者”(Heideggerianer)看来,又似乎过于通俗乃至庸俗了。为此,我们迫切需要开辟新的研究思路,选用新的研究方法,方可澄清海德格尔的实践论述。

二、实践论述的两种模式与海德格尔的回应

在哲学传统中,有关“实践”的论述,存在两种模式——亚里士多德模式和康德模式。这两种模式的首要区别是对“实践”概念的理解。康德几乎不假思索就把“实践”二字限定在了伦理政治领域。②尽管他曾触及“实践”的两种意义——“技术领域的实践”和“道德领域的实践”,然而,他认为,前者只能算作理论哲学的延伸,后者才是实践哲学应当关注的。③所以,我们经常习惯于这种“二分法”:理论与实践、理论哲学与实践哲学。然而,亚里士多德却坚持着一种“三分法”:制作④、实践和理论。其实,柏拉图早有此种划分,划分的依据是活动的可见性:“制作”总是制造出可见的东西,“实践”所制造的东西不可见,但确实有所作为,而“理论”(希腊文原意:观看、思考⑤)之作为毫无疑问是可见性程度最低的。⑥其实,“制作”、“实践”和“理论”这三种活动都是在做事,都有所作为,其互相区别并

---

① 参见 Ralf Elm, *Aristoteles-ein Hermeneutiker der Faktizität?*, *Heidegger und Aristoteles*, Verlag Karl Alber 2007, S. 280.

② 康德:《道德形而上学原理》,苗力田译,上海人民出版社,1986 年,第 110、118 页;康德:《实践理性批判》,韩水法译,商务印书馆,2000 年,第 62 页。其中提到,“一切实践哲学的最后界限”“准则普遍有效性的实践规律”“实践理性的唯一客体就是善和恶的客体”。

③ 参见俞吾金:《从康德到马克思》,广西师范大学出版社,2004 年,第 30—32 页。

④ 在希腊文中,“制作”(poiesis)兼有制造和创作的义项,但是,在亚里士多德笔下,出于当时上层社会的流行观念,“制作”通常不包括生产活动。目前看来,“制作”当然要包括生产活动。

⑤ 参见罗念生主编:《古希腊语汉语词典》,商务印书馆,2005 年,第 386 页。

⑥ 参见第欧根尼·拉尔修:《名哲言行录》(希汉对照本),徐开来、熊林译,广西师范大学出版社,2011 年,第 333 页。

不是做事与不做事的区别,而是领域的区别和可见性程度的区别。因此,从广义上讲,以上三种活动皆是人的活动,都是“实践”(Tätigkeit)。诚然,亚里士多德的“实践”,就其狭义而言,同样限定在伦理政治领域,但是,亚里士多德毕竟保持着广义“实践”的视域。

两种模式进一步的区别在于,康德模式推崇道德原则的普遍性和纯粹性,而亚里士多德提倡道德原则与具体处境的结合。在康德看来,凡是带有质料和经验,以对象为转移的实践规矩,都不是普遍的、纯粹的,都是以自爱和个人幸福为原则的。①当我们做事的时候,需要考虑,我们的打算是否能够普遍推行?如若不能普遍推行,那么,将此打算付诸实施就不具有道德价值,就仅仅是以自爱或个人幸福为原则的庸俗行为。②相反,亚里士多德不以普遍的道德法则去考量经验的和质料的道德行为,而是致力于揭示道德行为与其具体处境的密切关系。亚里士多德将伦理德性规定为适度之品质,这是一种普遍的规定或普遍的原则。然而,光有这条普遍原则还是远远不够的,毋宁说,要“在适当的时间、适当的场合、对于适当的人、出于适当的原因、以适当的方式”,才能做到适度和体现出伦理德性;“这些并不是每个人都做得到或容易做得到的”。③

亚里士多德对于伦理政治实践的这种姿态,乃是由于他对伦理政治事务之特性给予了充分的考虑和充分的尊重。他说:“实践关乎那些具体的事例,我们的理论也必须同这些事例相吻合”;伦理政治领域的具体事务,并没有什么确定不变的东西,谈不上什么确定的技艺和法则,就像医疗和航海那样,需要因地制宜,因而相关的论述只能是概略的,不可能很精确。也就是说,伦理政治事务的不确定性,决定了有关伦理政治事务的学问亦即实践哲学的概略特征。在亚里士多德这里,实践哲学具有概略特征,这种特征乃是与其对象相符合的,乃是实事求是的,并非什么缺陷,关键在于依循着这种概略的论述进行亲自的实践,而不是满足于空谈。④

关于伦理政治实践领域的这两种模式——康德模式与亚里士多德模式,海德格尔非常熟悉,并且这两种模式构成了海德格尔思想工作的重要背景。早在1919年夏季学期,海德格尔就已经注意到了康德模式,尽管是

① 参见康德:《实践理性批判》,韩水法译,商务印书馆,2000年,第19—20、26、31、34—35、96页。

② 参见康德:《道德形而上学原理》,苗力田译,上海人民出版社,1986年,第73—75页。

③ 亚里士多德:《尼各马可伦理学》,廖申白译,商务印书馆,2003年,第47、55页。

④ 亚里士多德:《尼各马可伦理学》,廖申白译,商务印书馆,2003年,第49、38、42页。

以新康德主义的论述为视角的：价值哲学主张实践理性的优先地位，试图以普遍必然的原则去考量现实生活和事实质料。[①]这种实践理性的优先性，正是海德格尔明确反对的。他在1919年战时补救学期明确提到：要打破理论(das Theoretische)的统治地位，但是，这并不意味着实践(das Praktische)的优先性，毋宁说是要回到前理论。[②]海德格尔并未主张实践的优先地位，这倒不是说海德格尔漠视伦理政治实践，毋宁说，海德格尔这时候真正反对的乃是普遍化的姿态，即漠然无殊的姿态，尤其反对以普遍有效性去考量事实质料的康德模式。

关于亚里士多德模式，海德格尔给予了更多的关注，具体表现在三个字语上："处境"、"适度"和"时机"。首先，人的实践总是处在各个不同和具体多样的处境中。这里的"处境"(Lage、Situation)包括：特定的事物、特定的方式、特定的时间和特定的人物。[③]如此这般的处境乃是变动不居的，正是实践活动需要首先加以斟酌的。其次，由于人的实际生活是变动不居、各个不同和具体多样的，所以，无法以一种"一劳永逸的绝对标准"(einmalige und abstrakte Norm)去应对人的实际生活；亚里士多德将伦理德性刻画为"适度"(meson)，正是考虑到人生实存的具体多样性。[④]最后，亚里士多德的"适度"首先考虑的乃是"时机"(kairos)[⑤]，"时机"意味着"对瞬间的观看"(Augen-Blick)，意味着审时度势和"相时而动"(Zeitlichkeit)。[⑥]

综上所述，面对变动不居的具体生活(当然包括伦理实践)，海德格尔非常清醒地意识到了康德模式的弊端——以普遍有效性考量事实质料，此种普遍化倾向和理论化倾向很可能是对具体生活的压制和损害。尽管康德提倡普遍道德法则的初衷是反对以自爱和个人幸福为原则或借口的利

---

① 参见 Heidegger, *Zur Bestimmung der Philosophie*(GA56/57), Verlag Klostermann 1987, S. 143-144, 147, 146.

② 参见 Heidegger, *Zur Bestimmung der Philosophie*(GA56/57), Verlag Klostermann 1987, S. 59.

③ 参见 Heidegger, *Platon: Sophistes*(GA19), Verlag Klostermann 1992, S. 146-147.

④ 参见 Heidegger, *Grundbgriffe der aristotelischen Philosophie*(GA18), Verlag Klostermann 2002, S. 186, 185.

⑤ 参见 Heidegger, *Grundbgriffe der aristotelischen Philosophie*(GA18), Verlag Klostermann 2002, S. 180.

⑥ 参见 Heidegger, *Platon: Sophistes*(GA19), Verlag Klostermann 1992, S. 163-164; Heidegger, Sein und Zeit(EA), Verlag Max Niemeyer 2006, S. 338; Heidegger, *Die Grundprobleme der Phänomenologie*(GA24), Verlag Klostermann 1975, S. 409.

己主义，尽管康德并不是不考虑特殊情况①，但是，康德模式，就其效应而言，很可能损害着具体生活。与此相反，海德格尔注意到了亚里士多德模式的优势：对于变动不居和具体多样的实际生活给予了充分的尊重；要想做到“适度”，务必要考虑诸种“处境”或“时机”，进而采取“相时而动”的姿态。

三、形式显示与海德格尔的实践论述

莱瑟（F. Rese）察觉到，海德格尔《存在与时间》与亚里士多德《尼各马可伦理学》在方法上具有相似性：后者主张，研究的精确程度应当与其研究的对象相一致，因而，伦理学不应追求过度的精确性，毋宁说，应当满足于概略性（Grundrisscharakter）；前者也只是给出了人生此在的基本结构，并未对人生此在作事无巨细的规定。②关于亚里士多德伦理学的“概略性”，赫费（O. Höffe）论述得更为详尽：“概略之论述意味着一种限制。它没有达到对事物的全面认识，没有把握到事物的全部形态，而只是把握到了其基本形式。运用到伦理学上，这就意味着：哲学无法在具体和个体现实上认识伦理行为，毋宁说，只能在其核心（Kern）或基本特征上认识伦理行为。任何深入的要求都是哲学无法满足、无法实现的”；“与理论哲学一样，伦理学也在追求可控制的、普遍的、必然的知识。但是，伦理学同时知道，它的这般追求绝不能完全赶得上事物。因此，伦理学必定是概略科学（Grundriss-Wissenschaft）”。③只不过，赫费没有将亚里士多德的“概略性”与海德格尔联系起来，莱瑟虽然将亚里士多德的概略性与海德格尔《存在与时间》的论述风格联系了起来，但是，她没有意识到《存在与时间》的此种风格正是海德格尔“形式显示” ④的生动体现。

① 参见康德：《道德形而上学原理》，苗力田译，上海人民出版社，1986 年，第 52 页。康德举出的后两个具体事例具有特殊设定：“在有能力帮助别人的情况下”“能够得到发挥才能的机会”。

② Friedrike Rese, *Handlungsbestimmung vs. Seinsverständnis. Zur Verschiedenheit von Aristoteles' Nikonachischener Ethik und Heideggers Sein und Zeit*, in: *Heidegger und Aristoteles*, Verlag Karl Alber 2007, S. 173-174.

③ Otfried Höffe, *Praktische Philosophie - Das Modell des Aristoteles*, Akademie Verlag 1996, S. 110—112.

④ 参见海德格尔：《形式显示的现象学》，孙周兴编译，同济大学出版社，2004 年，第 65—75 页以及“编者前言”第 1—21 页。关于形式显示，参考本书第 2 节“海德格尔形式显示的出场方式”，此外，还可以参考 D. Dahlstrom（1994）、J. V. Buren（1995）、R. Streeter（1997）、S. Overgaard（2005）、L. MacAvoy（2010）和 M. I. Burch（2011）的论文，这些论文直接以形式显示为标题，论述得较为详细；相关的内容提要，参见本书第 17 节第三部分“海德格尔：形式显示呼吁着具体实行”。海德格尔“形式显示”的立言宗旨：思想不应为行动提供普遍主义的规定，而应作方向性指引，行动当在此指引下展开具体实行。

以形式显示来阐释海德格尔与实践哲学的关联,其实已经有人在做了:魏格特(C. Weigelt)这样说:"哲学不可能是关于伦理学的精确理论,这是因为,在海德格尔看来,个体的抉择不可能是理论的直接推论,个体的抉择必定牵涉着更多的东西,远远超出理论能够言说的范围";"哲学只能形式显示某些可能,其精确的内容要保持悬而不定。这就是说,如若人们认为,伦理学研究可以向我们给出用以解决道德问题的稳固不变的原则,那么人们就是在强暴作为现象学和彻底追问的哲学。关于人生实存基本可能性的哲学分析与个体对这些可能性的具体实行这二者之间始终是有距离的;任何理论都不能消除这个距离,毋宁说,这个距离要靠个体生命的个体抉择来解决,为其形式的或敞开着的可能性赋予特定的内容"。①

借助赫费、莱瑟和魏格特的相关论述②,我们注意到,海德格尔的"形式显示"方法与亚里士多德的概略方法具有惊人的相似性。这种相似性不完全是历史的巧合,很可能来自海德格尔对亚里士多德思想精髓的参悟——"普遍不离个别","通式不自外于万有"③。从海德格尔讨论过的亚里士多德文本来看,海德格尔接触到了亚里士多德的"适度"(meson)和"时机"(kairos),这些字语与亚里士多德的概略方法具有密切关联。1936—1938年间,海德格尔曾有这样的论述:自然科学是精确的,乃是因为自然科学的题材在数量上是可测算的,此乃自然科学的严格;然而,精神科学若要成为严格的,就必须是不精确的,这并不是精神科学的缺陷,恰好是其优点。④据此判断,海德格尔很可能注意到了亚里士多德的概略方法,尽管我们并没有直接的证据。

我们已经介绍了康德模式与亚里士多德模式的区别,并且了解了亚里士多德概略方法与海德格尔"形式显示"方法,这时候再回过头来观看海德格尔的实践论述,会有浴火重生的感受。海德格尔并不漠视伦理领域的实践,而是要告诉我们:实际生活是变动不居和具体多样的,我们应当采取相时而动的应对姿态,切勿执着于以某种一劳永逸的、普遍有效的现成规范来应对变动不居的实际生活;不要满足于泛泛的空谈,毋宁说,要在概略

---

① Charilotta Weigelt, *The Logic of Life. Heidegger's Retrieval of Aristotle's Concept of Logos*, Almqvist & Wiksell International Press 2002, S. 48-49, 44-47, 149-150.

② 本书第17节"伽达默尔实践哲学与形式显示实存哲学的运行机制",将在以上三位学者之外,给出伽达默尔和马尔库塞的"思想见证",他们两位是海德格尔的亲炙弟子,因而,他们对于海德格尔思想的接受和判断具有"权威性"。

③ 亚里士多德:《形而上学》,吴寿彭译,商务印书馆,1997年,"译后记",第391页。

④ 海德格尔:《哲学论稿》,孙周兴译,商务印书馆,2012年,第157—158页。

论述的形式指引下,积极展开个体此在的具体实行。

“海德格尔实践论述”的理解,离不开两个核心要素:其一,对亚里士多德实践论述的消化和吸收,尤其是将此消化和吸收放置在与康德模式的对照中进行;其二,对海德格尔“形式显示”思想方法的活学活用。如此观之,海德格尔对于“理论”和“实践”均有特别的关注,只不过他在阐发自己特有思想时不大使用“理论”和“实践”的字样。在他看来,思想具有启发行动和指引行动的关键作用,但是务必要落实到个体此在相时而动的具体实行上。然而,迄今为止,尚有一个维度没有得到充分的揭示,那就是海德格尔对亚里士多德实践论述领域内“制作”的消化和吸收。

“制作”(poiesis),与之相应的灵魂品质乃是“技艺”(techne)。在海德格尔的文本中,通常用“技艺”来标识相关领域的探讨。海德格尔的相关探讨可以分为三个层次:1. 人们通常在“技术”的层面上领会“技艺”。尤其是工业社会以来,技术日益上升为人类生活的支配性力量。对此,海德格尔持双重态度:我们既要适度利用技术对象,又要让自身独立于技术对象。① 2. 更为高雅的运用乃是将“技艺”视为“艺术”,仿佛在“技术”之外,另有一个领域名曰“艺术”。②不过,海德格尔有关“艺术”的探讨,究其初衷,并不想立足于美学领域,毋宁说,这是他关注存在问题的方式之一。③

但是,海德格尔更加关注的乃是第三个层次,亦即在古代希腊和亚里士多德的意义上来领会“技艺”(techne)。其一,techne,就其希腊意义而言,既不是技术,也不是艺术,而是让某物作为某物进入在场而显现出来,techne 意味着让……显现(erscheinen lassen)、把……带出来(hervorbringen)。其二,techne,特别是在希腊早期,与 epieteme(“知识”)互相交织,意味着对某事或某个领域的精通(sich in etwas auskennen)。其三,亦是最为重要的,techne 被亚里士多德规定为“揭示真理”(aletheuein)的一种方式,被海德格尔规定为“真理自行设置入作品”(Die Wahrheit setzt sich in das Werk)。④

以上三重规定就是 techne 的希腊意义和亚里士多德文本中的意义,就是海德格尔心目中 techne 的源初意义。然而,限于海德格尔特殊的修辞风

---

① 参见海德格尔:《海德格尔选集》,孙周兴编译,上海三联书店,1996 年,第 1239 页。

② 参见海德格尔:《演讲与论文集》,孙周兴译,三联书店,2005 年,第 36—37 页。

③ 参见海德格尔:《林中路》,孙周兴译,上海译文出版社,2004 年,第 74 页。

④ 参见海德格尔:《演讲与论文集》,孙周兴译,三联书店,2005 年,第 168—169、11 页;海德格尔:《林中路》,孙周兴译,上海译文出版社,2004 年,第 21 页。

格,其中的意蕴往往不能转换为较为通用的语言。其实,与"技艺"(techne)相应的活动形式"制作"(poiesis),和"实践"乃至"理论",都有各自的"作品"(ergon、Werk),皆"立身于作品中"(Sich-in-das-Werk-setzen),这正是它们"揭示真理"(aletheuein)的生动表现。如此这般的三种活动恰好构成了全方位的实践论述,不仅是亚里士多德意义上的实践论述,更是海德格尔意义上的实践论述。

伽达默尔几十年后重读"纳托普报告"时方才发现,海德格尔并没有单向度地推崇 phronesis(通常译作"实践智慧"或"明智")和实践哲学,毋宁说,"制作"(Herstellen)和"行动"(Handeln)的视角都是决定性的。①沃尔皮亦曾表示:"海德格尔在《尼各马可伦理学》第6卷找到了指引方向的动力,清理出了全方位的人生现象学,不仅关注理论活动,而且同样关注制作活动和实践活动,因此区别于传统哲学及其单向度的理论主义"。②

两千多年前,古代希腊人提出了"制作"、"实践"和"理论"三种活动,与此相似,古代中国人也曾提出"立德"、"立功"和"立言"三种事业(《春秋左传·襄公二十四年》)。两套提法均昭示着全方位的实践论述。德国海德格尔学会前主席菲加尔教授指出:"没有人能够脱离传统而思想。"③海德格尔也不能例外。毋宁说,真正的问题在于,我们应当提倡何种意义上的"制作"?何种意义上的"实践"?何种意义上的"理论"?

不妨这样领会海德格尔实践论述的全方位意蕴:其一,"制作"是重要的,但不应沉溺于批量化生产,而要精通某个领域,进行创造性的制作,让某些东西显现出来。其二,"理论"也是重要的,但不应沉溺于普遍主义的同质性陈述,不应以普遍主义去考量具体质料,毋宁说,要充分体察具体处境,以便恰如其分地启发行动和指引行动。其三,"实践"更是不可或缺的,但不可执着于盲目的行动,不可执着于单纯的功利算计,而要在恰当理论的指引下,展开个体化的具体实行。

在变动不居、丰富多样的实际生活中,人们多半处于不知所措的状态,热衷于寻找各式各样的现成答案和约束性规范。然而,在海德格尔看来,

---

① Hans-Georg Gadamer, *Heideggers „theologische" Jugendschrift*, in: Martin Heidegger: *Phänomenologische Interpretationen zu Aristoteles* (*Anzeige der hermeneutischen Situation*), mit einem Essay von Hans-Georg Gadamer, hrsg. von Günther Neumann, Verlag Klostermann 2013, S. 71, 74-75.

② Franco Volpi, *Heidegger und der Neoaristotelismus*, *Heidegger und Aristoteles*, Verlag Karl Alber 2007, S. 222.

③ Günter Figal, *Heidegger als Aristoteles*, in *Heidegger und Aristoteles*, *Heidegger und Aristoteles*, Verlag Karl Alber 2007, S. 53.

越俎代庖是不行的,个体化的思与行始终是无法免除的,所以,海德格尔无意于向人们给出现成性的答案,毋宁说,海德格尔的激情在于启人深思和启发行动——“真正的教师让人学习的东西只是学习”,“教导(Lehren)的意思是:让人学习(Lernen lassen)”,“不是灌输知识,而是启人思”。①因此,唯有积极致力于“形式显示”的思与行,方才意味着领会了海德格尔实践论述的谆谆教诲。

① 海德格尔:《海德格尔选集》,孙周兴编译,上海三联书店,1996年,第1217页;Heidegger, *Reden und andere Zeugnisse eines Lebensweges*(GA16), Verlag Klostermann 2000, S. 306;海德格尔:《存在与时间》,陈嘉映等译,三联书店,1987年,《写在〈存在与时间〉中译本前面》,第1页。

第一部分　形式显示实存哲学的两种论题

第二章　理论与实践
——形式显示实存哲学的重要论题之一

本章导读　海德格尔无意于为理论与实践作出高低排序，而是依循形式显示思想方法揭示了理论与实践之不可分离和相辅相成。伽达默尔和阿伦特对于海德格尔的消化和吸收各有特点：前者为海德格尔的“瞬间观看”添加了历史性和伦理性，后者为实存哲学添加了伦理、政治和经济等方面的内容。

§ 4　实践哲学的“隐秘起源”？
——海德格尔 1924 年冬季学期亚里士多德讲稿之疏解和评论

众所周知，1922 年的“纳托普报告”（《对亚里士多德的现象学阐释——解释学处境的显示》①）在海德格尔思想发展中占据着显赫的位置。其实，“纳托普报告”主要是从海德格尔 1922 年夏季学期讲课稿中改写出来的，只不过，“纳托普报告”出场较早，而 1922 年夏季学期讲课稿直到 2005 年才公开出版。②然而，这两份材料还只是过渡，海德格尔阐释亚里士多德的真正代表作乃是 1924 年冬季学期的亚里士多德讲稿。③

1924—1925 年冬季学期，海德格尔在弗莱堡大学对亚里士多德《尼各

① 参见海德格尔：《形式显示的现象学》，孙周兴编译，同济大学出版社，2004 年，第 76—125 页。有关海德格尔形式显示和实践论述的介绍，参见本书第 2 节“海德格尔形式显示的出场方式”和第 3 节“海德格尔形式显示的实践论述”。

② 参见 Heidegger, *Phänomenologische Interpretation ausgewählter Abhandlungen des Aristoteles zu Ontologie und Logik*（GA 62）, Verlag Klostermann 2005. “纳托普报告”被列入该书附录。

③ 参见 Günter Figal, *Heidegger als Aristoteliker*, in: *Heidegger und Aristotles*（Heidegger-Jahrbuch 3）, hrsg. von A. Denker, G. Figal, F. Volpi, H. Zaborowski, Verlag Karl Alber 2007, S. 55. 讲稿原文参见 Heidegger, *Platon: Sophistes*（GA 19）, Verlag Klostermann 1992, S. 21-188. 此书是海德格尔 1924—1925 年冬季学期讲课稿，我们将有关亚里士多德的导论部分称作“1924 年冬季学期亚里士多德讲稿”。汉译本参见海德格尔：《柏拉图的〈智者〉》，熊林译，商务印书馆，2015 年。

马可伦理学》作了精心的阐释，当时听过这门课的许多学生，诸如伽达默尔、阿伦特、里特尔（J. Ritter）、约纳斯（H. Jonas）、列奥·斯特劳斯（Leo Strauss）等，乃是20世纪六七十年代复兴实践哲学的新亚里士多德思潮的代表人物。如若海德格尔对伦理政治毫无兴趣，并且在此领域毫无建树，何以开启出一个实践哲学的潮流？海德格尔的这些学生何以走上实践哲学的道路？①

可以说，这部讲稿影响了一代人，包括阿伦特和伽达默尔，引发了亚里士多德实践哲学的复兴，实践哲学在国内外学术界早已成为一个热门话题。这部讲稿乃是相关讨论的基础性文本，其中蕴含着丰富的思想资源，深入研读这部讲稿，有助于我们重新领会海德格尔有关实践的论述，亦即海德格尔的实践哲学。我们将要说明，海德格尔的实践哲学乃是形式显示的实践哲学，或者说，即使海德格尔的相关论述不是实践哲学，但是，可以将其称作实践哲学当代复兴的隐秘起源。②

一、具体处境之揭示属于揭示真理之事业

海德格尔这部讲稿主要分为三部分：1.“对揭示真理之诸种方式的预备性概览”；2.“智慧在希腊自然生活中的起源”；3.“明智与智慧作为揭示真理的方式究竟孰为优先”。③我们将会看到，这种划分并不能完全彰显出海德格尔阐释的意图。在第一部分，也就是阐释之初，海德格尔援引亚里士多德，引出了揭示真理（aletheuein）的五种方式：技艺（techne）、知识（episteme）、明智（phronesis）、智慧（sophia）和努斯（nous）。④紧接着，海德格尔这样说：“揭示真理（aletheuein）的诸种方式都与逻各斯（logos）有关；努斯以外，其余诸种方式都依循着逻各斯（meta logou）。”⑤然而，何谓努斯？海德格尔在此没有专门的解说。

---

① 参见 Franco Volpi, *Heidegger und der Neoaristotelismus*, in Alfred Denker, Günter Figal, Franco Volpi & Holger Zaborowski (hrsg.), *Heidegger und Aristoteles*, Verlag Karl Alber 2007, S. 222.

② 在Volpi论文之外，可以参考台湾学者张鼎国1997年撰写的论文《“实践智”与新亚里士多德主义》，收录在张鼎国：《诠释与实践》，商务印书馆，2016年，第409—426页；其中提到了阿佩尔对所谓新亚里士多德主义者的批评，认为他们没有取得根本性突破，反而沦落为新保守主义者，值得关注。依据伦理学领域学者李义天的研究，亚里士多德的“实践三段论”在实际运用时面临的问题相当复杂，参见李义天：《作为实践理性的实践智慧——基于亚里士多德主义的梳理与阐述》，《马克思主义与现实》2017年第2期，第156—163页。据此判断，海德格尔（甚至其弟子）的亚里士多德阐释具有概略指引的形式显示特征。

③ Heidegger, *Platon: Sophistes*(GA19), Verlag Klostermann 1992, S. 21, 65, 132.

④ 亚里士多德：《尼各马可伦理学》，1039b15. 译文依据亚里士多德：《尼各马可伦理学》，廖申白译，商务印书馆，2003年，以下不作一一标注。

⑤ Heidegger, *Platon: Sophistes*(GA19), Verlag Klostermann 1992, S. 22.

为了分别介绍揭示真理的五种方式,海德格尔援引了亚里士多德的一个区分——灵魂分为有逻各斯和无逻各斯两部分,而有逻各斯的部分可以再次划分为两部分:认知的部分(epistemonikon)和谋划的部分(logistikon),前者考察那些本原不变的事物,后者考察那些可变的事物[1],海德格尔进而将知识和智慧划到认知的部分,将技艺和明智划到谋划的部分。[2]将技艺和明智划到谋划的部分,这是可以肯定的,因为亚里士多德说过:"可变化的事物中包括被制作的事物和被实践的事物。"[3]但是,将知识和智慧划到认知的部分,并不确切,因为智慧乃是知识和努斯的结合,知识乃是智慧的一部分或一环节,知识和智慧其实是不可相提并论的。[4]

因此,依照认知(知识、智慧)——谋划(技艺、明智)这个框架,或者依照知识、技艺、明智、智慧这个次序,是不可能把问题梳理清楚的。事实上,海德格尔在第一部分亦即"对揭示真理之诸种方式的预备性概览"中,虽然对知识、技艺、明智和智慧作了分别介绍,但是并没有完全解决其预先设定的问题:1. 揭示真理的五种方式分别以何种事物为对象? 2. 在揭示真理的五种方式中,哪些方式可以揭示其本原?[5]在我们看来,这主要归咎于认知(知识、智慧)——谋划(技艺、明智)这个框架的不完善。对此,海德格尔自己当然是非常清楚的,他在设置这个框架的时候,就已经察觉到,努斯在这个框架中没有应有的位置,然而,"揭示真理的那四种方式都在努斯(noein)中现身;它们都是努斯(noein)的某种实行方式、都是理智(dianoein)"[6]。在这里,海德格尔依然没有对 noein 和 dianoein 作专门解说,有关努斯的疑难愈发突显了出来。

直到讲稿的第三部分"明智与智慧作为揭示真理的方式究竟孰为优先",海德格尔有关努斯的探讨才真正起步,揭示真理的五种方式才有希望在一个全新的框架下得到深入的领会。相关探讨的真正起点乃是亚里士多德的这句话:智慧乃是"努斯和知识的结合(nous kai episteme)"[7]。这句话标识着智慧的结构:用海德格尔的话来说,其一,"知识作为演绎推理总是预设着某些东西,它所预设的东西正是其本原(arche)";但是,知识并

---

① 亚里士多德:《尼各马可伦理学》,1039a1-14.

② Heidegger, *Platon: Sophistes*(GA19), Verlag Klostermann 1992, S. 28.

③ 亚里士多德:《尼各马可伦理学》,1040a1.

④ 亚里士多德:《尼各马可伦理学》,1041a19.

⑤ Heidegger, *Platon: Sophistes*(GA19), Verlag Klostermann 1992, S. 31, 58.

⑥ Heidegger, *Platon: Sophistes*(GA19), Verlag Klostermann 1992, S. 28.

⑦ 亚里士多德:《尼各马可伦理学》,1041a19.

不是对某个结论的简单持有,毋宁说,知识本身包含着推理和论证。其二,知识只是运用其本原,并不揭示其本原,唯有“努斯在真正的意义上朝向本原,并且揭示着本原”。因此,智慧在某种意义上是知识,在另一种意义上又是努斯。海德格尔的这些论述完全合乎亚里士多德的文本,并无新意。①

海德格尔发现,明智在某种意义上也是努斯,也揭示着它的本原;当然,它的本原乃是可变的。所以,努斯其实是有两种可能性,不仅表现为智慧的一个环节,而且表现为明智的一个环节。对此,海德格尔曾有总结性的论述:“努斯在两个方向上把握着端点:一方面关涉着永恒不变者的初始界定、亦即其本原、其最终要素,另一方面关涉着具体当下的和一次性意义上的端点。”②亚里士多德就曾这样说:“在证明中,努斯把握那些起点,在实践事务中,努斯把握终极的、可变的事实和小前提。这些就是构成目的的始点。”③

努斯有两种可能性,不仅表现为智慧的一个环节,而且表现为明智的一个环节。这意味着,智慧和明智具有类似的结构,都是努斯和 X 的结合。其一,智慧是努斯和知识的结合,这里的知识指的是推理和论证,也就是逻各斯,而努斯则为之提供推理的起点。其二,如若明智是努斯和 X 的结合,那么这个 X 代表的就是斟酌(bouleuesthai)。在这里,努斯负责把握实践活动的起点,亦即变动不居的具体处境或具体形势,斟酌的工作就是在此具体形势的基础上构想出实际行动的步骤序列,这样的斟酌(bouleuesthai)其实也是一种推理(syllogismos),也是一种逻各斯。④ 于是,无论是智慧,还是明智,其结构都可以套用一个共通的表达式——努斯和逻各斯(nous kai logos);当然,这个表达式在智慧和明智那里具有不同的内容。

这样一来,就为我们领会揭示真理的五种方式提供了新的框架:实际上,可以相提并论的乃是三种:智慧、明智和技艺,若以其活动形式而言,则是理论、实践和制作。因为,知识乃是智慧的一部分或一环节,并不能与智慧、明智和技艺这三种互相并列;努斯则体现在智慧或明智中,既是智慧的一个环节,也是明智的一个环节。于是,亚里士多德在《尼各马可伦理学》

---

① Heidegger, *Platon*: *Sophistes*(GA19), Verlag Klostermann 1992, S. 37, 142;亚里士多德:《尼各马可伦理学》, 1140b31—1141a10.

② Heidegger, *Platon*: *Sophistes*(GA19), Verlag Klostermann 1992, S. 143, 158.

③ 亚里士多德:《尼各马可伦理学》, 1143a35—1143b1.

④ Heidegger, *Platon*: *Sophistes*(GA19), Verlag Klostermann 1992, S. 150.

提到的揭示真理的五种方式,实际上可以简化为他在《形而上学》提到的三种方式,以其活动形式而言,就是理论、实践和制作。[1]。这是海德格尔阐释努斯的第一项成果。

不仅如此,海德格尔在阐释努斯之际,实际上向我们揭示出一种源初真理观。通常情况下,努斯与逻各斯携手运行,依循着逻各斯(meta logou),表现为理智(dianoein),因而,技艺、明智和智慧,揭示真理的这些方式,被刻画为依循逻各斯的品质(hexis heta logou),特别表现在明智和智慧的推理或斟酌环节。然而,若想把握本原,那就要越过逻各斯,不再依循逻各斯;逻各斯总是将某物称为某物,而素朴的事物不能称之为别的东西。因而,对端点(hekaston)、起点(proton)、不可再分者(adiaireton)亦即本原(arche)的把握,只能由纯粹的努斯加以实行;这时候,逻各斯(logos)这种揭示方式不起作用了。[2] 于是,揭示本原(archai),这是探寻真理的源始工作,这项工作要靠努斯去完成。

海德格尔对努斯的阐释,提示我们重新领会本原,重新领会实际生活。nous,倘若意译,大概可以译作"直观"。理论科学多半是推理和论证的科学,人们需要通过直观的途径去获取其推理的前提,这些前提可以称作本原(arche)。追寻理论科学的本原乃是一项事业。然而,经过海德格尔的阐释,我们发现,明智也有其本原,也需要人们努力追寻。而且,这种本原乃是可变的,它指的是行动的处境或形势(Lage),包括既定事实、时机、人物、方式等等。[3]把变动不居的处境阐释为本原,这在哲学史上具有特殊意义:并不是那些始终不变的东西才可以称作本原,才是值得追求的;对于明智而言,它所追寻的本原恰好就是变动不居的。这并没有降低本原的品格,毋宁说,本原或直观本身就具有多种可能性。

二、知行分离 vs 形式显示

讲稿第二部分的标题为"智慧在希腊自然生活中的起源"。海德格尔注意到,亚里士多德在《形而上学》第 1 卷第 1—2 章介绍"智慧"(sophia)时,有两个显著的特点:其一,通过探讨何谓"有智慧的人"(sophos)来探讨何谓"智慧"。人们在日常生活中如何谈论"有智慧的人",也就意味着人们如何理解"智慧"。其二,首先谈论的并不是何谓"有智慧的人"

---

① 亚里士多德:《形而上学》,1025b25;译文依据亚里士多德:《形而上学》,吴寿鹏译,商务印书馆,1997 年,以下不作一一标注。

② Heidegger, *Platon*: *Sophistes*(GA19),Verlag Klostermann 1992,S. 179-180.

③ Heidegger, *Platon*: *Sophistes*(GA19),Verlag Klostermann 1992,S. 147.

(sophos),而是某人比某人"更加智慧"(sophoteron),也就是说,人们在日常生活中采取的乃是一种比较性的谈论方式。①按照这一思路,亚里士多德在《形而上学》第1卷第1-2章有关智慧的介绍,可以大致划分为三次比较:

其一,经验优越于感觉,有经验者更为智慧。②亚里士多德认为,感觉(aisthesis)关涉着当前的事物,记忆(mneme)关涉着过去的事物,期望(elpis)关涉着将来的事物。③只有通过记忆,才能把业已逝去的当下经验和现在的当下经验联系起来。亚里士多德说,经验产生于关于同一事物(tou autou pragmatos mias)的多次记忆(hai pollai mnemai)。④对此,海德格尔的疏解是,感觉(aisthesis)是杂多性(Vielheit),而经验(empeiria)已经拥有了事物关联的统一性(Einheit);在经验这个阶段,形式(eidos)已经不再受遮蔽了,尽管形式本身还没有突显出来。⑤

其二,技艺优越于经验,有技艺者更为智慧。亚里士多德说:"从经验所得许多要点使人产生对一类事物的普遍判断,而技艺就由此兴起。"⑥对此,海德格尔这样疏解:"在经验中已有指引关联的可靠性。随着经验的不断巩固,在对所关涉事物的多次观看中,就会产生某种普遍判断",这时,始终持存且不断重现的某种形式(eidos)就得到了领会。⑦感觉可以把握到某物和某物的关联,经验已经模模糊糊地意识到某一类事物与某一类事物的关联,但是,只有技艺才明确地领悟到了这其中牵涉到的普遍性,也就是形式。

其三,知识从技艺中分化出来,较之技艺更为优越。海德格尔留意到,"知识"在希腊人的日常生活中几乎被等同于技艺,它们可以领悟到形式(eidos),要优越于经验。但是,亚里士多德又将智慧规定为"努斯与知识的结合"(nous kai episteme),知识乃是智慧的一个环节,在此意义上,知识就是智慧。⑧那么,知识与技艺该如何区分呢?海德格尔这样解释:"在技

---

① Heidegger, *Platon: Sophistes*(GA19), Verlag Klostermann 1992, S. 56.

② 亚里士多德:《形而上学》,981b29.

③ 亚里士多德:《记忆与回忆》,449b25—30;亚里士多德:《灵魂论及其它》,吴寿鹏译,商务印书馆,2007年,第241—242页。

④ 亚里士多德:《形而上学》,980b30—891a1.

⑤ Heidegger, *Platon: Sophistes*(GA19), Verlag Klostermann 1992, S. 73-74.

⑥ 亚里士多德:《形而上学》,981b30,981a6—7.

⑦ Heidegger, *Platon: Sophistes*(GA19), Verlag Klostermann 1992, S. 74.

⑧ 亚里士多德:《尼各马可伦理学》,1141a19; Heidegger, *Platon: Sophistes*(GA19), Verlag Klostermann 1992, S. 92.

艺之中存在某种趋势——脱离制作活动、走向独立、转变为知识”；尤其是当人们摆脱了生计操劳并且获得了闲暇之后，就会专注于探讨事物的本原，不再参加制作活动。①

从以上三次比较，可以看到“有智慧者”(sophos)或“智慧”(sophia)的基本形象：其一，普遍性(Allgemeinheit)：经验优越于感觉，有经验者更加智慧，就是因为有经验者在一定程度上洞察到了事物关联的普遍性；技艺优越于经验，有技艺者更加智慧，乃是因为有技艺者明确地领悟到了事物关联的普遍性。其二，独立性(Eigenständigkeit)：知识和技艺原本是混杂在一起的，都可以认识到事物关联的普遍性，但是，知识作为智慧的一个环节，它之所以优越于技艺，乃是因为它脱离了制作活动，专注于对事物关联之普遍性的研究。然而，要想充分理解这种形象，还需要我们介绍两次争议：

第一次争议：前面提到，技艺优越于经验，有技艺者更为智慧。但是，与此同时，亚里士多德也有这样的论述：“从实践的角度看(pros to prattein)，经验与技艺似乎并无区别，甚至于有经验的人较之有逻各斯(logon)而无经验的人更为成功。”②这里的“逻各斯”意指可以把握事物关联之普遍性的“技艺”，但是，我们不妨将其极端化为从技艺中分化出来并且脱离了制作活动的“知识”。既然有经验的人在实践方面并不亚于有技艺的人，那么，有经验的人就应该更为智慧，可是，人们却说，有技艺的人更为智慧。由此可以充分地体会到，“更为智慧”的衡量角度不是实践，而是普遍性。

第二次争议：亚里士多德说：“有智慧的人知晓一切(panta)，但是并不知晓具体事物(kath hekaston)。”③这是怎么说的？知晓一切，却并不知晓具体事物？这就是有智慧的人？这就是哲人？哲人的这种形象令人震惊，实在是匪夷所思。但是，在亚里士多德的叙述中，这种哲人形象就是“我们”或者说“人们”或者说亚里士多德本人的看法。于是，我们只好换个思路，海德格尔就曾这样追问：有智慧的人究竟是在何种意义上知晓着一切？当然是在特定的意义上知晓着一切，也就是以普遍的方式(auf Weise des katholou)知晓着一切。④这样的哲人并不知晓具体事物之全体，而实践所

① Heidegger, *Platon*: *Sophistes*(GA19), Verlag Klostermann 1992, S. 91-94.

② 亚里士多德：《形而上学》，981a12—15.

③ 亚里士多德：《形而上学》，982a8—10.

④ Heidegger, *Platon*: *Sophistes* (GA19), Verlag Klostermann 1992, S. 95-97.

牵涉的正是具体事物①,于是,这样的哲人在实践方面未必能够胜过相关领域有经验的人。然而,这样的人却被称作"有智慧的人"或"哲人",于此可以再次深切地感受到,"智慧"的核心要素在于普遍性,并不在于实践。

从以上三次比较和两次争议可以清晰地看到,在亚里士多德的叙述中,"我们"或者就是亚里士多德本人,将"智慧"(sophia)的核心要素规定为普遍性,而不是实践,于是,所谓"有智慧的人"或"哲人",其核心任务就在于追寻普遍性,而不在于力行实践。在我们看来,海德格尔对亚里士多德《形而上学》第1卷第1—2章的疏解,实际上向我们展示出了传统哲学的基本形象,同时也向我们展示出了传统哲学家的基本形象。当然,海德格尔对亚里士多德的这番阐释,不光是要揭示传统哲学和传统哲学家的形象,而且是要借助亚里士多德这个历史范例去印证和巩固海德格尔自己的思想方法——形式显示(formale Anzeige)。②

前面提到,亚里士多德曾这样说:"从实践的角度看(pros to prattein),经验与技艺似乎并无区别,甚至于有经验的人较之有逻各斯(logon)而无经验的人更为成功"。海德格尔把 prattein 译作 Ausführen(实行),刚好引出了形式显示思想方法的"实行意义"(Vollzugssinn)。③ 亚里士多德在对"经验"和"技艺"做比较的时候,使用 prattein 一词,当然是取其广义,并不是专指伦理政治领域的实践;在这个语境下,prattein 意味着与观看(sehen)相对的一切实行。所以,这里的 prattein 恰好相应于形式显示思想方法的"实行意义"。另一方面,技艺,依照亚里士多德的规定,意味着对事物关联之普遍性(to katholou)或形式(eidos)的观看,正好相应于形式显示思想方法的"内涵意义"(Gehaltssinn)。

这样看来,当海德格尔读到亚里士多德的话——"从实践的角度看(pros to prattein),经验与技艺似乎并无区别,甚至于有经验的人较之有逻各斯(logon)而无经验的人更为成功",他在内心很可能对"经验"(empeiras)持有几分赞许,因为经验在一定程度上已经认识到了事物关联的普遍性,尽管这种认识尚不明确,但是,这种"不明确"反倒是优点,意味着实行意义和内涵意义在经验这个阶段还是结合在一起的。形式显示并不排

① 亚里士多德:《形而上学》,981a17.

② 参见海德格尔:《形式显示的现象学——海德格尔早期弗莱堡文选》,孙周兴编译,同济大学出版社,2004年,第65—75页;同时参见本书第2节"海德格尔形式显示的出场方式"。

③ 亚里士多德:《形而上学》,981a12—15;Heidegger, *Platon: Sophistes*(GA19), Verlag Klostermann 1992, S. 76.

斥内涵意义，实行意义和内涵意义相结合当然是值得提倡的。

然而，人们认为，有技艺者更为智慧，因为技艺更好地掌握了事物关联的普遍性；即使有逻各斯而无经验的人在实行方面不如有经验的人，人们也说，前者是更有智慧的。人们认为，有智慧者知晓一切，以普遍的方式知晓着一切；有智慧的人精通事物的本源，并且还擅长传授知识；普通人（polloi）很难以普遍的方式认识事物，更不擅长传授知识；在这种情况下，即使有智慧的人并不知晓具体事物之全体，在实行方面未必胜过各个领域有经验的人，但是，人们还是要说，前者才是有智慧的人。①由此可见，所谓智慧的衡量尺度乃是普遍性，乃是内涵意义，而不是实行意义。所以，海德格尔说，传统哲学过分注重内涵意义，忽视了实行意义。②

前面提到，知识从技艺中分化出来，脱离了制作活动，专门研究事物关联之普遍性。我们知道，智慧乃是努斯和知识的结合，倘若不顾及知识之前提如何获取，那么智慧就是知识，这就是说，智慧（"理论智慧""理论科学"）从制造活动中脱离开，专门致力于观看事物关联的普遍性，这就意味着观看与行动的分离。现在看来，这种思想在《存在与时间》仍有体现：海德格尔将打交道（Umgang）视为某种基本规定，同时认为，行动本身就具有自己的观看；理论的独特性在于它致力于单纯的观看（nur hinsehen、bloß hinsehen），即观看与行动的分离。③观看与行动的分离，从形式显示的角度来看，就意味着内涵意义和实行意义的分离。

三、明智与智慧孰为优先 vs 思想与行动之相辅相成

根据第一部分的介绍，可以确定，明智和智慧乃是揭示真理的两种最高方式，然而，现在却要在此二者之间作出高低排序：明智和智慧究竟孰为优先？

其一，以其对象孰为优先作为"明智和智慧孰为优先"的衡量标准。对此，海德格尔曾有精辟的概括："在亚里士多德看来，并且在希腊人看来，乃至在〈整个〉传统看来，本真事物就是永恒事物，就是始终现身者。这乃是希腊人的亲手发明，并且当代人对其完全信服。相比之下，人生此在，若说它是最高的（ariston），也绝不是绝对最高的（ariston hapros），毋宁说仅仅是对我们而言最高的（ariston pros hemas）。人生此在并不永恒（aei）；人的

① Heidegger, *Platon*: *Sophistes*（GA19），Verlag Klostermann 1992，S. 94–100.

② 海德格尔：《形式显示的现象学》，孙周兴编译，同济大学出版社，2004 年，第 73 页。

③ Heidegger, *Sein und Zeit*（EA）, Verlag Max Niemeyer 2006, S. 69.

存在有产生和毁灭,具有某种时间。"①在亚里士多德看来,智慧考察着最高事物、永恒事物,所以,智慧乃是最高的揭示活动。当然,这是亚里士多德的观点,不是海德格尔的观点。

其二,将"是否牵涉人生此在本身"作为"明智和智慧孰为优先"的衡量标准。海德格尔曾有这样一番论述:明智牵涉并且通晓人的实存、人生此在本身,为人的实存指引着道路,力图实现良好的生活,而智慧并不关心人的实存,所以,明智领域的学问、政治学(politike episteme)乃是最高的学问;"人们会这样猜测:只要人的本己此在、本己实存是关键要素,那么牵涉此在本身的这一真在(Wahrsein)就是最高的,也就是说,明智乃是最高的、最关键的揭示活动"。②然而,海德格尔明确表示:"政治学是真正的智慧,政治家(politikos)是真正的哲学家(philosophos),这是柏拉图的看法。"③

其三,以"是否自足"作为"明智和智慧孰为优先"的衡量标准。海德格尔发现:"尽管明智牵涉人的存在,却不是揭示活动之最高可能,这一困惑是因为,明智不是完全自足的。"在亚里士多德看来,"一个人只有首先是一个好人(agathos),然后才能成为一个明智者(phronimos)";"明智要依靠某个好人去实行";"只要明智之实行始终有赖于某个好人,那么,它就不是自足的。于是,明智之优先就被撼动了,尽管它牵涉着人生此在"。④从事实践活动,需要他人的配合(作为实践活动的针对者或者协助者);当然,从事理论活动,有同事也是好的,但是有同事,并不是从事理论的必不可少的条件。⑤

在明智和智慧孰为优先的问题上,海德格尔动用了三个衡量标准——其对象孰为优先、是否关心人生实存、是否自足,然而,考察的结果却有些尴尬:明智关心人生实存,却并不自足;智慧所关注的对象具有优先性,而且相对自足,但是,智慧并不关心人生实存。⑥也就是说,明智和智慧都不能同时满足孰为优先的三个衡量标准,它们都不是完美的。我们注意到,海德格尔在考察明智和智慧孰为优先的过程中,慎重地举出了明智和智慧各自的优点和各自的不足,但是,在整部讲稿中,海德格尔从始至终都没有

① Heidegger, *Platon*: *Sophistes*(GA19), Verlag Klostermann 1992, S. 136-137.

② Heidegger, *Platon*: *Sophistes*(GA19), Verlag Klostermann 1992, S. 166.

③ Heidegger, *Platon*: *Sophistes*(GA19), Verlag Klostermann 1992, S. 135-136.

④ Heidegger, *Platon*: *Sophistes*(GA19), Verlag Klostermann 1992, S. 166.

⑤ Heidegger, *Platon*: *Sophistes*(GA19), Verlag Klostermann 1992, S. 176-177.

⑥ Heidegger, *Platon*: *Sophistes*(GA19), Verlag Klostermann 1992, S. 168.

表明自己的立场——明智和智慧究竟孰为优先。然而,在某种意义上,不表态也是一种表态,这也许意味着海德格尔根本无意于为明智和智慧作出某种高低排序;同样,在《存在与时间》中,海德格尔也没有为理论和实践作出某种高低排序。①

我们不妨这样领会海德格尔的思想立场:思想与行动相辅相成,知和行应当结合起来。亚里士多德说:“关于制造过程,一部分称为思想(noesis),一部分称作制作(poiesis)——起点和形式是由思想进行的,从思想的末一步再进行的工夫为制作……”②海德格尔将这两个部分分别称作思想之动变和制作之动变,这两种动变构成了“交道活动之全方位动变”(die volle Bewegtheit des Umgangs)。具体而言,是这样的:在思想阶段,需要斟酌的乃是前后相继的若干步骤(若要实现 a,则要实现 b,……,若要实现 m,就要实现 n),制作则正好开始于思想的最后步骤(首先实现 n,于是实现了 m,……,实现了 b,于是实现了最终目标 a)。③虽然这里牵涉的乃是制作活动,但是,在海德格尔看来,这里的“制作”应当取其广义,亦即包括实践活动,所以,他曾再次援引亚里士多德的这段话去阐释实践活动的结构。④思想和制作,或者说,思想和行动,共同构成着全方位的动变,这正好契合海德格尔形式显示的思想方法。

在海德格尔看来,无论是“思想”(noesis)还是“制作”(poiesis),都是某种“交道”(Umgang),都是某种“动变”(Bewegtheit);思想之动变和制作之动变结合起来,才构成了交道活动之全方位的动变。这意味着,海德格尔的实践论述乃是一种全方位的实践论述,换言之,海德格尔坚持着广义的“实践”概念。“在亚里士多德的用法中,最广义的 praxis 表示人所有的有意向的活动,包括了制作、社会政治活动以及科学研究等活动”⑤;海德格尔同样保持着广义“实践”概念的视域。⑥因此,事关宏旨的并不是对诸种实践活动进行高低排序,而是体察和落实诸种实践活动的相辅相成,尤其需要注意思想对于行动的引领作用;行动总是容易的,但是,我们真正需要的乃是方向合适、运筹得当的行动。

---

① Heidegger, *Sein und Zeit*(EA), Verlag Max Niemeyer 2006, S. 193.

② 亚里士多德:《形而上学》1032b15 以下。

③ Heidegger, *Platon: Sophistes*(GA19),Verlag Klostermann 1992,S. 43,45-46.

④ Heidegger, *Platon: Sophistes*(GA19),Verlag Klostermann 1992,S. 157.

⑤ 朱清华:《论亚里士多德的 phronesis 及其在理性活动中的位置》,《古希腊罗马哲学研究》第 1 辑,华东师范大学出版社,2016 年,第 201—202 页。

⑥ 参见本书第 3 节“海德格尔形式显示的实践论述”。

艾尔姆(Ralf Elm)认为,“海德格尔对亚里士多德整个哲学包括实践哲学的阐释都依循着某种框架——某种源初哲学或生活现象学的努力:实践与理论不可互相分离,不可互相对立”;在海德格尔看来,亚里士多德的智慧追寻永恒事物,忽视了眼边的东西,而亚里士多德的明智尽管关注着人生的处境,但是也并不合乎海德格尔源初哲学的要求;海德格尔通过对亚里士多德智慧的批判和对明智的改造(存在论化处理),乃是想“抢在实践与理论分离之前”,以某种方式实现智慧与明智的统一,亦即“具有明智因素的智慧,或者具有智慧因素的明智”。①

在艾尔姆看来,早期希腊生活中,并不存在智慧、明智与技艺的明确区分,毋宁说,那个时候这三者乃是混合在一起的。“智慧在早期希腊时代首先与通常意味着精通,即技艺的、实践的知识,总是意味着某个领域的专长本领和熟练技能。谁精通某事,就被视为有智慧的人(sophos)、能手和内行。所谓七位有智慧的人都是这样的”②。只是在苏格拉底、柏拉图和亚里士多德那里,技艺、明智和智慧才被区分开,并且这种区分起初是为了让人们从特殊的善走向人生整体的善(在此区分中,技艺被界定为仅仅牵涉局部的),然而,在艾尔姆看来,苏格拉底与柏拉图从来都不是仅仅关心知识的理论家,毋宁说,“他们的一切努力都在于阻止实践与理论的分离”;“柏拉图的毕生心血在于勿使技艺或理论走向独立,勿使技艺或理论具有完全外在的功用。柏拉图的人生和事业并不意味着理论与实践之完全不可沟通,恰好相反,柏拉图的人生意味着一种沟通理论与实践的特有努力……”。③

不过,艾尔姆认为,亚里士多德对理论的颂扬和对这三者的重新划分,显示出理论与实践的分离。④但是,我们仍旧可以在亚里士多德笔下观看到理论与实践的互相依赖关系。尽管“亚里士多德特别强调知识以自身为目的和理论的绝对自足,……但是,理论还是与实践密切相关的:首先,理论为人类历史相对发达的文化状况所承载。其次,……哲学理论很可能在局部和有时候摆脱它与实践的直接关联以及它对人和城邦的依赖……但

① Ralf Elm, *Aristoteles-ein Hermeneutiker der Faktizität? Differenzierung von φρόνησις und σοφ ί α und ihre transformation bei Heidegger*, *in Heidegger und Aristoteles* (Heidegger-Jahrbuch 3), Verlag Karl Alber 2007, S. 273, 257, 268, 278, 280.

② Ralf Elm, *Aristoteles-ein Hermeneutiker der Faktizität?* S. 258-259.

③ Ralf Elm, *Aristoteles-ein Hermeneutiker der Faktizität?* S. 259-260.

④ 参见 Ralf Elm, *Aristoteles-ein Hermeneutiker der Faktizität?* S. 261.

是,哲学家作为生物和人,其立足的基础乃是城邦,……城邦的宪法首先承载了哲学家。超越城邦,这意味着,去运用唯有城邦才能成就的东西。第三,亚里士多德明确地说:‘一切超越人的理论实行,并不能真的摆脱人生和实践层面。只要思想者与众人共处,则他也希望,在伦理德性方面建功立业’”①。

两千多年来,人们总是习惯于把真理等同为命题真理,同时把亚里士多德视为命题真理的创始人。唯有海德格尔对亚里士多德的阐释才首次突破了这种格局。如若人们紧紧抓住“真理”的名词形态(das alethes),那么,“真理”很容易被理解为“命题真理”。但是,海德格尔发现,在亚里士多德那里,“真理”还有一个动词形态 aletheuein,可以译作“揭示真理”、“发现真理”或“追求真理”。这个动词形态的真理并非泛泛而论,毋宁说具有实质性的规定:制作活动、实践活动和理论活动,都是 aletheuein,都揭示着真理。俗话说,于无声处响惊雷,海德格尔的这一发现就有这样的意味。如若我们考虑到,哲学乃是追求真理的事业,而追求真理的事业包括生产制作活动、伦理政治实践和理论活动,那么,很显然,无论是生产制作活动、伦理政治实践,还是理论活动,都在追求真理,都是哲学事业。此乃“大哲学”或全方位的哲学事业,而通常意义上的理论活动(学术机构内部的、以书写为主要形式的哲学研究)乃是“小哲学”。

这个道理并不复杂,专题化研究总是“深入浅出”。海德格尔“形式显示”的立言宗旨,恰好与其亚里士多德阐释保持一致:面对变动不居的具体生活,我们当然是需要理论指导的,但是,我们需要的并不是那种漠然无殊的、同质性的、极端普遍化的理论,毋宁说,我们需要的乃是一种恰如其分的、概略性的、形式的指引。这只是第一步。在此基础上,我们需要展开个体性的、相时而动的具体实行。这才是更为关键的一步。于是,我们真正需要的,既不是贬低“理论”而抬高“实践”,也不是贬低“实践”而抬高“理论”,而是在恰如其分的理论指引下积极展开个体性的具体实行;用中国话语来说,大概就是:行万里路,读万卷书。

§ 5　伽达默尔的实践哲学

伽达默尔是在 1923 年夏季学期亦即海德格尔在弗莱堡担任讲师的最

① Ralf Elm, *Aristoteles-ein Hermeneutiker der Faktizität?* S. 265-266.;亚里士多德:《尼各马可伦理学》1178b5 以下。

后一学期,开始参加海德格尔的教学活动,包括讲座课和研讨课。尤其难得的是,伽达默尔还参加了海德格尔专门为他们两个人设置的课外读书会。此后,海德格尔赴马堡大学担任编外教授,1923—1924 冬季学期、1924 年夏季学期和 1924—1925 年冬季学期的课程(后来编为海德格尔全集第 17、18、19 卷)可能有伽达默尔的参加,至少可以确定,伽达默尔和阿伦特等人都参加了海德格尔 1924—1925 年冬季学期的亚里士多德讲座课。不过,伽达默尔的哲学天赋在此期间似乎受到了其老师海德格尔以及伽达默尔自己的质疑。于是,伽达默尔在 1925 年夏季学期开始学习古典语文学,并且在 1927 年 7 月通过了古典语文学的国家考试。①

此番努力受到了海德格尔的认可,于是,海德格尔催促伽达默尔在他的指导下写教职论文,因为海德格尔很快就要赴弗莱堡大学担任正教授了。伽达默尔动作很快,在 1928 年夏季就基本完成了论文(1931 年出版),并且在 1928 年冬季学期通过了教职考核,举行了试讲,获得了大学任教资格。就这样,伽达默尔、勒维特(Löwith)和克吕格尔(Krüger)就成了海德格尔马堡任教时期亲自授予教职资格的第一批学生。也就是说,伽达默尔是海德格尔众多学生中非常正宗的学生,而且受到了海德格尔本人明确的认可。后来,伽达默尔《真理与方法》的创作,也和海德格尔的催促有直接关系,这本书是伽达默尔在教职论文(1931 年出版)之后的第二本书。②海德格尔对于伽达默尔的认可,还可以从海德格尔写的有关伽达默尔的几处推荐评语得到支持:

> 在整个极其不可靠的后辈集体中,布勒克是目前德国除了我的学生莱比锡的伽达默尔之外,唯一一个确实还掌握着古代哲学的人。古代哲学始终是哲学教育的开端和终结;此外,对莱布尼茨、黑格尔和尼采这几位属于将来的本质性的德国思想家作一些了解,也就足够了。(1940 年 1 月 22)③

---

① 参见蒂茨(Udo Tietz):《伽达默尔》,朱毅译,中国人民大学出版社,2010 年,第 13 页以下。

② 参见蒂茨(Udo Tietz):《伽达默尔》,朱毅译,中国人民大学出版社,2010 年,第 18—23 页以下。

③ 海德格尔:《讲话与生平证词》,孙周兴、张柯、王宏健译,商务印书馆,2018 年,第 420 页。

“首先我要推荐伽达默尔(莱比锡);他现在在哪,我不知道。他具有标准的精神品格,完全是一个最具价值的教师和同事。如果可能的话,我愿意让他做我的接班人”;同时提到的还有克吕格尔和洛维特,只不过“克吕格尔也许有些教条,对我而言太柏林了”,洛维特“不熟悉古代,正如他也许无志于历史性的思想”;“据我所知,雅斯贝尔斯没有适合您的学院的学生”。(1945年9月1日)①

“拥有足够长而多面的教学经验以及广博的哲学史见识者,是布勒克(W. Bröcker)和伽达默尔。对于布勒克,我们可以期待总是尚未被充分掌握的对数理逻辑的哲学争辩;而对伽达默尔,我们可以期待一种与今日难题相应的对人文科学的奠基”;同时被简要提及的还有芬克(E. Fink)和舒尔茨(W. Schulz)等人的名字。(1956年5月23日)②

一、实践知识、理论知识和技术知识

依据伽达默尔1973年撰写的“自述”,他最重要的思想学自海德格尔,特别是1923年夏季学期在弗莱堡参加海德格尔有关《尼各马可伦理学》第6卷的研讨班,由此认识到了phronesis(实践智慧)乃是德性中的另一类型(allo eidos gnoseos),区别于sophia(理论智慧)和techne(技艺)。③ 1972年撰写《真理与方法》第三版后记时,伽达默尔提到,现代社会的问题之一就是试图以技术取代实践,而他的工作则是致力于揭示亚里士多德的phronesis(实践智慧)在伦理政治中所发挥的作用。④ 1985年,伽达默尔再次提及相关问题:他对实践哲学的兴趣(诸如“理论和反思如何才能指向实践的领域”)最初是受到克尔凯郭尔“实存激情”(Existenzpathos)的吸引,此后依据的则是亚里士多德的实践哲学;对亚里士多德实践哲学的关注,具体来说对《尼各马可伦理学》第6卷phronesis(实践智慧)之本质的思考,

① 海德格尔:《讲话与生平证词》,孙周兴、张柯、王宏健译,商务印书馆,2018年,第461页。

② 海德格尔:《讲话与生平证词》,孙周兴、张柯、王宏健译,商务印书馆,2018年,第655—656页。

③ 参见伽达默尔:《真理与方法——补充与索引》,洪汉鼎译,商务印书馆,2007年,第590—591页;Hans-Georg Gadamer, *Hermeneutik II*(GW2), Verlag Mohr Siebeck 1999, S. 485。

④ 参见伽达默尔:《真理与方法——补充与索引》,洪汉鼎译,商务印书馆,2007年,第551—552页;Hans-Georg Gadamer, *Hermeneutik II*(GW2), Verlag Mohr Siebeck 1999, S. 454-455.

乃是受到海德格尔的影响。他在这方面的首次写作是 1930 年撰写但是当时并未发表而是后来编入全集第 5 卷的《实践知识》。①以下我们就从 1930 年这篇《实践知识》入手,介绍伽达默尔对于海德格尔思想的接受和发展。

伽达默尔 1930 年撰写的未刊文稿《实践知识》(Praktisches Wissen),直到 20 世纪 80 年代才被编入《伽达默尔全集》第 5 卷加以公开发表。这篇文章首先谈到"有用之物":有用之物并不是就其自身而有用,而是对于他者而言有用;"所有有用之物,只有当它对于某人而言是有用的时候,才是有用的";因而,知道某物有用,总是意味着知道某物对于某个人在某个视角中是有用的。②技艺知识就是如此这般的知识,知晓着某物在某种视角下对于某些人的用处,这种知识面向着他者。伽达默尔的这一思想好像是在借鉴海德格尔《存在与时间》器具分析的思路——器具总是为了做某事的东西,因而具有 Wozu 之结构。③

但是,还有另一种知识,亦即有关善的知识,这种知识对于每个人自身而言都是有用的(das Wissen des Guten bleibt für jeden das Wissen des eigenen Nutzens)。例如,有关正义的知识,就不能说是对于他者有用的知识,而要说是对于一个人自身就是有用的或有益的。这种知识可以说是"实践知识","这种对于自身有用的知识无论如何乃是实践的(praktisch),不可以说一个人拥有这样的知识却并不实践";倘若人们拥有了这种知识却没有相应的实践,那就表明,人们其实尚未真正拥有这种知识。苏格拉底"德性即知识"的合理性之一就在于他认为,实践知识会导向德性/德行。④

于是,技艺知识和实践知识,可以分别称作面向他者的知识和面向自身的知识。例如,有关节制(syphrosyne)的知识就不是面向他者的和面向所有人的技艺知识或实事知识,而是面向一个人自身的实践知识,它"并不是单纯的知识,而是还包含着实践之规定(Bestimmung des prattein)"⑤。数学和政治学的差异正好体现出这两种知识的差异:数学知识是面向他者

① 参见伽达默尔:《真理与方法——补充与索引》,洪汉鼎译,商务印书馆,2007 年,第 27—28 页;Hans-Georg Gadamer, *Hermeneutik II*(GW2),Verlag Mohr Siebeck 1999, S. 22-23.

② Hans-Georg Gadamer, *Griechische Philosophie I*(GW5),Verlag Mohr Siebeck 1999, S. 232-233。

③ 参见海德格尔:《存在与时间》,陈嘉映、王庆节译,三联书店,2012 年,第 80 页。

④ Hans-Georg Gadamer, *Griechische Philosophie I*(GW5),Verlag Mohr Siebeck 1999, S. 234.

⑤ Hans-Georg Gadamer, *Griechische Philosophie I*(GW5),Verlag Mohr Siebeck 1999, S. 235.

的、面向所有人的技艺知识或实事知识，而政治知识则是面向我们自身（“自身”的复数形式）的实践知识。

因而，有必要对理论学科和实践学科进行区分，因为前者面向所有人，而后者乃是面向自身的知识。于是，亚里士多德就区分了理论智慧（sophia）和实践智慧（phronesis）；而且，他提到，阿那克萨戈拉和泰勒斯，可以称作是有理论智慧的人（sophoi），而不是有实践智慧的人（phronimoi），因为他们并不关心对他们自身有用的事情；而伯利克里则可以被看作是有实践智慧的人（phronimos），因为他知晓对于自身并且对于人们而言的善好。① 伽达默尔举出了亚里士多德区分理论智慧和实践智慧时所使用的相应的人物形象，这是某种形象思维；可见，亚里士多德在《尼各马可伦理学》第6卷讨论实践智慧和理论智慧时，不仅有形而上的抽象区分，而且还运用形象思维举出了相应的人物形象。

依据伽达默尔的相关探讨，亚里士多德的完整的区分乃是某种三分法：理论知识、实践知识和技艺知识。技艺知识与实践知识有某种共同点，它们都涉及到不确定的东西，而理论知识则是精确知识，关注着确定不变的东西。但是，技艺知识与实践知识仍有明显的区别。技艺知识是有关制作手段和制作程序的知识，“可以从他人那里学到，并且可以被传授，某物是如何被制作的……”；但是，实践知识或实践智慧，只对自身有用，面向着本己实存（eigene Existenz），“我们无法从他人那里学到，我们该如何实存（existieren）”。②。

就像海德格尔一样，伽达默尔很清楚，实践智慧面对着变动不居的具体处境，需要与之相应的瞬间观看（Augen-blick）；但是，伽达默尔的特色在于，他提出，虽然实践智慧或实践知识“在瞬间观看中会不断更新”（es im Augenblick je neu ist），但是，实践知识并不是“没有历史性（geschichtslos）”；毋宁说，“phronesis（实践智慧）乃是某种具有持久性品质的实践知识（eine dauernde Hexis des praktischen Wissens）”，其视域、其欲求的正确性被 ethos（习惯、习俗）和 ēthos（习俗、伦理）历史性地预先规定着，而且有关善好的知识也是历史性的；个体对具体当下（das Jeweilige）之有用性进行判断进而找出恰当的道路，这些都需要生活经验（Lebenserfahrng），都需

① 参见 Hans-Georg Gadamer, *Griechische Philosophie I*（GW5），Verlag Mohr Siebeck 1999, S. 240；亚里士多德：《尼各马可伦理学》，1141b3、1140b8。

② Hans-Georg Gadamer, *Griechische Philosophie I*（GW5），Verlag Mohr Siebeck 1999, S. 241.

要预先的知识。①伽达默尔由此区别于海德格尔,不仅注意到了瞬间观看,而且特别指出了实践知识的历史性或历史性关联。

伽达默尔指出:“面向自身的知识(das Für-sich-Wissen)不同于技艺知识(Wissen der Techne),也不同于科学知识(Wissen der Episteme)。因为后两种知识都是面向任何人的知识(für jedermann),也就是面向他者的知识(Für-andere-Wissen)。”在此总结性陈述之后,伽达默尔设置了一个疑问:“政治学难道不是某种面向他者的知识?但好的政治家却被称作phronimoi(有实践智慧的人)。”②不过,这只是一个疑问,卓越的政治家确实是有实践智慧的人,他们的实践知识也确实是面向自身的知识,只不过这里的“自身”乃是“我们自身”亦即复数形式的“自身”。伽达默尔在这里没有明确讲出来,所谓面向自身的知识其实是把自身当作目的,因而面向我们自身乃是把我们自身当作目的;所谓面向他者的知识,换言之,乃是将他者作为目的,于是就有了外在的目的;当然,这是我们的一种解释。

此外,伽达默尔提到,实践知识并不是“某种单纯的机巧(Geschicklichkeit)”,并不是某种可以成就一切甚至包括犯罪的神奇能力,并不是亚里士多德提到过的“聪明”(denotes)。③实践智慧或实践知识并不是有关手段—目的的工具理性,并不是为达目的而不顾手段的机巧,因而,伽达默尔指出:“phronesis(实践智慧)是某种 hexis(品质、品格),而不是某种 dynamis(能力)”,“phronesis(实践智慧)只有通过 sophrosyne(节制)才是可能的”;而节制的养成,就离不开伦理或习俗(ethos);但是,“这种 ethos 首先而且本质上并不是由知识加以规定的,毋宁说,恰好是由本已生活的行为(Tun)和习惯(Gewöhnung)而加以规定的”。④据此可以说,德性之形成,不仅需要 logos(这里的 phronesis、实践智慧或实践知识),而且需要 ethos(伦理、习俗、规范),此外还需要具体实行(konkreter Vollzug)、Tun 和 Gewöhnung。

不过,1930 年撰写的这篇《实践知识》当时并未及时发表;于是,《亚里士多德的诠释学现实性》作为《真理与方法》的一个部分在 1960 年发表

① Hans-Georg Gadamer, *Griechische Philosophie I*(GW5),Verlag Mohr Siebeck 1999, S. 242.
② Hans-Georg Gadamer, *Griechische Philosophie I*(GW5),Verlag Mohr Siebeck 1999, S. 234.
③ Hans-Georg Gadamer, *Griechische Philosophie I*(GW5),Verlag Mohr Siebeck 1999, S. 246.
④ Hans-Georg Gadamer, *Griechische Philosophie I*(GW5),Verlag Mohr Siebeck 1999, S. 247.

时,在当时可谓是伽达默尔有关实践哲学论著中的核心文献。①伽达默尔表示,援引亚里士多德伦理学这一例子,是为了帮助我们认清和避免19世纪以来现代科学的客观化方法和对象化倾向(Objektivierung、Vergegenständigung)。关于现代科学之客观化和对象化等描述,稍后补充,涉及当时的时代背景,伽达默尔对此也曾反复提及。伽达默尔依循亚里士多德,首先区分了道德知识(Sittliches Wissen)和对象化知识(Gegenständliches Wissen)。对象化知识只是面对并且确定某种实事关联(Sachverhalt),而道德知识则会受到它所认识到的东西的直接影响,在认识到以后就必须加以实行。②

亚里士多德确实区分了"伦理知识"(phronesis)和"理论知识"(episteme)。理论知识,诸如数学,关注着不变的东西,这种知识建立在证明的基础上,因而每个人都可以学习。而伦理知识或实践知识则关注着"并非始终如此而是可以变化的东西(das nicht immer so ist wie es ist, sondern das auch anders sein kann)"。③另一方面,实践知识也不同于技艺知识。技艺知识乃是有关事物之制作的技艺或知识,但是,人们并不能像手艺人支配其制作材料那样来支配人们自身,毋宁说实践知识乃是区别于技艺知识的另一种知识。伽达默尔认为,亚里士多德把实践知识称作"自身知识"(ein Sich-Wissen),亦即"面向自身的知识"(ein Für-sich-Wissen);这种"自身知识"既区别于理论知识,又区别于技艺知识。④

稍后,伽达默尔再次阐述了实践知识和技艺知识的区别。表面上看,这两种知识都会把先前学过的知识应用到具体情况或具体处境(konkrete Situation)之中;但是,将正当的概念应用到具体处境中,并不同于手艺人将相关制作观念应用到具体情况之中。伽达默尔以法律应用为例加以说明:当法律应用到具体情况时,法官必须对法律进行缓和处理,以使普遍性的法律与具体行动的必然对立得到调节。⑤也就是说,实践知识亦即有关正义等理想观念的知识,只具有"图式的有效性。它们总是要在行动者的具体处境中得到具体化(Sie konkretisieren sich immer erst in der konketen Situ-

---

① 相关研究可以参考何卫平:《伽达默尔〈真理与方法〉中的实践哲学》,何卫平:《理解之理解的向度》,人民出版社,2016年,第236—255页。

② 参见 Hans-Georg Gadamer, *Hermeneutik I* (GW1), Verlag Mohr Siebeck 1999, S. 319.

③ Hans-Georg Gadamer, *Hermeneutik I* (GW1), Verlag Mohr Siebeck 1999, S. 319-320.

④ Hans-Georg Gadamer, *Hermeneutik I* (GW1), Verlag Mohr Siebeck 1999, S. 320-321.

⑤ 参见 Hans-Georg Gadamer, *Hermeneutik I* (GW1), Verlag Mohr Siebeck 1999, S. 322-323.

ation des Handeln)"①。

此外,伽达默尔指出,实践知识关注的不是"任何单纯的个别目的,而是关系到总体上的正确生活(das Richtigleben im ganzen betrifft),与此相反,技艺知识则是关注着个别的东西,并且效力于个别的目的"②。《亚里士多德的诠释学现实性》这篇论文在其结尾部分提到,实践智慧或实践知识的另一种对立面即 Deinos。这种人具有非凡的自然禀赋和非凡的技能,能利用其优势适应任何情况和达到一切目的。但是,这种人并没有德性,aneu aretes。③也就是说,伽达默尔所讲的实践知识并不是某种有关目的—手段的技巧性知识。这一点在伽达默尔的相关论述中被反复提及。

二、实践哲学与精神科学

伽达默尔有关亚里士多德实践哲学的探讨,与 19 世纪以来精神科学的处境有紧密关系。伽达默尔提到,"精神科学"(Geisteswissenschaft)是对穆勒《逻辑学》中"道德科学"(moral sciences)的翻译;穆勒在此书中根本没有承认精神科学自身的方法,而是认为自然科学的方法完全适用于精神科学。④这是一种代表性的观点,反映了精神科学在当时的处境,它在方法上受到自然科学的方法的支配。自狄尔泰以来,人们开始探讨精神科学或者说人文科学独立的方法,直到文德尔班和李凯尔特都在进行相关探讨。⑤ 这种问题意识一直延续到海德格尔乃至伽达默尔,只不过他们和所谓新康德主义有许多分歧,于是在许多地方就没有特别强调文德尔班和李凯尔特对于这种问题意识的延续和推进。但是,如若我们撇开他们与新康德主义的种种区别,仅考虑精神科学或人文科学的方法独立性问题意识,就会发现,在这一方面他们之间确实存在着一致性和共同点。海德格尔和伽达默尔都在致力于探讨精神科学或人文科学自身的独立的方法。他们参考亚里士多德的实践智慧概念,也是服务于这一宗旨,而并非单纯的哲学史兴趣。

伽达默尔援引亚里士多德,认为亚里士多德已经注意到,"ethos(习

---

① Hans-Georg Gadamer, *Hermeneutik I* (GW1), Verlag Mohr Siebeck 1999, S. 326.

② Hans-Georg Gadamer, *Hermeneutik I* (GW1), Verlag Mohr Siebeck 1999, S. 326. 韩潮对此问题有过较为详细的分析,参见韩潮:《海德格尔与伦理学问题》,同济大学出版社,2007 年,第 63—64、101 页。

③ Hans-Georg Gadamer, *Hermeneutik I* (GW1), Verlag Mohr Siebeck 1999, S. 329.

④ Hans-Georg Gadamer, *Hermeneutik I* (GW1), Verlag Mohr Siebeck 1999, S. 9-10.

⑤ 参考本书第 1 节"海德格尔实存哲学的两种渊源"。

俗、伦理）不同于 physis（自然），因为它属于一个自然规律不起作用的领域，然而它又不是一个完全没有规则支配的领域，而是一个可以改变人的规章制度和人的行为方式、并且只在某种限制程度上具有规则性的领域”①。精神科学所关注的领域既不是完全有规律，也不是完全没有规则，而是具有某种程度上的规则性。就前面讲述的内容而言，可以从以下方面说明这一点：首先，亚里士多德模式的精神科学或者说实践知识，是某种概略性的指引或指导，“概略性”是某种普遍性，但并不是简单机械的、可以使其对象性完全与之相符的那种普遍性；进一步而言，这种实践知识在具体处境中加以应用时，总会发现具体处境变动不居的特征，于是，这种实践知识要根据具体情况作出某种自身调整。

按照伽达默尔的论述，还可以给出有关这一方面的进一步阐明：依照黑格尔的哲学观念，“人之为人的显著特征就在于，他脱离了直接性和本能性的东西，而人之所以能脱离直接性和本能性的东西，就在于他的本质具有精神的理性的方面。根据这一方面，人按其本性就不是他应当是的东西，因此，人就需要教化”；教化使人离开个别性，走向普遍性。②如若人类只是直接性和本能性的存在，那么人类事务就很可能符合自然科学的那种规律性；但是，人类并不是直接性和本能性的存在，所以，人类活动就不会符合自然科学的那种规律性。

毋宁说，人类活动之所以具有有限程度的规则性，乃是因为人类会受到教化（Bildung）的影响，教化会促使人们从个别性通往普遍性，亦即从仅仅考虑个人走向对共同体的顾念、关注和关怀，因此，伽达默尔指出，实践知识，作为区别于自然科学的另一种知识，不仅需要对遇到的具体情况进行把握——这一方面是容易理解的，从海德格尔的相关阐释就可以得知，具体当下（das jeweilige）总是要求瞬间观看（Augen-blick），而且，需要对相应的社会习俗或社会规范进行某种适应；这种看法依循着亚里士多德的观点，概括而言乃是：实践智慧（phronesis）并非某种能力（dynamis），而是与社会习俗相关的某种精神品格，也就是说，实践智慧或实践知识并不是只考虑目的—手段的聪明才智，毋宁说它要顾及社会习俗或社会规范。③至于为何只是“有限的规则性”多半是因为人类对社会习俗或社会规范的遵循乃是某种尽力而为，可能会受到直接性或本能性的制约，因此，“有限的

① Hans-Georg Gadamer, *Hermeneutik I* (GW1), Verlag Mohr Siebeck 1999, S. 318

② Hans-Georg Gadamer, *Hermeneutik I* (GW1), Verlag Mohr Siebeck 1999, S. 17-18

③ 参见 Hans-Georg Gadamer, *Hermeneutik I* (GW1), Verlag Mohr Siebeck 1999, S. 27

规则性”这种提法显得比较客观和符合实情。

在1978年《作为理论与实践双重任务的诠释学》的论文中，伽达默尔提及，亚里士多德实践哲学的提出乃是基于他对柏拉图有关善的理念的批判。实践哲学要探讨的实际上并不是普遍的善，而是诸种具体的善，换言之，与时机(kairos)相关的具体的善，例如，知道在何时讲话以及如何讲话(这种例子在《尼各马可伦理学》谈论适度的时候举出过很多)。何时讲话和如何讲话类似医学知识在个别病人身上的具体应用，光靠一般知识和一般规则肯定是不够的。[①]这些例子可以表明，实践哲学或实践知识不是单纯的普遍知识，而是与具体之善相关的概略性知识。

在1980年《实践理性问题》的论文中，伽达默尔提及：捍卫人文科学的自主性成为哲学的任务之一；而且，这种人文科学并不精确，如何具有自主性和有效性呢？伽达默尔认为，对于精神科学或人文科学而言，核心观念不是“客观性”，而是“参与性”。例如，在柏拉图的诸种对话中，人们通过互相探讨、互相分享和互相批评，从而推进着对于实事或论题的认识，这种参与过程可以看作是人文科学的“学术性”。[②]

伽达默尔指出，亚里士多德是在与理论哲学的争论中方才提出了“实践哲学”(praktische Philosophie)；同时“实践”(praxis)意味着“所有人类行为以及人类在此世界中的所有力量”(alles menschliche Verhalten und alle menschliche Selbsteinrichtung in dieser Welt)，因而，“实践”(praxis)是某种总称，意指所有人类事务或人类事务之总体(das Ganze der praktichen Dinge)。[③]当然，它包括伦理事务和政治事务。[④]

三、伽达默尔实践哲学的特色

亚里士多德提出某种三分法，将“哲学”划分为理论哲学、实践哲学和创制哲学，亦即将人类事务划分为理论活动、实践活动和制作活动。因而，实践不同于理论，也不同于制作，换言之，实践知识不同于理论知识和制作知识。[⑤]伽达默尔认为，亚里士多德的这种区分刚好可用来应对我们当代

---

① 参见 Hans-Georg Gadamer, *Hermeneutik II* (GW2), Verlag Mohr Siebeck 1999, S. 306-307

② 参见 Hans-Georg Gadamer, *Hermeneutik II* (GW2), Verlag Mohr Siebeck 1999, S. 320-323

③ Hans-Georg Gadamer, *Hermeneutik II* (GW2), Verlag Mohr Siebeck 1999, S. 324

④ 依据亚里士多德，“实践智慧”(phronesis)牵涉到伦理学、政治学、理财学和立法学等，参见亚里士多德：《尼各马可伦理学》1141b30以下，廖申白译，商务印书馆，2003年，第177页；依据伽达默尔，伦理学和政治学都属于实践哲学，参见 Hans-Georg Gadamer, *Griechische Philosophie III* (GW7), Verlag Mohr Siebeck 1999, S. 382. 由此可见，“实践哲学”，特别是亚里士多德和伽达默尔意义上的实践哲学，牵涉的领域比较广阔，区别于康德意义上的实践哲学。

⑤ 参见 Hans-Georg Gadamer, *Hermeneutik II* (GW2), Verlag Mohr Siebeck 1999, S. 324

的问题：我们当代人的人类命运，不能交付给科学家和技术家，而要交付给有实践智慧或实践知识的政治家。因为“实践”并不是单纯的做事，理论活动和制作活动也都是做事，就此而言并无区别；“实践”乃是有理性地生活（das Leben vernünftig führen）。而且，关键在于，此处所讲的理性并不是科学和技术层面上的技术合理性，而是意味着要尊重和依循人类事务的“事实性”（Tatsächlichkeit）；在伽达默尔看来，这种事实性意指着人们所分享的诸种共同信念、共同价值和共同习惯（Überzeugungen、Wertungen、Gewöhnungen），也就是古代希腊人所讲的经由练习（Übung）和习惯（Gewöhnung）而形成的 ethos（伦理、习俗、规范、规矩……）。①

伽达默尔实践哲学的特色正好在于这一方面，他认为亚里士多德之所以是伦理学的创始人，就是因为他对 ethos 或 Konvention 的尊重和重视；于是，实践智慧或实践知识绝对不是单纯的确立目标和寻找相应手段，毋宁说它必须顾及 ethos 和 Konvention，必须顾及伦理、习俗、规范和规矩；因而，人们必须受过教育，方才可能具备这种实践理性。②

当然，人们有可能据此以为，伽达默尔持有某种保守的立场。对此，伽达默尔也有自己的觉察，他的预先辩解是这样的：对于 ethos 的顾及，并不是“不顾善恶的顺应潮流”或“顺从主义”（Konformismus eines halbschlechten Gewissen，或者干脆一个词 Konformismus）。③与此相关，伽达默尔在 1978 年《作为理论和实践双重任务的诠释学》的论文中提及：我们总是被社会生活的“规范性观念”（normative Vorstellungen）预先规定，而且这就是实践哲学的前提条件；但是，这并不意味着，这些规范性观念会不经改变和不加批判地被人们坚持下去，毋宁说，人们必定会对迄今为止有效的东西进行不断的重塑和改变，这就是社会存在能够保持生命力的关键所在。④只不过，总体而言，人们总是生活在某种与他人所共享的伦理和习俗的世界中；因而，实践哲学或实践知识必须顾及伦理和习俗，这样才能和手段—目的模式的技术知识相区别。按照这一思路，人是有理性的，可以进行有理性的实践，这其实并不是说人可以演讲和辩论，或者可以算计和计算，而是说，人可以或者说必须进行合乎伦理和合乎习俗的实践。

在 1972 年撰写并且于 1982 年编入文集《科学时代的理性》的论文《作

---

① 参见 Hans-Georg Gadamer, *Hermeneutik II* (GW2), Verlag Mohr Siebeck 1999, S. 325.

② 参见 Hans-Georg Gadamer, *Hermeneutik II* (GW2), Verlalg Mohr Siebeck 1999, S. 325-326.

③ Hans-Georg Gadamer, *Hermeneutik II* (GW2), Verlag Mohr Siebeck 1999, S. 325

④ 参见 Hans-Georg Gadamer, *Hermeneutik II* (GW2), Verlag Mohr Siebeck 1999, S. 317.

为实践哲学的诠释学》中,伽达默尔提到一个核心概念:“自由选择”(prohairesis)。自由选择,一方面可以说是人类区别于其他动物的特有的生活方式;另一方面,自由选择,在古代希腊和在亚里士多德那里,仅仅适用于城邦中的自由公民阶层。与这种实践活动构成严重对立的,并不是理论活动,因为在亚里士多德看来,思想领域的理论活动本身可以被看作是某种实践。①毋宁说,与实践活动构成真正对立的乃是低等阶层或者说奴隶们所从事的制作活动;即使公民身份的人们从事此类制作活动,也并不能提高这种制作活动在人类事务中的地位。②在古希腊和亚里士多德的语境中,理论活动和实践活动是高尚的,而制作活动是低等的和卑贱的。

可以说,《作为实践哲学的诠释学》这篇文章提到了实践哲学的经济维度:只有亚里士多德所讲的自由公民阶层才能拥有实践活动所需要的“自由选择”(Prohairesis)。1989 年《亚里士多德与命令式伦理学》提到过这一方面③,而在 1983 年《实践哲学的理念》,伽达默尔将相关表述刻画为实践哲学的“形而上学基础”,亦即将人类设定为“拥有理性(logos),可以选择并且必须选择,因而总是必须在具体处境下认识或找到善好(das Gute)。亚里士多德对此的表达是:人类——作为自由公民——拥有‘选择’(Prohairesis)”。④

在我们看来,伽达默尔此番论述实际上涉及实践哲学的经济维度:既然亚里士多德所讲的实践乃是自由公民的事情,那么这种在古代语境下作出的论述如何适用于现代语境呢?须知,在古代语境下,总是有奴隶存在,而且古代经典作家讨论问题的着眼点是为数较少的自由公民,并不是为数众多的奴隶;可是,在现代语境下,政治身份意义上的奴隶制被废除了,在政治和法律层面上,每个人(除非犯法)都拥有平等自由的权利,亦即每个人或所有人都会成为实践哲学的预定背景和目标人群,此时,实践哲学的形而上学设定面临着何种挑战呢?这是阿伦特探讨的核心问题之一。

---

① 参见亚里士多德:《尼各马可伦理学》第 10 卷 1177a20 以下,廖申白译本第 305 页。

② 参见伽达默尔:《科学时代的理性》,薛华译,国际文化出版公司,1988 年,第 78—80 页。

③ 参见 Hans-Georg Gadamer, *Griechische Philosophie III* (GW7), Verlag Mohr Siebeck 1999, S. 390

④ Hans-Georg Gadamer, *Hermeneutik im Rückblick* (GW10), Verlag Mohr Siebeck 1999, S. 238.

§6　阿伦特的实践哲学

可以说,而且特别是在海德格尔看来,伽达默尔乃是海德格尔"正式学生"中最为出色的。此外,还有许多听过海德格尔的课,但是未曾在他名下做过博士论文或教职论文的"非正式学生"。可以说,在非正式学生这一类别的学生中,阿伦特乃是最为出色的或者说从属于最为出色者的序列。阿伦特直接参加海德格尔教学活动的时间比较短暂,主要是1924年夏季学期和1924—1925年冬季学期,大概在1924年2月开始她和海德格尔之间产生了秘密恋情。为了避免麻烦,她在1925年初接受海德格尔的建议去海德堡大学在雅斯贝尔斯那里做博士论文,——论文在1928年完成并且在1929年出版。①此后,阿伦特与海德格尔有会面和通信,因纳粹问题一度中断联系,而在二战后他们的联系又得到了恢复。也就是说,海德格尔对于阿伦特的思想影响不限于正式的教学活动,实际上这一点同样适用于伽达默尔。

可能是受到了雅斯贝尔斯的影响或者说雅斯贝尔斯版实存哲学的影响——雅斯贝尔斯也讲实存哲学或者说存在主义哲学,而且比海德格尔更加重视"主体之间的交互关系",也可能与她20年代末30年代初在法兰克福的生活经历和学术交流有关,那段时间她以及她后来的丈夫安德斯(J. Anders)和法兰克福学派成员的思想交流比较多,她"开始对政治问题越来越感兴趣"。②因而,在研究者们看来,阿伦特的哲学并不关注海德格尔所追问的所谓"存在",而是关注着人的境况特别是政治,可以说,阿伦特"从根本上改写了海德格尔的存在论思想",或者说她对海德格尔的存在论进行了"政治转换"。③

1960年,《人的境况》德文版 *Vita activa oder vom tätigen Leben* 出版后,阿伦特送给海德格尔一本,并且附信提到,这本书的诞生离不开海德格尔马堡时期对她的思想影响。④不过,按照研究者们的意见,海德格尔从未认

---

① 参见萨弗兰斯基:《来自德国的大师——海德格尔及其时代》,靳希平译,商务印书馆,2007年,第176—182页。

② 帕特里夏·奥坦伯德·约翰逊:《阿伦特》,王永生译,中华书局,2014年,第5—6页。

③ 沃尔夫冈·霍尔、贝恩德·海特尔、斯特凡妮·罗森穆勒:《阿伦特手册》,社科文献出版社,2015年,第3、101页。

④ 参见萨弗兰斯基:《来自德国的大师——海德格尔及其时代》,靳希平译,商务印书馆,2007年,第476页。

识到阿伦特的学术能力,只是把她看作自己哲学思考和创作的曾经的缪斯。[①]前面提到海德格尔在1940、1945和1956写的三封推荐信,对伽达默尔的评价最高,完全可以说,伽达默尔就是海德格尔眼中他教过的最为出色的学生;与此同时,在海德格尔看来,雅斯贝尔斯则没有如此优秀的学生,这种评论没有点名,但是已然把阿伦特排除在优秀者之外了。尽管海德格尔未曾认识到阿伦特的学术意义,但是,在后世研究者看来,阿伦特对于海德格尔的继承和批评始终是一个重要论题。[②]

"理论与实践"这一章通过疏解海德格尔1924—1925年冬季学期讲课稿,介绍了海德格尔形式显示的实践哲学,着重说明了海德格尔在思想与行动之问题上的立言宗旨:思想与行动相辅相成,互相配合。接下来我们要阐述海德格尔此种思想对于后世的影响亦即此种思想的接受史。当然,我们权且将此接受史限制在伽达默尔和阿伦特的范围内。这两位思想家都参加了1924—1925年冬季学期海德格尔有关亚里士多德的课程,而且他们的代表作《真理与方法》和《人的境况》使得他们被公认为是实践哲学当代复兴的代表人物。不过,同时需要注意,他们对于海德格尔的接受并非原封不动的接受,而是有所发展和有所推进的,甚至可以说是有所批评或批判的。伽达默尔的部分业已介绍,现在开始介绍阿伦特的部分。

一、艾希曼事件和实践哲学的政治维度

我们不妨从《艾希曼在耶路撒冷》(Eichman in Jerusalem,1963)入手介绍阿伦特的思想观念以及她对海德格尔思想的接受、发展以及可能的批评。有关阿伦特在艾希曼事件上所做的思考,已有许多论文进行过严肃的讨论。[③]而且值得注意的是,电影《汉娜·阿伦特》在2013年的问世,也把艾希曼事件设置为电影情节的核心部分和高潮部分,这样一来,阿伦特与艾希曼事件的意义就不仅局限于严肃的学术界了,而且进入了更多普通读者的视野。阿伦特的著作《艾希曼在耶路撒冷》在2017年终于有了汉译本,亦使人们可以更加方便地了解阿伦特对于艾希曼事件的详细报告;倘若只关注阿伦特对于相关事件的理论思考,此书的"附言"和"德文版前

① 参见帕特里夏·奥坦伯德·约翰逊:《阿伦特》,王永生译,中华书局,2014年,第18—20页。

② 参见帕特里夏·奥坦伯德·约翰逊:《阿伦特》,王永生译,中华书局,2014年,第130页;参见萨弗兰斯基:《来自德国的大师——海德格尔与其时代》,靳希平译,商务印书馆,2009年,第476—481页。

③ 可以参考王寅丽和陈高华等人的相关论文。

言”就可以提供出大致的轮廓。①

若想进入阿伦特对于艾希曼事件的沉思，需要首先撇开某种常见的障碍：阿伦特是犹太人，却要为艾希曼这个对犹太人造成巨大伤害的纳粹寻找其罪行的所谓深层原因，这就容易遭到人们的指责，人们指责阿伦特为艾希曼这个纳粹说话。但是，试图去理解，并不意味着原谅，就像法庭上总是考察犯罪的动机，这并不意味着原谅和宽恕。毋宁说，阿伦特是要探寻艾希曼事件的深层原因、存在论上的或形而上的原因：艾希曼已然沦为日常行政体系中的一个小齿轮，他完全按照行政体系的原则行事，而这个原则就是依照上级命令行事。②可以想象，如若行政体系要保持良好的运行效率，必定会提倡“依照上级命令行事”这个原则；倘若放任行政体系下属的诸多小齿轮自由思考，很可能会导致整个行政体系运行效率的低下。

但是，“依照上级命令行事”这个原则本身是有问题的，也就是说，上级命令也有可能是不恰当的或错误的。不过，行政体系的运行机制不是某种追求真理的科学研究，而是牵涉着职位晋升和生活福利等切身利益，于是，即使位于低层的小齿轮察觉出上级命令的某些不妥或错误，也有可能出于切身利益的考虑而不加汇报，并且长此以往就会形成冷漠的惯性，仅仅关注对上级命令的执行，而忽视对上级命令之是非的怀疑。依照阿伦特的分析，艾希曼犯下罪行的深层原因、存在论和形而上的原因，乃是他缺乏思考的能力，处于某种不做思考的状态。③由此可以看到海德格尔对于阿伦特的影响或者说阿伦特对于海德格尔的接受：思想与行动的相辅相成和互相配合的关系，特别是思想对于行动的指引作用；当然，这里的思想和行动首先是个体化的或个别性的，与转瞬即逝的和变动不居的处境密切相关。结合艾希曼事件的具体语境，可以这样表述：“依照上级命令行事”这个原则的运用，要结合具体处境，要审时度势和相时而动；原封不动地运用这一原则，则可能是消极怠工，或者是心智上的笨拙。在这里，我们可以动用形象思维，举例说明：

按照希罗多德《历史》的记载，吕底亚国王克洛伊索斯在亡国后险些丧命，由于在临刑前呼喊了三声梭伦而吸引了波斯国王居鲁士的好奇和询

① 参见 阿伦特：《艾希曼在耶路撒冷：一份关于平庸的恶的报告》，安尼译，译林出版社，2017 年，“附言”第 198—318 页、“德文版前言”第 3—20 页。据说中国台湾率先出版了汉语译本。

② 参见 阿伦特：《艾希曼在耶路撒冷》，安尼译，译林出版社，2017 年，“德文版前言”第 11—14 页。

③ 参见 阿伦特：《艾希曼在耶路撒冷》，安尼译，译林出版社，2017 年，“附言”第 314 页。

问,因而免于死亡而且还长期充当着居鲁士以及其后继者的谋士或顾问。有一次,波斯国王发怒了,命令卫士处死克洛伊索斯。但是,这个卫士没有对克洛伊索斯执行死刑,却把克洛伊索斯给藏起来了。别人问他为什么这样做,他说,如果他杀死了克洛伊索斯,国王以后找不到克洛伊索斯这个人的时候就会杀死他。果然,后来国王怒气消除,又向这个卫士寻找克洛伊索斯,幸亏这个卫士当时没有将克洛伊索斯真的处死![①]可以看到,这名卫士对于其国王的命令,不是简单机械地一味服从,而是有着自己的思考。当然,这个事情要依据当时的具体处境和人物关系来理解,在当时属于审时度势、相时而动和随机应变,但是,其具体的做法未必能上升为某种普遍的行事准则。

以上是希罗多德《历史》叙述的事情,接下来再举出中国古代小说《水浒》宋江放晁盖的情节。当时,宋江在衙门当值,迎接上级,谈及拘捕晁盖的任务,于是,宋江急忙令其助手陪同上级,自己亲自骑行给晁盖报信。按照《水浒传》设定的价值观念——对兄弟情义的推崇,宋江没有按照上级命令行事,而是有自己的思考和判断,此举被江湖人士和后世读者认为是行仗义之事,与其及时雨的江湖名号恰好相符;就小说结构而言,宋江放走晁盖此举,为晁盖走上梁山、宋江自己走上梁上和担任梁山座主等都进行了某些铺垫。当然,这是后来的事情;就当时而言,宋江放走晁盖,即使在小说创作者看来,也不得不将其看作是某种错误,因而,他要为此事承担责任,付出代价。[②]

我们在阿伦特关注的艾希曼事件之外又举出两例,意在说明我们不要仅仅盯着艾希曼事件这个特殊的事例——此事牵涉犹太民族话题故而有较大争议,而要关注阿伦特揭示的实质问题——"依照上级命令行事"这种行为模式所包含的疑难。倘若联系《人的境况》(1958年),则可以将问题进一步追溯到柏拉图那里:在阿伦特看来,柏拉图区分了"统治—命令"与"被统治—服从"两种行为模式,前者专司谋划,后者只管实施,于是,对于被统治者而言,行动沦落为依照统治者之命令行事,依照既定图式而做事,如此行事几乎不再是行动了,几乎等同为"制作"了,这就是阿伦特所讲的"以制作取代行动"的变化趋势。[③]这种趋势的症结在于"知"与"行"的分离,有些人仅只谋划,并不付诸实行,而另外一些人仅只实行,缺乏思

---

① 希罗多德:《历史》(上册),王以铸译,商务印书馆,2005年,第210—211页。

② 详情参见施耐庵:《水浒传》第18回,"美髯公智稳插翅虎 宋公明私放晁天王"。

③ 参见阿伦特:《人的境况》,王寅丽译,上海世纪出版集团,2009年,第171—178页。

考。倘若以海德格尔形式显示实存哲学加以审视，这种知行分离不是源初的实存状态，会导致“知”或“理论”之脱离生活（entlebt）以及“行”或“行动”之盲然无措（ohne Richtung）。

不过，阿伦特对于海德格尔的思想观念不仅有接受，而且还有发展或超越：从艾希曼事件的分析可以看到的不仅仅是阿伦特有关思想与行动的思考——这方面可以看作是对海德格尔思想观念的接受，而且还可以看到阿伦特在探讨一些更加具体的或者说更有质料内容的现象——政治现象，在艾希曼事件上表现为主从现象或领导与被领导的现象，这在政治现象中乃是某种非常基本的现象，政治生活总是离不开领导与被领导。

进一步而言，阿伦特对于知行分离的溯源和批评，实质上并不是为了呼应海德格尔形式显示的实存哲学（她可能根本不曾见到与形式显示相关的讲课记录或标题字样），而是出于她有关人的复数性的思想观念。知行分离导致被统治者欠缺思考，仅只实施，实际上就是没有把被统治者当作真正的人，因为真正的人就应该具有思考的能力和运用思考能力的权利，于是，知行分离就违背了人的复数性或多元性。有关人的复数性或多元性的思考，可以说是阿伦特的思想特色，这种特色不仅渗透在对于政治现象的相关分析中，而且体现在对于伦理现象的相关分析中。然而，有关伦理现象或政治现象的具体分析，正是海德格尔所欠缺的东西，正是阿伦特区别于海德格尔和超过海德格尔的地方。

二、行动和人类实存的复数性

众所周知，阿伦特《人的境况》1958 年英文版标题是 Human Conditions，1960 年德文版标题则改成 *Vita activa oder vom tätigen Leben*。不妨这样看：这个德文标题表达得更加准确，更加充分，这本书就是在介绍诸种人生活动。有关人生活动的划分，亚里士多德的那种三分法是非常常见的，亦即制作（poiesis）、实践（praxis）和理论（theoria）。海德格尔 1924—1925 年冬季学期的亚里士多德课程就曾探讨过这一划分，阿伦特参加过这门课程，想必从那时起就已然熟悉了亚里士多德的这种划分。但是，阿伦特在介绍人生活动时，超出了她的老师海德格尔的习惯性讲法，亦即超出了亚里士多德的那种常见的三分法，她在熟读亚里士多德《尼各马可伦理学》和《政治学》的基础上作出了新的阐发：在“制作”、“实践”和“理论”这三种活动之外，还正式提到了“劳动”（Arbeit、labor）；“劳动”在亚里士多德那里没有占据显著的位置，被亚里士多德有意地掩盖起来了，关于这一点我们稍后再说。

划分图

<table>
<tr><td rowspan="4">vita
(人生、生活)</td><td rowspan="3">vita activa
(活动生活、践行生活)</td><td>劳动(Arbeit、labor)</td></tr>
<tr><td>制作(Herstellen、work)</td></tr>
<tr><td>行动(Handeln、action)</td></tr>
<tr><td>vita contemplativa
(深思生活)</td><td></td></tr>
</table>

如图,阿伦特的总体划分是 vita activa(活动生活或践行生活)和 vita contemplativa(沉思生活)。后者可以译作“沉思生活”,但前者的译法值得注意,不宜译作“积极生活”,权且译作“活动生活”或“践行生活”。阿伦特着重讨论 vita activa,因而此书德文版标题叫作 vita activa oder vom tätigen Leben。在 vita activa 下面有三种活动:劳动(Arbeit)、制作(Herstellen)和行动(Handeln)。其中“劳动”是阿伦特特意添加进来的,属于阿伦特特色;“制作”(Herstellen)相应于亚里士多德的“制作”(poiesis),在这里,德文版的 Herstellen 要比英文版的 work 更加准确;“行动”(Handeln、action)相应于亚里士多德的“实践”(praxis)亦即伦理政治领域的人生行动,在这里没有直接使用 praxis 来统称伦理政治行动,这是有益处的,因为以上三种都是 vita activa,都是 das tätige Leben,或者可以说都是 Tätigkeit,这种总称与广义上的“实践”更加相应,也就是说,阿伦特保持着广义的实践视野,而没有局限于狭义的实践概念。

从论述篇幅上看,“劳动”一章包括了 7 节,“制作”一章包括了 6 节,而“行动”一章则包含了 11 节,由此可见“行动”这一章在阿伦特此书中占据着相对更加重要的地位。就在这一章,阿伦特不仅介绍了她对政治现象的独到见解——知行分离最终不符合人的复数性或多元性,而且介绍了她对伦理现象的独特阐释——宽恕、承诺和爱等不可忽视的能力和力量。可以说,阿伦特虽然受到海德格尔思想观念的启发和指引,但是她在伦理政治领域的诸种沉思业已超过了她的老师海德格尔。诚如靳希平教授的提示,海德格尔思想欠缺爱的维度,①而阿伦特的著作中恰好拥有爱的维度。而且,阿伦特有关爱的论述,不同于古希腊的传统(例如亚里士多德的理智

① 参见靳希平:《〈存在与时间〉的“缺爱现象”——兼论〈黑皮本〉的“直白称谓”,《世界哲学》2016 第 5 期, 第 20—28 页 。

主义友爱论),而是带有希伯来宗教传统的色彩。在亚里士多德那里,友爱或真正的友爱乃是基于德性的相似,德性上的差距会导致友爱的终结,而且这种终结也被看作是合乎自然的,这就像是某种不怎么讲究感情要素的理智主义的友爱论;然而,阿伦特却把宽恕和承诺这种看似非理智的东西引入了友爱论。

在人际交往中,人们无法取消自己曾经做过的事情,古代汉语中的"覆水难收"正是形象的说明,这一点可以称作"不可逆性"。另一方面,无论人们目前的关系如何,都无法像把握自然规律那样精确地预见到将来的关系,这一点可以称作"不可预见性"。这种有关过去的不可逆性和有关将来的不可预见性,就像是人际交往的深渊,给人们造成着巨大的困惑和纷扰。那么,如何应对此种不可逆性和不可预见性呢?阿伦特提出了宽恕和承诺两种能力:对于过去之事的不可逆性,可以用宽恕的能力加以解救,以使人们摆脱过去的因果链条进而开启新的可能性;对于将来之事的不可预见性,可以用承诺的能力加以约束,这样才能使人们在不确定的将来河流中保持自身的同一性。①

不过,宽恕和承诺此类东西给人的印象是非理智的和情感性的东西,不是希腊思想那种理智主义传统中的主流的东西。阿伦特提到,诸如"信心"和"希望"此种人类存在的根本特征,"却被古希腊人完全忽视了,他们怀疑信心是一种罕见的、不太重要的德性";同时,她还提道:"发现了宽恕在人类事务领域中的作用的是拿撒勒的耶稣。"②这表明,阿伦特在此论题上吸收了"两希文化"中希伯来文化的宗教因素。确实,在宗教文化中,宽恕是一个重要话题,而且"只有爱才有力量宽恕",只有爱才能超越诸种障碍,才能不在乎缺点和过错。③

当然,阿伦特在探讨宽恕、承诺和爱等论题时,仍试图保持某种原则性的高度,即:无论是宽恕还是承诺,这些能力都离不开人的复数性或多元性,离不开他人的在场和行动;只有在复数性或他人参与的条件下,人们才能真实地做出宽恕或做出承诺;在阿伦特看来,行动要比劳动和制作更加需要他人的参与,离开了他人则意味着被剥夺了行动的能力。④在行动中,人们总是依赖着他人的在场和行动,这在阿伦特看来,就是人的复数性或

---

① 参见阿伦特:《人的境况》,王寅丽译,上海世纪出版集团,2009年,第184页。
② 阿伦特:《人的境况》,王寅丽译,上海世纪出版集团,2009年,第192、185页。
③ 阿伦特:《人的境况》,王寅丽译,上海世纪出版集团,2009年,第188页。
④ 参见阿伦特:《人的境况》,王寅丽译,上海世纪出版集团,2009年,第185、147—148页。

多元性，并不是在贬义或反讽的意义上而言；人的所谓"自由"(freedom)就要在这种复数性或多元性中加以实现，而不可能在所谓的"自主"(sovereignty)中实现出来。①这是阿伦特与海德格尔相关论述在旨趣上的差异：人的复数性(plurality of human-beings)pk个体此在(das individualle Dasein)。

在这里，可以参考斯考特(J. V. Scott)和斯塔克(J. C. Stark)为阿伦特博士论文英译本(Love and Saint Augustine，1996)添加的长篇评论"重新发现阿伦特"。②两位编者终于在1996年出版了经阿伦特本人在20世纪60年代就已审阅和修订好的1929年博士论文英译本，同时他们在为英译本添加的长达100多页的评论中特意谈及阿伦特与海德格尔在实存哲学(存在主义)上的差异。其中，特别引用了阿伦特1946年《何谓实存哲学》③提到的这样一些表述："生存本身不是与世隔绝的，它只存在于与他人生存的交流和知识当中"；"生存实质上从来不是孤立的……一个人的同伴不是如海德格尔认为的那样，是生存结构上必要的要素，却在摧毁生存；相反，生存只能在共同给定世界中的人们的共在(togetherness)中发展起来"。④

在英译本的两位编者看来，阿伦特的实存哲学之所以不同于海德格尔的实存哲学，一方面是由于奥古斯丁的影响：奥古斯丁提到的"圣爱"及其"自由意志"能够把海德格尔所质疑的"常人"和"他们"转化为邻人间的共同体；人们彼此相爱，不仅为了他们自己，而且为了他们的共同体；另一方面，是由于阿伦特对于雅斯贝尔斯版实存哲学的赞赏超过了海德格尔版的实存哲学，她注重"雅斯贝尔斯对个体与共同体之间关系的坚持"，因而她在奥古斯丁"邻人之爱"和"爱世界"的过程中，在内容、语境和方法上都与雅斯贝尔斯相类似。⑤

在两位编者看来，无论是在博士论文的1929年原稿还是在60年代的修订稿中，阿伦特都试图深入运用胡塞尔—海德格尔—雅斯贝尔斯的方法，不过，她试图理解的乃是现实的人类境况，而不是脱离生活的"存在"，

① 参见阿伦特：《人的境况》，王寅丽译，上海世纪出版集团，2009年，第182页。

② 参见阿伦特：《爱与奥都斯丁》，王寅丽、池伟添译，漓江出版社，2019年，第179—317页。

③ Arendt, *What is Existenz Philosophy*, Partisan Review13, 1946, pp34-56；译文参考陈高华：《什么是生存哲学》，《现代外国哲学》第16辑，张庆熊、孙向晨主编，2020年，第204—222页。

④ Arendt, *What is Existenz Philosophy*, Partisan Review13, 1946, pp55-56；阿伦特：《爱与圣奥古斯丁》，王寅丽、池伟添译，漓江出版社，2019年，第186、309页。

⑤ 阿伦特：《爱与圣奥古斯丁》，王寅丽、池伟添译，漓江出版社2019年，第221、294、309页；关于"圣爱"的解释，参见此书第222页。

因而她关注那种既积极介入又超脱于世界的实存样式；于是，“圣爱”（caritas）概念就成了这样的典型的实存样式：圣爱首先是某种欲求（appetitus），意味着孤立的个人业已走进了现实世界，而不是停留在仅仅思想并且与世界相脱离的笛卡尔式“我思”（cogito）的阶段，但是，圣爱又不是“贪爱”（cupiditas）——对于物质和力量的追逐，毋宁说，圣爱乃是分享着共同价值并且对世界的重建。①

三、劳动和实践哲学的经济维度

让我们再次回到 vita activa 的三重划分：劳动（Arbeit、labor）、制作（Herstellen、work）和行动（Handeln、action）。前面有关伦理政治现象的讨论都处在“行动”的标题下。与海德格尔 1924—1925 冬季学期的亚里士多德讲课以及后来的《存在与时间》相比较，阿伦特对于伦理政治领域“行动”的讨论更加具体生动，涉及主从和友爱等现象，流露出对复数性或共在之积极性的信心，区别于海德格尔式的实存哲学——要么是仅仅提示概要结构却欠缺具体内容的实存分析（或存在论分析），要么是对人生共在心存怀疑且欠缺建设性的共在分析。

然而，阿伦特不同于海德格尔的地方还不止这些。受到亚里士多德和马克思指引的她，创造性地在人生活动的诸种划分的老框架下重新开启出对于身体和财富等论题的关注。通常，人们只是习惯性地谈论亚里士多德的三分法——制作、实践和理论，但阿伦特建构了新的框架：将 vita 首先划分为 vita activa 和 vita contemplativa，然后在 vita activa 的标题下探讨“劳动”（Arbeit、labor）这一被遗忘的实存方式。因而，可以说，阿伦特版实存哲学的特色在于一方面详细论述伦理政治领域（涉及主从和友爱）的人生“行动”（Handeln、action），另一方面详细讨论关乎身体和财富的“劳动”（Arbeit、labor）。

“劳动”，在阿伦特的用法中，意指给人们提供生存必需品和满足人类自然需求的活动。这与阿伦特自己提到的 vita activa 名下的另外两种活动“制作”和“行动”大不相同，后两种活动的特殊意义在于它们已然超越了获取生活资料的较低层次。而且这种高低排序并非阿伦特的首创，而是可以追溯到亚里士多德那里：亚里士多德就曾认为，农业生产、手艺人的制作活动和商人的贩卖活动这三种活动皆致力于获取生活资料，没有摆脱维持生计这个阶段，因而不是自由人应当过的生活方式。自由人应当过的毋宁

① 阿伦特：《爱与圣奥古斯丁》，王寅丽、池伟添译，漓江出版社，2019 年，第 218、222 页。

说是另外三种生活:享乐的生活、政治生活和沉思的生活。当然,按照亚里士多德的意见,这三种活动还可以进行高低排序:政治生活优越于享乐的生活,而沉思的生活则还要优越于政治生活。这是这三种活动的内部排序。总体的排序是,后三种生活优越于前三种生活,因而值得自由人去经历,主要原因就在于后三种活动超越了生计操劳的低级阶段,进入了美、善和真的领域,进入了优美和崇高的境界。尤其是沉思的生活,处于优越生活的最高层级,免除了忧虑和操劳,乃是优裕和闲暇的生活样式或实存方式。①

但是,优裕和闲暇的实存样式只是终极目的,却不是人生实存的初始阶段,而"劳动"则意味着人类实存不可绕过的初始阶段,这一点对于现代社会而言更加明显。在古代社会,自由人超越生计操劳的主要模式是让奴隶从事生产活动,用以满足自己的生活所需。这一模式在现代社会不再适用了,不再有解释力了,因为现代社会公开废除了奴隶制,赋予了每个公民以自由的权利。但是在现代社会,存在着类似的问题,同样要去面对和去超越生计操劳这一较低阶段。不过,现代社会就其特征而言乃是大众社会和消费社会(以及劳动社会)。现代社会是大众社会,意味着每个个体都可能怀抱着超越生计操劳这一较低阶段的理想或梦想,每个个体都有权利去憧憬"诗和远方",而在古代社会,这估计是少数人才可能有的想法,那时候,多数人未曾受过教育,未曾被启蒙,也就不会有强烈的超越意识以及由此而来的苦恼意识。现代社会是消费社会,意味着现代人从广阔而分散的农村来到人口高度密集的城市之后,生活成本急剧增加,需要支付和消费的东西急剧增加。

对于这些实际上涉及到身体和财富的论题,阿伦特给予了明确的关注。我们身体的维持,当然是不可忽视的(——尽管按照某种高低排序,它处在比较低的阶段),所以,获取生活资料的谋生活动是必要的。这种原本极其自然和极其必要的谋生活动,在大众社会、消费社会和劳动社会(一言以蔽之:现代社会)中,却往往发生着异化和扭曲,以至于一切活动都变成了谋生活动,不再具有超越之理想了,也就是说,人们对于原本有限的生活资料(实物、财物)的获取活动转变为对无限的财富(货币、数字货币)的追逐了。②

---

① 参见阿伦特:《人的境况》,王寅丽译,上海世纪出版集团,2009年,第5—7页。参见本书第15节"亚里士多德实践哲学的经济维度"。

② 参见阿伦特:《人的境况》,王寅丽译,上海世纪出版集团,2009年,第92—95页。

财富原本是为了身体的需要，满足一个自由人所需的基本条件，以使他进而参与那些超越生计的更为优裕而崇高的人生活动，诸如政治生活和沉思生活，但是，在现代社会这一情况发生了转变，一方面是因为基本生活资料之深渊，另一方面是因为财富增值之诱惑。所以，现代人的生存处境不容乐观。在这里，我们只需暂时提示：身体和财富等论题与伦理政治领域的论题诸如主从和友爱一样，都是实存哲学应当关注的具体内容。阿伦特业已行进在这条道路上，她的哲学业已是这种包含具体内容的实存哲学。

第三章　潜能与实现

——形式显示实存哲学的重要论题之二

本章导读　*海德格尔揭示出了潜能之二重性——潜能之拥有和潜能之实现，于是，形式显示的实存哲学不仅注重实行，而且注重潜能。借助博伊斯和阿甘本，潜能的艺术—政治意蕴得以彰显，反衬出海德格尔潜能论的空洞。形式显示的实存哲学固然重视实行，但是，"实行"并非单纯的"劳绩"，毋宁说，海德格尔更倾向于"诗意的栖居"。*

§7　海德格尔有关"潜能"和"实现"的阐释

按照海德格尔自己的回顾，他对亚里士多德的兴趣起于 1907 年，受到布伦塔诺博士论文《论亚里士多德那里存在的多重含义》的启发，他始终关心的问题是：如若存在有多重含义，那么哪一种含义能够起主导作用，贯通并且支配着其它含义，①并且，海德格尔特别侧重《形而上学》第 9 卷的"实现"（energeia）和《尼各马可伦理学》第 6 卷的"揭示真理"（aletheuein）。②这就暗示着，海德格尔将依据"实现"（energeia）和"揭示真理"（aletheuein）来探讨存在之多样性的统一性。

海德格尔的这番回顾并不是随便一说，而是十分认真的提示。海德格

① 参见海德格尔：《一个序言——致理查森的信》，载于《同一与差异》，孙周兴等译，商务印书馆，2011 年，第 139—140 页；海德格尔：《我进入现象学之路》，载于《面向思的事情》，陈小文、孙周兴译，商务印书馆，2010 年，第 90 页。

② 参见海德格尔：《同一与差异》，孙周兴等译，商务印书馆，2011 年，第 146 页。

尔在很多场合下都用“实现”(energeia)来概括亚里士多德哲学。①其中,最有代表性的提法是在1962年,海德格尔对亚里士多德和其他哲学家以及他自己的思想进行了高度概括:“柏拉图把存在看作相(idea)和相的分有(koinonia),亚里士多德把它看作实现(energeia),康德把它看作设定,黑格尔把它看作绝对观念,尼采把它看作强力意志”;“……而现在,我们能够把它思为本有(Ereignis)”②。在海德格尔看来,“实现”(energeia)或者“动变”(kinesis)乃是亚里士多德存在论的基本特征,也是存在的基本方式。③

我们知道,1921—1922年冬季学期讲课稿《亚里士多德之现象学阐释:现象学研究导论》,延续着1920—1921年冬季学期讲课稿《宗教现象学导论》的核心思想——实际生活乃是“历史性”(das Historische)、“动荡”(das Beunruhigende),并且首次明确提出,动变(Bewegtheit)乃是实际生活的基本特征。④另一方面,在1921年夏季学期有关亚里士多德《论灵魂》的讨论课上,海德格尔已经开始了对亚里士多潜能和实现的探讨。⑤海德格尔对亚里士多德潜能和实现的阐释,主要体现在1924年夏季学期讲课稿《亚里士多德哲学的基本概念》、1926年夏季学期讲课稿《古代哲学的基本概念》,尤其是1931年夏季学期讲课稿《亚里士多德〈形而上学〉第9卷第1—3章:论潜能的本质及其现实性》以及1939年撰写的《论Physis的概念与本质》。⑥

一、“潜能”和“实现”的基本概念

在1921年夏季学期和1922—1923年冬季学期,海德格尔就开始了对亚里士多德潜能和动变论的讨论。他的阐释大致是这样的:首先,潜能

---

① 参见海德格尔:《这是什么——哲学?》,《同一与差异》,孙周兴等译,第12页;海德格尔:《面向思的事情》,陈小文、孙周兴译,第10页;海德格尔:《尼采》,孙周兴译,商务印书馆,2002年,第1043页。

② 海德格尔:《时间与存在》,《面向思的事情》,陈小文、孙周兴译,商务印书馆,1996年,第10、22页。

③ 参见Heidegger, *Die Gundbegriffe der aristotelischen Philosophie* (GA 18), Verlag Klostermann 2002, S. 43, 286; Heidegger, *Vom Wesen und Begriff der Physis*, in: *Wegmarken* (GA9), Verlag Klostermann 2004, S. 284-286.

④ 参见Heidegger, *Phänomenologische Interpretationen zu Aristoteles* (GA 61), Verlag Klostermann 1985, S. 114, 116, 93.

⑤ 参见Heidegger Aristoteles-Seminare vom Sommersemester 1921 und vom Wintersemester 1922/23 (Nachschriften von Oskar Becker), in: Heidegger und Aristoteles, Heidegger-Jahrbuch 3, Verlag Karl Alber 2007, S. 20-22.

⑥ 还有一些讨论课的记录,参见Heidegger und Aristoteles, Heidegger-Jahrbuch 3, Verlag Karl Alber 2007; Heidegger, *Seminare: Platon, Aristoteles und Augustin* (GA 83), Verlag Klostermann 2012.

(dynamis)始终意味着某个事物能(es kann),潜能始终是某个事物的潜能;依据这一点,把"我"(das Ich)把握为"我能"(ich kann),很可能由此引发了后来的思想——"此在乃是其能在"(Das Dasein ist sein Seinkönnen)。其次,已经对"实现"(energeia)和"完全实现"(entelecheia)作出了区分,"实现"(energeia)乃是尚未通达其目标的活动(Tätigkeit)或"历事"(Geschehen),而"完全实现"(entelecheia)则是业已通达了目标的活动。而且,将"动变"(kinesis、Bewegung)看作生命体与其世界的打交道(sich verhalten zu、Umgang),并且包括"理论"(theoria)。①在 1922—1923 年冬季学期讨论课之前,也就是在 1922 年夏季学期讲课稿以及 1922 年秋季"纳托普报告"中,海德格尔经常提到实际生活的"操劳"(Sorgen)、"打交道"(Umgang)和"动变"(Bewegtheit)。②由此可见,海德格尔对亚里士多德动变论的阐释与其人生动变论具有密切关系。

在 1924 夏季学期讲课稿《亚里士多德哲学之基本概念》,海德格尔首次详细讨论亚里士多德的动变论,主要文本为《物理学》第 3 卷第 1—3 章。首先,对"完全实现"(entelecheia)和"实现"(energeia)作了基本规定:"完全实现"的希腊文 entelecheia,是由 enteles 和 echein 合并为 Entel(es)echeia,并且去掉 es 而构造出来的,可以将其译作"完成者"(das in seinem Fertigsein Haltende),把"实现"(energeia)译作"面向目标的延伸者"(sich aus zum Ende Spannende)、"将要完成者"(das Fertigwerdende)。"动变(kinesis)乃是实现(energeia),而不是完全实现(entelecheia);动变(kinesis)乃是某种存在方式(eine Daseinsweise),要在实现(energeia)的基础上加以解说"。③

有关"潜能"(dynamis),海德格尔在 1924 年夏季学期通过"意蕴"(Bedeutsamkeit)给予了创造性的阐释;《存在与时间》的意蕴分析也许就起源于对亚里士多德潜能的阐释。有潜能的事物,比如说,一个树干,可以用来造船:这个树干具有"可用于某事"(Dienlichkeit zu,Verwendbarkeit zu)的特征。它不是单纯的木材、单纯的事物,而是指引着某事,处在一个周围

① 参见 Heidegger Aristoteles-Seminare vom SS1921 und vom WS 1922/23 (Nachschriften von Oskar Becker), in: Heidegger und Aristoteles, Heidegger-Jahrbuch 3, Verlag Karl Alber 2007, S. 9-49.

② 参见 Heidegger, *Phänomenologische Interpretation ausgewählter Abhandlungen des Aristoteles zu Ontologie und Logik* (GA 62), Verlag Klostermann 2005, S. 252-253.

③ Heidegger, *Grundbegriffe der aristotelischen Philosophie* (GA 18), Verlag Klostermann 2002, S. 296.

世界之中;这种指引、可用于某事,使得它这个本来完全现实的东西(entelecheia on),成为一个具有潜能的事物(dynamei on)。海德格尔说,很久以来他就把这种"用于某事"之特征标识为"意蕴"(Bedeutsamkeit);"借助这个源初的意蕴,我们遇到了世界"。由此可见,"具有潜能的事物"(dynamei)并不是空洞的、形式上的,似乎可以用来称呼任何东西,其实它乃是特定状况下特定的潜能事物。这方面亚里士多德在《形而上学》第9卷第7章有论述。①

"动变乃是潜能事物作为潜能事物之实现"(he tou dynamei ontos entelecheia, he toiouton, kinesin)②,这是亚里士多德关于动变的首次规定。海德格尔的阐释依循着三个阶段,动变之前、动变之中和动变之后:首先,在世界中现身的潜能事物乃是被用于某事的事物。例如,工场里面、木匠手里的一堆木材,可以用于某事,具有某种潜能。这些木材的潜能(Seinkönnen),比方说,意味着可以成为箱子(Kastenseinkönnen)。这批木材,作为木材(als Holz)与作为箱子之潜能(als Kastenseinkönnen),并不相同,作为木材(als Holz)乃是说这批木材乃是完全现实的事物,而作为箱子之潜能(als Kastenseinkönnen)则意味着这批木材具有了周围世界之意蕴。其次,当木匠劳作之际,这些木材的潜能(Seinkönnen)就进入了木匠的劳作中(das In-Arbeit-Sein)。而动变(kinesis)、实现(energeia),作为一种存在方式,恰好就意味着某物处于劳作之中(das In-Arbeit-Sein von etwas)。最后,如若此时木匠离开了工场,则动变停止了,静止(Ruhen)开始了。但是,这批木材并不是立刻就变成了单纯的现成事物、单纯的潜能事物,就像它们尚未进入工场之前那样。静止也是可动变者的静止,不可动变者,比如几何图形,谈不上动变,也谈不上静止。③暂时静止下来,但是其"用于某事"之意蕴仍旧存在。

在1931年夏季学期,海德格尔依循亚里士多德对"潜能"进行了进一步的阐释。"潜能"不仅意味着简单地能够做某事,而且意味着能够把某事做好。亚里士多德说:"这些所谓潜能,或者仅是作用与被作用,或者是良好地作用与被作用,这一种说法已经包含了前一种说法"④;"有时候,对

① 参见 Heidegger, *Grundbegriffe der aristotelischen Philosophie* (GA 18), Verlag Klostermann 2002, S. 300.

② 亚里士多德:《物理学》第3卷第1章,201a10—11。

③ 参见 Heidegger, *Grundbegriffe der aristotelischen Philosophie* (GA 18), Verlag Klostermann 2002, S. 313.

④ 亚里士多德:《形而上学》第9卷第1章,1049a16—19。

于那些虽然能走路、能说话但是做得不好的人,我们说他们不会走路、不会说话"①。海德格尔将这里的"不会"(ou dynasthaio)译作"不能以恰当的方式"(nicht in der rechten Weise);于是,"具有某种潜能"(Kraft-haben-zu)在这里意味着,能够以恰当的方式完成某事;"潜能"在这里意味着,对某方面的擅长和精通(Meister sein über etwas)。因此,海德格尔说,"做得好(das kalos)并不是附加在潜能之上的东西,而是潜能的本质规定";"在潜能的本质中,似乎就有超越自身(sich zu übertreffen)之要求"。②

"有逻各斯的潜能"(dynamis meta logou),恰好就是能够做好某事的潜能。亚里士多德明确地说:"一切技艺与制作学问都是潜能;因为它们乃是其他事物(或者同一事物在不同视角下)动变的本原。"(dio pasai hai technai kai hai poietikai epistemai dynameis eisin:archai gar metabletikai eisin en allo e he allo.)③"有逻各斯"(meta logou)之"逻各斯",依据《尼各马可伦理学》,包含着对事物之认识(epistemonikon)和对选择或决策的斟酌(logistikon)。④"制作之学问"(poietike episteme)乃是对制作活动和作品的领会,并不是单纯的知识;毋宁说,制作之学问就是技艺(techne),而技艺则是对事物之精通(Sichauskennen in den Dingen)。这种意义上的"潜能",海德格尔译作"能力"(kundige Kraft、Vermögen)。⑤

二、麦家拉学派潜能概念的批判

海德格尔在1931年夏季学期依循亚里士多德对麦家拉学派的潜能观进行了认真的审视。有关麦家拉学派,并无多少文献记载,我们主要依据的就是亚里士多德的相关论述。通常认为其创始人是欧几里得·麦家拉,其思想与巴门尼德和芝诺的埃利亚学派有渊源关系,而埃利亚学派以否认动变著称,于是,否认动变或许在麦家拉学派身上有所体现。⑥麦家拉学派的基本观点为hotan energe monon dynasthai⑦,海德格尔将其译作:"当且

---

① 亚里士多德:《形而上学》第5卷第12章,1019a24以下。

② Heidegger, *Aristoteles*, *Metaphysik IX*1-3. *Von Wesen und Wirklichkeit der Kraft* (GA 33), Verlag Klostermann 1981, S. 100-101.

③ 亚里士多德:《形而上学》第9卷第2章,1046b2—4。

④ 参见Heidegger, *Aristoteles*, *Metaphysik IX*1-3. *Von Wesen und Wirklichkeit der Kraft* (GA 33), Verlag Klostermann 1981, S. 128.

⑤ 参见Heidegger, *Aristoteles*, *Metaphysik IX*1-3. *Von Wesen und Wirklichkeit der Kraft* (GA 33), Verlag Klostermann 1981, S. 130-131.

⑥ 参见Heidegger, Aristoteles, Metaphysik IX1-3. *Von Wesen und Wirklichkeit der Kraft* (GA 33), Verlag Klostermann 1981, S. 162, 163,165.

⑦ 亚里士多德:《形而上学》第9卷第3章,1046b29以下。

仅当一项潜能正在活动、正在工作之际,这项潜能才是存在的。”(wenn eine Kraft am Werke ist, dann allein ist das Kräftigsein zu etwas vorhanden.)依据海德格尔,这里的关键乃是对 energe 的翻译,其动词形态 energein 意味着“正在活动、正在工作”(am Werke sein),并不是“现实存在”(wirklich sein)。只有当这项潜能正在工作、正在活动、正在制作……的时候,才可以说这项潜能“正在实现着”(verwirklicht),在此之前,这项潜能仅仅是“某种可能”(etwas Mögliches)。“麦家拉学派将潜能之存在(Vorhandensein)视为潜能之正在实现(Verwirklichung)、潜能之正在实行(Vollzug)。如若不是正在实行,则断然不存在什么潜能”。[①]“举例来说,那就是:只有正在进行建筑的人,才可以说具有建筑之潜能,而那些眼下不在进行建筑的人,就不可以说具有建筑之潜能”。[②]

麦家拉学派的这种观点,尽管不是完全错误,但是问题也很严重。为此,海德格尔作了细致的辨析,首先用了三个“毫无疑问”,然后用了两个“但是”;这样用词,就海德格尔文本而言,较为罕见:“毫无疑问,仍在操练的潜能与业已实施过的潜能乃是不同的。毫无疑问,这种区别牵涉着潜能之存在(Vorhandensein)。毫无疑问,只还在操练中的潜能(Vermögen),只是某种可能事物(das Mögliche),与业已实施过的潜能、业已实现过的现实事物(das Wirkliche)乃是根本不同的。但是,可以理直气壮地说,尚未实施过的潜能,并不只是某种可能事物(das Mögliche),毋宁说,它确实已经是某种存在着的事物(etwas Vorhandenes)了。一项〈单纯〉可能的(möglich)潜能不同于一项实现的(wirklich)潜能;但是,一项现实的潜能,无需正在实行(Vollzug)和正在实现(Verwirklichung),便可成其所是。”[③]字里行间透露出海德格尔对相关字语的用法:首先,“可能”(das Mögliche)指的是单纯的可能,正在操练中,从未实施过。而业已实施过的、业已实现过的“潜能”(Vermögen),则是现实的东西(das Wirkliche)。其次,现实的东西(das Wirkliche)、业已实现过的潜能(das wirkliche Vermögen),并不依赖于正在实行(Vollzug)和正在实现(Verwirklichung)。

因而,特别要留意和区分这几个基本词语:现实的(wirklich)、实现过

---

① Heidegger, *Aristoteles*, *Metaphysik IX*1-3. *Von Wesen und Wirklichkeit der Kraft* (GA 33), Verlag Klostermann 1981, S. 167,169, 170. 这三处,都是对麦家拉学派基本观点的刻画。

② 亚里士多德:《形而上学》第9卷第3章,1046b30以下。

③ Heidegger, *Aristoteles*, *Metaphysik IX*1-3. *Von Wesen und Wirklichkeit der Kraft* (GA 33), Verlag Klostermann 1981, S. 171.

的(verwirklicht)、正在实现(Verwirklichung)。它们都被海德格尔用来刻画"潜能"(Vermögen),它们之间的关联与区分也许是这样:从未实现过的潜能乃是单纯的可能,实现过的潜能是现实的东西,但是,现实的潜能并不需要正在实现就可以成其所是(Das nicht einmal verwirklichte Vermögen ist das bloß Mögliche, das einmal verwirklichte Vermögen ist das Wirkliche, aber das wirkliche Vermögen braucht nicht bei Verwirklichung, um sich selbst zu sein.)。此外,"现实性"(Wirklichkeit)与"现实的"(wirklich)保持一致,麦家拉学派就是"将潜能的现实性(Wirklichkeit)与潜能的正在实现(Verwirklichung)或实行(Vollzug)等同了起来。"①而海德格尔,依循着亚里士多德,就是在探讨潜能的现实性(Wirklichkeit),也就是说,潜能怎样才是现实的(wirklich)?

随后,亚里士多德进行了反驳:"按照麦家拉学派的观点,除了正在建筑的时候,都不可以说某个人具有建筑之潜能。这一点也适用于其他技艺。可是,假如一个人不是在某个时候通过学习而获得了某些技艺,他就不可能有这些技艺,而且这个人如果没有失掉这已经习得的技艺,他也不能没有这些技艺。现在却说人在停止使用此技艺之际就不再拥有这项技艺,而在要用的时候又可以立刻从事建筑。那么他是怎样习得这项技艺的呢?"②依据海德格尔的阐释,这段话意味着:其一,拥有某种技艺与不拥有某项技艺,这是不同的。拥有一项技艺,来自于学习,不拥有某项技艺,可能是由于荒废。其二,"某项技艺在实行中的单纯停止,根本不需要不再拥有这项技艺"。因此,在麦家拉学派看来,潜能之"有"(echein)和"没有"(me echein),非常简单,就意味着潜能之"正在实行"(im Vollzug)和"没有正在实行"(nicht im Vollzug)。在海德格尔看来,"拥有(echein)与实现(energein),这两者都是潜能的规定"③,而麦家拉学派却忽视了"拥有"(echein)这种规定,直接就把"潜能"(dynamis)与"实现"(energeia)等同了起来(Gleichsetzung)。④

麦家拉学派"将潜能的现实性(Wirklichkeit)与潜能的正在实现(Ver-

① Heidegger, *Aristoteles*, *Metaphysik IX1-3. Von Wesen und Wirklichkeit der Kraft* (GA 33), Verlag Klostermann 1981, S. 184.

② 亚里士多德:《形而上学》第9卷第3章,1046b33—1047a4。

③ Heidegger, *Aristoteles*, *Metaphysik IX1-3. Von Wesen und Wirklichkeit der Kraft* (GA 33), Verlag Klostermann 1981, S. 176-177.

④ 参见 Heidegger, Aristoteles, Metaphysik IX1-3. Von Wesen und Wirklichkeit der Kraft (GA 33), Verlag Klostermann 1981, S. 181.

wirklichung)或实行(Vollzug)等同了起来”,同时,也就把潜能之“并非正在实行”(Nichtvollzug)等同于潜能之“不再拥有”“不再存在”了(Abwesenheit、Nichtvorhandensein),也就是把“并非实行”(Nichtvollzug)或“并非演练”(Nichtausüben)看作“绝对的不再具有”(das schlechtsinnige weg、einfache Abwesenheit)。[①]而其实,“并非正在实行”或“实行中的停顿”(Aufhören mit dem Vollzug),根本不同于潜能之荒废和丧失(Verlernen、Aufgeben、Verlieren、Verschwinden)。“潜能之现实性(Wirklichkeit),根本不依赖于其对象的现实性(Wirklichkeit),无论其对象被制作出来了、做好了一半,还是根本就没有开始做”。潜能之所以是潜能、其现实性(Wirklichkeit),根本就不依赖于“正在实行”,而是依赖于“拥有”(echein、Haben)。[②]

亚里士多德还有进一步的反驳:按照麦家拉学派的观点,正在站着的人不具有坐起来的潜能,坐着的人不具有站起来的潜能,于是,站着的人将始终站下去,坐着的人将始终坐下去。于是,麦家拉学派的学说就把动变和生成给取消了。[③]结合这段文字,再来看海德格尔的分析:麦家拉学派的错误在于,一方面把“并非正在实行”的“并非”(nicht)视为绝对的否定(Negation),“并非 χ”被视为“χ 的绝对消失”,这种思维方式有问题,根本原因是不明白亚里士多德之“阙失”(steresis、Privation)。另一方面,“正在实行 χ,那就具有 χ 之潜能,眼下没有实行 y,那么就绝对不具有 y 之潜能”,如此一来,万事万物都将处在现有状态上保持不变,那就看不到动变(Übergang、kinesis)了。[④]

依照海德格尔的阐释,潜能、“潜能(dynasthai)之现实性(Wirklichkeit),不必在正在实现(energein)中寻找”;当然,这并不是说,具有潜能的事物(das dynaton on)与实现(energeia)完全无关(ohne Bezug auf die energeia),而是说,“不要把潜能之现实性(Wirklichkeit)等同于正在实行和正在实现(Verwirklichung)”,“不要生硬地用实现(energeia)替代潜能乃至克服潜能,而要看到潜能本身特有的现实性(Wirklichkeit)”。[⑤]

---

① Heidegger, *Aristoteles, Metaphysik IX*1-3. *Von Wesen und Wirklichkeit der Kraft* (GA 33), Verlag Klostermann 1981, S. 184-185.

② Heidegger, *Aristoteles, Metaphysik IX*1-3. *Von Wesen und Wirklichkeit der Kraft* (GA 33), Verlag Klostermann 1981, S. 186-187, 189-190.

③ 参见亚里士多德,《形而上学》第 9 卷第 3 章,1047a14—17。

④ 参见 Heidegger, *Aristoteles, Metaphysik IX*1-3. *Von Wesen und Wirklichkeit der Kraft* (GA 33), Verlag Klostermann 1981, S. 210.

⑤ Heidegger, *Aristoteles, Metaphysik IX*1-3. *Von Wesen und Wirklichkeit der Kraft* (GA 33), Verlag Klostermann 1981, S. 214-216.

海德格尔的以上阐释，即对亚里士多德如何批驳麦家拉学派的阐释，归根结底，效力于1931年夏季学期这门课程主体部分的核心问题：何谓"并不仅仅依循动变的潜能"（dynamis nicht nur kata kinesin），也就是"与动变有关的潜能"（dynamis kata kineseos）？按照我们的领悟，这个问题的解答就在海德格尔的以上阐释中，即依循着亚里士多德之论述而对麦家拉学派观点的批判性阐释。麦家拉学派将潜能之现实性（Wirklichkeit）仅仅局限在正在动变、正在实行之际（energein、energeia、Vollzug、Ausüben），这其实就是将潜能界定为"依循动变的潜能"（dynamis kata kinesin），这样界定的后果，如上所述，竟然是把动变和生成给取消了。而海德格尔笔下的亚里士多德，则是坚持了潜能所特有的现实性（Wirklichkeit），潜能之为潜能本身不必在正在实现（energein）中寻找，仅仅取决于对潜能之拥有（echein）。按照我们的领悟，这其实就是所谓的"有关动变的潜能"（dynamis kata kineseos）：并非与动变无关（nicht ohne Bezug auf kinesis），但是也绝不等同于动变（sich mit kinesis gleichsetzen）。按照我们的领悟，这就是"依循动变"（kata kinesis）和"与动变有关"（kata kineseos）在刻画潜能之际的区分。

三、潜能之二重性

然而，海德格尔的阐释走得更远：不仅与亚里士多德一道批驳了麦家拉学派，为我们理解亚里士多德的这番批判创造了一套字语——现实的（wirklich）、现实性（Wirklichkeit）、实现过的（verwirklicht）、正在实现（Verwirklichung）、可能的东西（das Mögliche）、潜能（das Vermögen）、实行（Vollzug）、演练（Ausüben）等等，而且也对亚里士多德进行了一番批判。从一开始，海德格尔就表示：麦家拉学派未必清楚，其思想学说究竟想说什么；柏拉图和亚里士多德未必领会并且克服了麦家拉学派的基本观点。①接着，海德格尔就把亚里士多德与麦家拉学派之思想分歧刻画了出来：一方坚持潜能在于"拥有"（echein），另一方主张潜能在于"正在实现"（energein）。这时候，海德格尔突然笔锋一转："何谓现实性（Wirklichkeit überhaupt）、现成存在（Vorhandensein von etwas）？亚里士多德与麦家拉学派对此的回答完全一致：某物的在场（Anwesenheit von etwas）。"②

---

① 参见 Heidegger, *Aristoteles*, *Metaphysik IX*1-3. *Von Wesen und Wirklichkeit der Kraft* (GA 33), Verlag Klostermann 1981, S. 165.

② Heidegger, *Aristoteles*, *Metaphysik IX*1-3. *Von Wesen und Wirklichkeit der Kraft* (GA 33), Verlag Klostermann 1981, S. 179.

这是为什么？海德格尔透过亚里士多德的字面论述，将其现实背景追溯到希腊人的实际生活中来。在海德格尔看来，希腊人的实际生活，其最基本的现象就是制作（poiesis、Herstellen），最基本的世界关联就是与作品的关联（Werkverhältnis）。希腊人经验着形式（eidos）、终点（telos）和界限（peras），把事物理解为被制作出来的东西（das Hergestellte）、被完成了的东西（das Fertige）、可以加以支配的东西（das Verfügbare）、在场的东西（das Anwesende）；即使是“自然和诸神，也只是更为源初一些，没有本质上的差别”。由此，麦家拉学派的观点就不难理解了：潜能之“存在”（wirklich vorhanden），仅仅在作品之正在实现之际。潜能、技艺，只有在其实行中，才有了“直接的形象”（den unmittelbaren Anblick），才能让人们看到；也就是说，唯有正在实行，才能让潜能出场、在场。①

其实，麦家拉学派的观点又何止是希腊人的观念，也是我们当下较为流行的观念。在日常生活中，事情没发生之前，人们往往说那是不可能的，而一旦事情发生了，那就是既成事实了，也不是什么“可能”了；于是，“可能”就被彻底取消了。这与麦家拉学派如出一辙。日常生活中，人们往往执着于现成事物。这当然是有问题的，可以说是一种极端。但是，话说回来，如若宣称有某种潜能，但是却迟迟不见其实施，也很可能是一种自欺欺人了。所谓“冯唐易老，李广难封”“怀才不遇”，使用这般修辞，务必要建立在正确认识自己、正确评价自己的基础上，千万不可建立在自欺欺人的基础上。自欺欺人、绞尽脑汁为自己辩护，绝不是亚里士多德和海德格尔的立言宗旨。

海德格尔将潜能之“拥有”和潜能之“实行”刻画为潜能的两项规定；换言之，“拥有”与“实行”，对于潜能而言，缺一不可。海德格尔认为，麦家拉学派，亚里士多德和希腊人，过分重视潜能之“实行”“实现”“在场”，这乃是针砭时弊，因为我们身处的世界太过急功近利。这并不意味着，建功立业就是海德格尔批判的对象。不要因为海德格尔批判了一个极端，于是我们就轻易地陷入了另一个极端。时局多变，因而言论多变；然而，就我们这个论题而言，始终不变的乃是：“拥有”与“实行”，是潜能的两项规定，对于潜能而言，缺一不可。

布若格（Walter Brogan）把这种现象称作“存在的二重性”或“在场的二

① Heidegger, *Aristoteles, Metaphysik IX1-3. Von Wesen und Wirklichkeit der Kraft* (GA 33), Verlag Klostermann 1981, S. 179-180.

重性”(the twofoldness of being or presence)①,这种见解当然是正确的。不过,“二重性”这个字语本身是言之无物的,需要为其添加特定的内容。在我们看来,1931 年夏季学期讲课稿,其实是海德格尔对 20 年代提出的“形式显示”思想方法的关键性补充:诚然,“形式显示”提倡在恰当的指引下进行相时而动和具体实行,然而,这并不是说,海德格尔仅仅强调实行,而遗忘了潜能的维度。毋宁说,“形式显示”给出的“实存哲学”既是实现论又是潜能论。②

潜能之拥有与潜能之实现,这是人生动变的二重规定,它们之间并不是互相割裂的关系,而是相辅相成的关系。由此可见,海德格尔并没有简单地鼓吹其“形式显示”的“实行意义”,而是保持着应有的谨慎和分寸:“实行意义”当然是值得提倡的,但是,真正值得提倡的乃是恰当的实行,并非沉沦样式下的实行。同时,“实行”并不等于“正在实行”,毋宁说,“潜能之拥有”和“潜能之实现”的互相结合才是全方位的人生动变。

§ 8　潜能的艺术—政治维度

我们已经在前面介绍了海德格尔对于亚里士多德潜能与实现等概念的阐释,但是,如果我们的介绍工作停滞到此,则并不能很好地揭示海德格尔相关阐释的真正意义。于是,我们试图在艺术和政治等视域下深入理解潜能与实现等概念的意义。在这方面,孙周兴的相关工作和相关论述可以为我们提供某些线索。众所周知,孙周兴教授在德国哲学尤其是海德格尔和尼采的翻译与研究方面做出了重大贡献,但是,他的研究兴趣在近些年来有所转变,更加关注艺术哲学和技术哲学。而且,他正在主编《未来艺术丛书》,在为丛书所写的序言中,他曾这样说:

“20 世纪上半叶开展的实存哲学/存在主义本来就是被称作本质主义或柏拉图主义的西方主流文化的异类,已经在观念层面上为战后艺术文化的勃兴做了铺垫,因为实存哲学对此在可能性之维的开拓和个体自由行动的强调,本身就已经具有创造性或者艺术性的指向。实存哲学说到底是一种艺术哲学。实存哲学指示着艺术的未来性。也正是在此意义上,我们宁

---

① 参见 Walter Brogan, *Heidegger and Aristotle. The Twofoldness of Being*, State University of New York Press 2005, p. 131 &133.

② 参见孙周兴:《实存哲学与现代汉语哲学》, http://blog. sina. com. cn/s/blog_af1bb92001018lvi. html.

愿说‘未来艺术’而不说‘当代艺术’。”①

特别是“实存哲学对此在可能性之维的开拓和个体自由行动的强调，本身就已经具有创造性或者艺术性的指向”，甚至“实存哲学说到底是一种艺术哲学”，这样的表述为实存哲学的艺术关联或实存哲学的艺术意蕴给出了某些线索。值得注意的是，孙周兴主编的“未来艺术丛书”收录了有关约瑟夫·博伊斯（Joseph Beuys，1921—1986）的一本谈话记录：Was ist Kunst？Werkstattgespraech mit Beuys，现在译作《什么是艺术：博伊斯与学生的谈话》，商务印书馆 2017 年出版。在国内艺术领域，博伊斯早已不是一个陌生的名字了，但是，由于博伊斯主要的活动不是写作，而是当代艺术般的作品展示，所以，关于博伊斯的文字记录非常少见，这就给我们在理论上把握博伊斯的思想观念带来了很大的困难。幸好福尔克尔·哈兰（Volker Harlan）在 2011 年出版了这本有关博伊斯谈话的记录，为我们的探讨带来了很大的方便。

一、博伊斯的艺术观念

“我们的目标必须被理解为推动雕塑观念的转换。这将激发我们去思考雕塑究竟是什么，雕塑的概念史如何延伸到那些不可见的物质上的，它又是如何能够被每个人运用的：思维形态——我们是如何塑形我们的思想的。语言形态——我们是如何把我们的思想转化为语言的。社会雕塑——我们是如何塑造我们生活的这个世界，又是如何去安排它的；雕塑是一个进化过程，每个人都是艺术家”②。这段文字是博伊斯为所罗门·R. 古根海姆展览而撰写的，写于 1979 年，被哈兰（Harlan）编辑在整个谈话的前面。这段文字乃是博伊斯亲自书写出来的，而且，在谈话记录中也留下了博伊斯本人的诸种表达。

根据这段话以及后面的谈话，哈兰认为，“在康定斯基、马列维奇、蒙德里安、克利这些艺术家之后，还没有谁能像约瑟夫·博伊斯那样，从完全不同的立场，将一个艺术观念如此广泛地加以阐释和扩展”③。仅从这些有限的表达，就可以看到人们通常用来刻画博伊斯思想观念的诸种概念：“社会雕塑”“扩展的艺术”“每个人都是艺术家”。可以从“雕塑”谈起。按照传统观念，“雕塑”意指由固体材料创造出来的艺术作品，但是，博伊斯扩

① 孙周兴：《未来艺术丛书序言》，载于哈兰：《什么是艺术：博伊斯与学生的谈话》，韩子仲译，商务印书馆，2017 年，第 2 页。

② 哈兰：《什么是艺术：博伊斯与学生的谈话》，韩子仲译，商务印书馆，2017 年，第 15 页。

③ 哈兰，《什么是艺术：博伊斯与学生的谈话》，韩子仲译，商务印书馆，2017 年，第 143 页。

展了雕塑的概念,使雕塑所借助的材料和雕塑所处的领域不再局限为物质材料,而是扩展到了那些不可见的材料上或领域中,诸如思维、语言和社会,这就是说,思维、语言和社会都变成了雕塑的对象,于是,雕塑或者说艺术的概念得到了极大的扩展。①

按照博伊斯这种“社会雕塑”或“扩展的艺术”的概念,即使是思想也已经是“一种创造、一件艺术作品了,而且也是一个塑造性的过程,并且是有能力去唤出一个确定的形象,哪怕这是一种声波,它也能传递到他人的耳朵。如果我现在把这些写下来,那么这些文字也就成了这个世界中的一个形象,毫无疑问它们都是由人来完成的”②。更不要说舞蹈和绘画这些艺术形式了:“舞蹈家其实也没有什么特别的,无非是腿部的运动。从根本上而言,那些站在公交车上的人也是跳舞的人”;“哪怕并非出于创造性的需要,我们也会画素描,比如在学校里画一个几何图形。素描完全是没有任何限制的,因此绝不能说,他会素描,而我不会。完全没有这样的说法。每个人都能素描,只要他有手,他就自然会画,不是这样吗?”③进一步而言,每个人都是“他自身和他周围环境的创造者”,“他是世界的创造者。这不是狂妄自大,这是对于人类的要求”。④

由此可见,所谓“扩展的艺术”或者说“艺术概念的扩展”,在博伊斯那里可以有两个方面的意义:首先,传统的艺术概念总是局限于某些有限的领域,比如雕塑、绘画、舞蹈等领域,往往并不包括思维、写作和社会生活,但是,扩展的艺术概念就把思维、写作和社会生活等诸种领域都包括进来了,于是,扩展的艺术在这种意义上意味着从有限的领域扩展到了广阔的和包罗万象的领域。这种意义容易理解。在国内诸种美学教材中,就把审美领域从单纯的艺术美扩展到了包括自然美、社会美和艺术美的诸种领域

① 参考黄笃、朱金石:《人人都是艺术家——黄笃、朱金石谈博伊斯》,《东方艺术》2008年第11期,第112—117页,尤其是第113、116页:“雕塑改变其原义……以起到对社会的干预,对人的塑造作用”、“……社会雕塑对社会的干预和改造的理想”;成肖玉:《现代艺术的巨人》,《中国美术馆》2009年第7期,第113—116页,尤其是第115页:“社会被视为一个整体,被视为一个伟大的艺术品,生活在其中的每个人都可以对这个社会做出创造性的贡献”;彭伟:《艺术介入社会:博伊斯和他的作品》,《公共艺术》2016年第3期,第50—60页,尤其是第58页:“……博伊斯逐渐形成了社会雕塑的概念,在这一概念中,整个社会被看成一件艺术品,而每一个社会成员都为这件作品贡献着自己的创意。”

② 哈兰:《什么是艺术:博伊斯与学生的谈话》,韩子仲译,商务印书馆,2017年,第134页。

③ 哈兰:《什么是艺术:博伊斯与学生的谈话》,韩子仲译,商务印书馆,2017年,第35、49页。

④ 哈兰:《什么是艺术:博伊斯与学生的谈话》,韩子仲译,商务印书馆,2017年,第43页。

中,只不过略有差异,这是在讲审美的领域,而博伊斯是在谈论艺术的领域;不过,稍微转换一下用词还是可以成立的:诸种审美领域,也可以被理解为广义的艺术领域,于是就有自然的艺术(鬼斧神工、造物主的艺术)、社会的艺术(生活艺术、交往艺术)以及狭义的艺术。在日常生活中,对于那些在某方面做得不好的人,人们可以有这样的评价:"不艺术!"

但是,艺术概念的扩展在博伊斯那里还有另一方面的意义:艺术不再局限为所谓艺术家的艺术,而是被扩展为每个人的艺术。"我们仍旧生活在这样一种文化中,他们会说:这是艺术家,那不是艺术家。这种划分是非人性的,因为它会形成人与人之间的异化概念。每个人并非只是在永远地履行一个物质的过程。他始终是在建立关系。无论他是特立独行,还是愿意去服从一个群体性的行为,这里总是存在着一个我们所说的造型过程"。①于是,在博伊斯看来,即使是传统的艺术领域,诸如绘画和舞蹈,我们也不能说某些人会舞蹈或绘画而其他人不会舞蹈或绘画。②将某些人看作是艺术家,同时否认其他人是艺术家,这在博伊斯看来是由于人与人的关系已经被异化了。实际上,每个人在社会生活的诸种领域都在参与着创造或造型,因而,可以说,每个人都是艺术家。照此观念,艺术不再是少数精英的事情,毋宁说是每个普通人的事情。进一步而言,这倒不是在抬高每个普通人,而是在对每个普通人提出要求:每个人都要参与对其自身及其周围环境的改造!照此观念,声称自己不是艺术家而放弃创造,就是某种懒惰和懈怠的借口了。笔者曾将此观念通俗化为"不要觉得自己不是美女,于是就不打扮了"③,听众哄堂大笑。

于是,博伊斯的艺术观念牵涉到每个人,每个人都要在社会生活中参与某种形式的创造。这种意义上的艺术观念或艺术哲学,与海德格尔的实存哲学保持着某种程度上的呼应,因为"去存在"和"向来我属性"这些规定性呼吁此在不断地开展和创造。同时,这种艺术哲学或实存哲学在某种

---

① 哈兰:《什么是艺术:博伊斯与学生的谈话》,韩子仲译,商务印书馆,2017年,第39页。

② 哈兰:《什么是艺术:博伊斯与学生的谈话》,韩子仲译,商务印书馆,2017年,第35、49页。

③ 参考孙轶凡:《从博伊斯的艺术理念观当代艺术和社会生活》,《视觉艺术理论研究》2013年第6期,第49—50页:"博伊斯的创作理念消除了'艺术家'的概念,'人人都是艺术家'并不是指每个人都是画家或是雕塑家,而是指每一个体都拥有创造艺术的潜质,即我们所说的创造力。这种大众化的创造力……,使得艺术不再是小众文化的归属,当高雅艺术走下了原本的'神坛'时,艺术作品的表现空间得以拓宽,人们……[可以]通过通俗的艺术表现手段来反映整个人类社会的种种状态。……,如果说杜尚是将现成品引入艺术中,打破了雕塑与现成品的界限,……博伊斯则将艺术推向大众,突破了艺术和生活的隔阂……"

程度上和大众文化或流行文化有呼应。当代艺术从杜尚到博伊斯的发展，虽然对传统的艺术概念造成了冲击，但是并不至于毁灭传统艺术（传统艺术仍旧茁壮成长，而且，人们在收藏艺术作品时可能仍旧偏爱传统艺术作品带来的和谐和优美，许多人在购买和收藏艺术作品时仍旧不能接受当代艺术的某些风格，尽管他们在理论上可以理解当代艺术，例如杜尚的《泉》是个伟大作品，但是人们往往并不会把它摆在自己的办公室作为装饰），毋宁说，当代艺术的意义在于向人们揭示出每个人都有参与创造的潜能以及责任——既是潜能，也是责任：每个人都有潜能参与创造，而且参与创造也是对每个人提出的要求。

观察现当代人的社会生活（尤其是在移动互联网时代），可以发现，人们沉浸于许多领域，超出了传统的艺术的需求，而且似乎更多是出于娱乐的需要：涂鸦（区别于传统的绘画），卡拉 ok 和全民 k 歌（区别于传统的音乐），蹦迪和广场舞（区别于传统的舞蹈），网络小说和付费阅读（区别于传统的文学），自拍视频诸如抖音（区别于传统的电视和电影），自媒体（区别于传统的官方媒体或学术媒体），微博和微信朋友圈（区别于传统的报纸），……这些生活形式都提示着，我们现在进入了一个大众时代，一个全民参与的时代。全民参与的热情和潜能，这是不能加以否认的，这是大众时代的政治正确。不过，另一方面，精英文化也并没有被消除。从思想渊源来看，这种现象可以追溯到亚里士多德"潜能"的两种意义：其一是能、会，其二是擅长、精通。①每个人都能说话，但是未必每个人都擅长说话；不过，并不能因此而否定每个人说话的权利。因此，每个人都是艺术家（当代艺术），但是另一方面，我们仍然需要尊重大师，并且要向大师学习。

哈兰（Volker Harlan）提到："……我们开始领悟到中世纪哲学中所谓的 actus 和 potentia，这两个拉丁语的概念用亚里士多德的表达就是实现和潜能，即现实性与可能性。我们一开始并没有意识到这两个概念在约瑟夫·博伊斯的造型理论中具有多么重要的意义。……"②这就是说，哈兰感受到，亚里士多德有关潜能和实现的学说对于博伊斯的造型理论具有重要意义，关于这一点的具体解释我们权且不论，在这里只需要印证我们的感受：我们确实感受到博伊斯所讲的"社会雕塑"、"扩展的艺术"和"人人都是艺术家"这些表达与亚里士多德有关潜能和实现的学说具有思想关

① 参见亚里士多德：《形而上学》第 5 卷第 12 章，1019a24 以下。

② 哈兰：《什么是艺术：博伊斯与学生的对话》，韩子仲译，商务印书馆，2017 年，第 7 页。

联,确实与海德格尔的实存哲学(这种哲学本身就借助着亚里士多德的思想力量)具有思想上的相似性。如果说在当代艺术中博伊斯可以与海德格尔形成呼应,那么在当代哲学中可以与海德格尔形成呼应的肯定少不了阿甘本,因为阿甘本就有一部文集叫作《潜能》,在国内学术界阿甘本有关潜能的探讨近来备受关注。

二、阿甘本的潜能概念

阿甘本(Giorgio Agamben,1942—)是当代著名的意大利思想家,他在"1966 年和 1968 年参与了在普罗旺斯的勒托尔举行的海德格尔主持的关于赫拉克利特和黑格尔的研讨会"①,因而,可以说是海德格尔晚年的学生。他在 2005 年出版了一本书,叫作 *La potenza del pensiero*,2014 年汉译本叫作《潜能》,把他从 1975 年到 2004 年约 30 年年间的 22 篇文章编辑在一起,其中多数文章写于 20 世纪 80—90 年代。②我们之所以谈到阿甘本这部作品或者说文集的写作时间,是为了交代这些文章与海德格尔思想的可能关联。因为海德格尔探讨亚里士多德潜能和实现的相关文本《亚里士多德〈形而上学〉第 9 卷第 1—3 章:潜能的本质与现实性》(全集第 33 卷)是在 1981 年公开出版的,1990 年出了第二版。因此,从时间上来看,阿甘本对于潜能的探讨完全有可能参考了海德格尔这部讲课稿,而且阿甘本在他这本文集中确实提到了海德格尔的这一讲课稿:"海德格尔在 1931 年关于亚里士多德《形而上学》的课程中强调了被动的潜能与主动的潜能的隐秘的协同性……"③

我们且看阿甘本有关潜能的具体探讨。在《思想的潜能》一文中,他提到,"潜能"(Potenza)在西方哲学史上,至少从亚里士多德开始,乃是一个核心概念,不仅表现在亚里士多德《物理学》和《形而上学》,而且对中世纪的哲学和科学都有深远的影响;但是,他不打算仅仅追溯这个概念的历史用法,而是试图追问这个概念在我们这里的用法:"当我们说'我能''我不能'的时候,我们是想说什么呢"?④当然,在古希腊,人们还没有把"潜能"仅仅局限于主体的"能力",毋宁说,万事万物都有各自的"潜能"。因而,在亚里士多德那里,"潜能"可以分为有理智的潜能和无理智的潜能,

---

① 张一兵:《黑暗中的本有:可以不在场的潜能》,《社会科学战线》2013 年第 7 期,第 33—37 页。

② 参见阿甘本:《潜能》,王立秋等译,漓江出版社,2014 年,中译本前言,第 1 页。

③ 阿甘本:《潜能》,王立秋等译,漓江出版社,2014 年,第 336 页。

④ 阿甘本:《潜能》,漓江出版社,2014 年,第 335—336 页。

前者存在于有灵魂的事物,而后者则存在于无灵魂的事物中;有的物质能够被燃烧,有的事物能被压碎,这些潜能不仅是被动的潜能,而且也是无理智的潜能,而诸如建筑术和医术之类的技艺则属于有理智的潜能,同时也是主动的潜能。①

通常认为,阿甘本的古典学问很深厚,在这里略有表现,他在探讨亚里士多德潜能的时候,首先举出了《论灵魂》的一段话:"这里有这么一个疑难,感觉(aisthesis)何故而于诸感觉的本身,无所感觉,它们必待有外物为之刺激而后才产生感觉……这是明白的了,起感成觉的(aisthanesthai)的机能不是现实的,只是潜存的。这可喻之于可燃的物料,燃料不会自己着火,这必须有外物为之点燃;如其不然,燃料就不待现实的外火为之引燃而自行燃烧了。"②这段话是说,当感觉和感觉对象相接触时,我们当然知道感觉是存在的,但是,难点在于,当感觉在没有和感觉对象相接触的时候,为什么感觉还是存在的?亚里士多德紧接着给出了解答:感觉(aisthesis或aisthanesthai)兼有潜能和现实的双重意义,一方面表示感觉这一机能,另一方面表示这一机能的运用。③但是,阿甘本关于这段话给出的解释带有个人风格,在他看来,亚里士多德这段话意味着:"有某种潜能、有某种能力就意味着:有某种阙失。正是出于这个原因,感觉自身不会被感觉,就像可燃物不会自行燃烧一样。结果,潜能就是某些阙失(steresis)的能力。"④

他在解释亚里士多德《论灵魂》接下来一个段落时,仍旧沿用这一风格。亚里士多德是这样说的:"……原先两人之为有知识都只是潜在的;但他们各以成其现实者,却两不相同;前者之欲成其为一个现实的有知识的人,还须经过一番学习(dia matheseow),以改变其素质,这种变改甚至是须从相反的一端[无知识]进行到另一端[有知识],这么的过程才得完成;后者所行的变化则是他原本已具有文法知识,不用时便为潜能,一旦予以应用,他就立即实现了它的文法知识。"⑤在阿甘本看来,亚里士多德在这里实际上区分了两种潜能,一种是普通的潜能,另一种是有弹性的潜能,举例

① 参见亚里士多德:《形而上学》,吴寿鹏译,商务印书馆,1997年,第175—176页;《形而上学》第9卷第1—2章。

② 亚里士多德:《论灵魂》,417a2—9,参见亚里士多德:《灵魂论及其他》,吴寿鹏译,商务印书馆,2007年,第103页。

③ 参见亚里士多德:《灵魂论及其他》,吴寿鹏译,商务印书馆,2007年,第103页。

④ 阿甘本:《潜能》,王立秋等译,漓江出版社,2014年,第294页。

⑤ 亚里士多德:《论灵魂》,417a30—b1;参见亚里士多德:《灵魂论及其他》,吴寿鹏译,商务印书馆,2007年,第104—105页。

而言，前一种潜能好比是儿童的潜能，可以成为建筑师或政治家的潜能，后一种潜能好比是业已拥有了某种技艺的专家或匠师的潜能或能力（hexis）；儿童具有某种潜能，但是这种潜能要想实现出来，还要经历艰巨和长期的学习，但是，建筑师具有的潜能，可以随时实现出来；因而，当一个建筑师没有正在建筑时，也可以说他拥有着相关的潜能，但是，阿甘本的语气有所变化："因而，建筑师有潜能，在于他可以不建造；乐师也是这样，……乐师可以不弹西塔拉琴。"①

随后，阿甘本探讨的文本从《论灵魂》过渡到了《形而上学》，提到了亚里士多德在《形而上学》第9卷第3章对于麦家拉学派的批驳，这一段落也是海德格尔1931年讲课稿着重探讨和阐释的段落。在他看来，麦家拉学派的主要问题在于，他们坚持认为"潜能仅仅存在于活动中（energe monon dynathai，hotan de me energe ou dynasthai）"②。亚里士多德针对这种观点而给出的反驳很好理解：如果麦家拉学派的观点是正确的，那么当建筑师没有建筑的时候，就不能说他拥有建筑的潜能或能力了，同样，当医生没有行医的时候，也不能说他有医治病人的潜能或能力了；因而，阿甘本指出，"问题就在于潜能的存在方式，它存在于hexis之形式当中，即一种对阙失的控制形式当中。那里有一种形式，一种非活动之物的在场，这种阙失的在场就是潜能"③。我们业已介绍了海德格尔对亚里士多德相关文本的阐释，可以说，阿甘本在这里同样看到了潜能的存在方式，不仅可以有活动中的存在，同样可以有不处在活动中的存在，可以说这就是潜能的二重性——在场和阙失两种存在方式。

但是，阿甘本发挥得更远一些，他不打算停留在海德格尔的程度上，不打算仅仅指出潜能存在方式的二重性，而是试图在潜能的两种存在方式中给出某种隐含的排序，以便重新规定潜能的本质。在他看来，"……，潜能在本质上是一种阙失的可用性……"，甚至提出某种有所夸张的表达"所有的潜能都是非潜能"，当然，他有一番较为完整的表述："adynamia，非潜能，在此并不意味着所有潜能在缺席，而是不付诸行动的潜能，dynamis me energein。……。对于亚里士多德而言，正是这个关系才建立起潜能的本

① 阿甘本：《潜能》，王立秋等译，漓江出版社，2014年，第294—295页。

② 亚里士多德：《形而上学》，第9卷3章，1046b29—30；参见亚里士多德：《形而上学》，吴寿鹏译，商务印书馆，1997年，第177页，吴寿鹏译文为："有些人如麦家拉学派说事物只有当它正在用其所能时方可谓之'能'，它不再发生作用，就无所谓'能'。"

③ 阿甘本：《潜能》，王立秋等译，漓江出版社，2014年，第295页。

质。因为与它本身的‘非存在’和‘不做’相关,它才可以‘存在’和‘做’。在潜能中,感觉是合法的感觉阙失,思想就是非思想,劳动就是非劳动。”① 在我们看来,“所有潜能都是非潜能”这一表达并不很好,倘若脱离了阿甘本这篇文章的探讨语境,则很容易引起某些误解,以为“潜能”和“非潜能”被等同了,“会”和“不会”被等同了;当然,如若考虑到作者提出这个表达的语境,还不至于产生这样的误解;即使如此,因为它毕竟有被误解的可能性,所以,我们觉得,这个表达不很理想,如若它要成为一个口号的话,并不是一个恰当的口号。

同时,阿甘本留意到,亚里士多德在《形而上学》有关潜能的举例主要是从技术和知识的领域选取出来的,诸如语法、音乐、建筑、医学等,“于是,我们可以说,生命完全处在潜能领域中,处在能和非能的潜能领域当中”②。在我们看来,这段话意味着阿甘本不仅专注着有关潜能的形而上学规定,而且关注着与潜能相关的诸种人类生活,尽管就这篇文章来看这种倾向似乎并不明确;不过,就一些研究文献来看,阿甘本在有关潜能的概念探讨之外,对于诸种人类生活进行了探讨,——这或许是他与海德格尔1931 年讲课稿的某种区别。而且,相关的文献反复提及阿甘本的这一表述:“对于人来说,所有存在和做的能力,都与它本身的阙失合法地相关。……它们[其他动物]可以仅仅是特定的潜能,也可以是这样那样的在生物学使命上的某种行为。人是持有自己的非潜能的动物,其潜能的伟大是被非潜能的深渊所估量。”③

三、潜能概念的政治意蕴

如果我们仅仅关注海德格尔 1931 年夏季学期对于亚里士多德潜能和实现的概念性阐释,那么由此赢获的益处可能非常有限,而且这种收益只能停留在存在论层面上。但是,如若我们紧接着联系到博伊斯的学说以及

① 阿甘本:《潜能》,王立秋等译,漓江出版社,2014 年,第 298—300 页。

② 阿甘本:《潜能》,王立秋等译,漓江出版社,2014 年,第 300 页。

③ 阿甘本:《潜能》,王立秋等译,漓江出版社,2014 年,第 300—301 页。可以参考其他学者的相关论述:“其他生物的潜能已经包含了特定的形式或者目的,因此……只是一种本能的能力,从而必然会被实现。但人作为拥有非潜能的动物,其本质并不在于早已被规定好了的形式,而在于其可能性。正是这种并不包含形式的人或者生命,才是人的非潜能的深刻之处”(文晗:《潜能存在论——论阿甘本政治哲学的存在论根源》,《马克思主义与现实》2018 年第 2 期,第 116—122 页尤其是第 119 页);“阿甘本认为今天最可怕的事物,已经不再是人有什么潜能发挥不出来,而是无所不能的泛滥。……海德格尔真正影响阿甘本的东西,除去海式的哲学思辨方式,更重要的则是海德格尔弃绝存在的本有论思想”(张一兵:《黑暗中的本有:可以不在场的潜能》,《社会科学战线》2013 年第 7 期,第 33—37 页尤其是第 37 页)。

阿甘本的学说,那么我们的收益就会得到极大的丰富:有关潜能和实现的存在论意义就会显示在艺术领域和政治领域。博伊斯的思想观念诸如“社会雕塑”、“扩展的艺术”和“每个人都是艺术家”,可以为我们理解特别是运用潜能和实现概念提供极大的方便;但是,阿甘本的潜能学说对于我们理解和运用潜能和实现概念到底具有何种意义呢?不错,关于这一点我们在前面还没有明确地传达出来,尽管前面使用的某些研究文献已经谈到了阿甘本的政治哲学①对于这个问题的回答,借助夏开丰《隐逸与潜能——评陈晓华的高士图》②这篇艺术评论,可以生动地传达出潜能这一所谓形而上学概念的艺术—政治意蕴。

陈晓华的系列绘画刻画的乃是古代传统文人雅士的生活场景,他在很多细节上都进行认真的“考古”,似乎要对古代高士的生活日常进行忠实的还原。但是,夏开丰的评论则始于这样一种追问:为什么要在现在这样的时代去选择刻画一种与现在生活格格不入的生活方式?评论者提到,知识分子在现当代给人的印象是拥有专业知识、道德修养和社会担当,在参与政治上表现得富有勇气并且充满热情,这似乎是知识分子的本质特征;但是,在古代,所谓的高士,在参与政治上却未必具有很好的热情,他们往往要从政治生活中逃逸出来,而且隐居于山林的高士更容易引起帝王们的重视,甚至于产生了“终南捷径”的典故:某些人为了得到重用而故意让自己隐居起来。如何解释这一政治现象呢?评论者不失时机地援引了亚里士多德和阿甘本的潜能理论:“一群处于边缘之人为何会被冠以高士之名而获得普遍尊重?在我看来,最重要的一点应该是高士是一群具有潜能的人。这里的潜能不仅仅是指拥有某种能力;亚里士多德指出,潜能也可以指拥有某种能力却不付诸行动,不让它成为现实。……在意大利哲学家阿甘本看来,……潜能与它本身的非存在和不做相关,它才可以存在和做”;不仅如此,“高士吸引人之处在于创造了某种理想的生活方式,傲啸山林,纵情山水,或者用哲学家海德格尔的说法,人诗意地栖居”。③

写到这里,我们不禁想到亚里士多德《政治学》第 7 卷第 3 章:其中谈到两种观点,有的人认为最优良的生活乃是远离政治,安静独处,而另一种

① 参见文晗:《潜能存在论——论阿甘本政治哲学的存在论根源》,《马克思主义与现实》2018 年第 2 期,第 116—122 页。

② 夏开丰:《隐逸与潜能——评陈晓华的高士图》,载于陈晓华:《人间游戏》,台北,《松阴艺术》2006 年,第 8—11 页。

③ 夏开丰:《隐逸与潜能——评陈晓华的高士图》,载于陈晓华:《人间游戏》,台北,《松阴艺术》2006 年,第 9、11 页。

观点则坚持最优良的生活就是政治生活。亚里士多德当然不会简单地肯定其中一个观点而否定另一观点。在他看来，政治生活肯定是有意义的，不能说无为的退隐生活高于政治生活。因为，参与政治生活，主持正义，这是参与者们实现其德性的主要方式。在政治生活中，要想有更大的作为，难免需要更加优越的地位，但是，这种优越性未必就是奴隶主对于奴隶的那种优越性——这确实并不高尚，毋宁说这种优越性完全可能是自由人和自由人之间的优越性，或者是自由人之间轮番为治，或者是才德卓越者令人心悦诚服地持久执政。但是，另一方面，"有所作为"未必需要牵涉到人与人之间的事务，也可能是不牵涉外部事务的思想活动，如此这般的思想活动本身就是有所作为，就是说，不牵涉他人的思想活动，远离政治的思想活动，也是有所作为的生活方式，并不是无所作为。于是，依照亚里士多德的观点，不能把无为（to aprattein）看得太高，以为无为胜过有为（to prattein），亦即要肯定政治生活的意义，但是另一方面，也要肯定沉思生活的意义，沉思生活也是有所作为的生活方式。①

可以看到，亚里士多德同时肯定了政治生活和沉思生活，这种尺度同样体现在《尼各马可伦理学》，海德格尔 1924—1925 年冬季学期的亚里士多德讲课并没有为理论生活和实践生活孰为优先作出某种最终的排序，因为一劳永逸的高低排序并不符合古典哲学的思想风格。这里，不妨再援引第欧根尼·拉尔修对于柏拉图思想的一个概述：一个人要想实现幸福，只要有了德性就可以；但是，也需要外在的优势；不过，智慧之人即使缺少这些外在优势，也不会不幸福；然而，智慧之人"还要参加公共事务，……要尽一切可能为自己的城邦立法；只有在人民极端腐败的情形下，他才能为自己远离公共事务找到充分的理由"②。这种表述传达出来的意蕴就有所不同了：远离城邦事务在某些情形下固然是可以的，但是，只有在某些确定的情形下诸如人民极度腐败的情形下才是正当的，也就是说，在通常情形下，有智慧的人还是要积极参与公共事务，这似乎是有智慧者实现其幸福或至善的必要环节。照此观念，政治生活和沉思生活并不是无关痛痒地并列在一起，人们可以任意选取其中之一，毋宁说，这两种生活方式具有某种曲折的先后顺序：通常而言还是要积极参与政治生活，只有在特殊情形下才可

① 亚里士多德：《政治学》，1325a16—1325b30；亚里士多德：《政治学》，吴寿鹏译，商务印书馆，2007 年，第 354—357 页。

② 第欧根尼·拉尔修：《名哲言行录》（希汉对照），徐开来、熊林译，广西师范大学出版社，2010 年，第 329 页。

以正当地退隐出来去过沉思的生活。

读到这里，我们不禁想到，柏拉图的这种进退观念岂不是与其洞穴比喻相关吗？没错，确实如此，但是，我们试图进一步说明，柏拉图的这种进退观念，实际上早就被海德格尔注意到了，而且与海德格尔的学术研究和政治遭遇有着重要关联。请注意我们的写作顺序——从海德格尔有关亚里士多德潜能和实现的概念阐释到博伊斯和阿甘本那里潜能概念的艺术—政治意蕴，亦即从海德格尔对潜能概念的存在论或形而上阐释逐渐过渡到潜能概念的政治意蕴，但是，我们有理由相信，亚里士多德潜能概念与潜能概念的政治意蕴，这二者之间的思想关联在海德格尔那里很可能很早就被注意到了，只不过深深地隐藏着。不妨看一下这几个事件：

a) 1931 年夏季学期海德格尔阐释潜能概念（全集第 33 卷），

b) 1931—1932 年冬季学期海德格尔阐释柏拉图的洞穴比喻（全集第 34 卷），

c) 1933 年加入国社党（3 月 1 日）并且出任弗莱堡大学校长（3 月 27 日就职演说），

d) 1934 年（4 月份）辞去校长职务。①

在 1931 年夏季学期海德格尔阐释亚里士多德潜能概念时，人们可能并不清楚海德格尔到底要干什么，直到现在，人们可能都会觉得，海德格尔无非就是在构想一种潜能存在论嘛！但是，未必是这样。潜能之拥有和潜能之实现，这种看似存在论的概念游戏，很可能具有着政治意蕴，解读此种政治意蕴的钥匙就在 1931—1932 年冬季学期；紧接着夏季学期的亚里士多德课程，海德格尔特意讲授了柏拉图洞穴比喻。关于洞穴比喻，我们或多或少都有了解，海德格尔当时也给出了详细的解读②；姑且不论海德格尔特有的阐释，在柏拉图的洞穴比喻中最紧要的东西无非就是两个环节——上升过程（Aufstieg）和下降过程（Abstieg），一个环节是走出洞穴，看到光明，寓意是认识到了真理，另一环节是回到洞穴，解救他人，寓意是对大众的引领。在传记作家萨弗兰斯基看来，海德格尔讲授洞穴比喻与其参

① 参见萨弗兰斯基：《来自德国的大师：海德格尔和他的时代》，靳希平译，商务印书馆，2007 年，第 544 页。

② 参见海德格尔：《论真理的本质：柏拉图的洞喻和〈泰阿泰德〉讲疏》，赵卫国译，华夏出版社，2008 年，第 21—90 页。

与政治存在着思想关联。[①]这一点不难理解,无须多讲,但是,我们想要说明的是,讲授洞穴比喻与上一学期阐释潜能概念相关,走出洞穴可以意指潜能之拥有,回到洞穴可以意指潜能之实现,当然这里都是说政治参与或政治引领的潜能。因而,无论是洞穴比喻,还是潜能概念,或者明确或者隐晦,都指向着海德格尔政治参与的进和退,海德格尔从中获得了一些指引。但是,很可惜,这种指引充其量只是些空洞的指引,并不涉及真正的政治技艺,所以,对于政治领域的具体事务而言并无实际意义。

§ 9　卡尔纳普的批评和海德格尔的美学旨趣

批评海德格尔,给海德格尔挑错,现在好像成了某种流行的趋势或者说热门话题。最常见的就是指责海德格尔的政治错误,尤其是《黑皮本》出版以来,据说找到了海德格尔政治不正确的有力证据。另一种批评就是海德格尔的缺爱现象,国内学者已经开始这样讲了。[②] 在我们看来,对于海德格尔的几种批评,诸如马尔库塞对海德格尔的批评,卡尔纳普对海德格尔的批评,甚至伽达默尔对海德格尔的批评,都需要我们反复思考。读者与作者一样,不便成为中心,但是读者对于文本的感受以及批评具有一定的正当性。

1929 年 7 月,海德格尔在弗莱堡大学发表教授就职演讲《形而上学是什么》,这篇报告就在当年即 1929 年在弗里德里希 · 柯亨出版社出版。[③]众所周知,海德格尔是在接任胡塞尔的职位,据说胡塞尔也听了这次报告,之后大失所望。[④] 1931 年 12 月,卡尔纳普在《认识》(*Erkenntnis*)杂志发表论文《通过语言的逻辑分析消除形而上学》,点名批评了海德格尔。[⑤]关于卡尔纳普的这种批评,在研究海德格尔的学者中似乎没有引起多少重视。

通常的看法是,卡尔纳普将海德格尔当作是滥用语言的坏典型,卡尔纳普对海德格尔的批评也被人们当作是英美哲学与欧陆哲学两种哲学流

---

① 参见萨弗兰斯基:《来自德国的大师——海德格尔和他的时代》,靳希平译,商务印书馆,2007 年,第 277—317 页。

② 参见靳希平:《〈存在与时间〉的"缺爱现象"——兼论《黑皮本》的"直白称谓"》,《世界哲学》2016 第 5 期, 第 20—28 页 。

③ 参见海德格尔:《路标》,孙周兴译,商务印书馆,2000 年。

④ 参见贝克韦尔 :《存在主义咖啡馆: 自由、存在和杏子鸡尾酒》, 沈敏一 译,北京联合出版公司,2017 年,第 102—104 页。据说海德格尔哲学的费解之处反而加强了其哲学的魅力。

⑤ 参见卡尔纳普:《通过语言的逻辑分析清除形而上学》,王太庆译,收录在《逻辑经验主义》,洪谦主编,商务印书馆,1992 年,第 13—36 页。

派互相碰撞的一个经典案例。例如,海德格尔在 1929 年的这篇演讲报告中使用了这样的表达:Das Nichts nichtet(无无着),一个名词形态的“无”(Nichts),另一个是动词形态的“无”(nichten),这种用法就招致了卡尔纳普的批评。[①]不仅如此,类似的表达在海德格尔那里还有很多:在 1935 年《艺术作品的本源》提到,Die Welt weltet(世界世界化)[②];在 1950 年演讲报告《物》提到,Das Ding dingt(物物化)。[③]

这样的用词,是不是给读者造成了巨大的困扰?这确实是值得探讨的一个问题。但是,我们这里权且不讨论这个问题。在这里,我们想特别关注一下卡尔纳普这篇论文的第七部分也就是最后一部分:“当作表达人生态度的形而上学”,这个标题的英语译文是 Methaphysics as expression of an attitude toward life,其德文原文为 Metaphysik als Ausdruck des Lebensgefühls。[④]

一、卡尔纳普的批评

第 6 节——标题为“全部形而上学都是无意义的”,可以说是达到了这篇论文的高潮,这个标题充分地传达出了卡尔纳普的观点。但是,在第 7 节也就是最后一节,卡尔纳普实际上还要传达新的内容。他首先提问:既然形而上学的诸种陈述是没有意义的,那么,为什么人类历史上那么多才华卓越的人要在形而上学上耗费那么多精力呢?这个问题如何解释?事实上,如若这个问题解释不好,那么卡尔纳普对于形而上学的批判就没有达到完满的境界。如果形而上学是荒谬的,古往今来有那么多人却要走这条错误的道路,唯独卡尔纳普意识到这条路是错误的,那么,卡尔纳普就变得卓然不群了。这样不太好,所以,他要在这篇文章的结尾处给出一个相对合理的解释。

在他看来,形而上学的诸种陈述不是用来描述诸种事态(zur Darstellung der sachverhalten),而是用来表达生命感受或生命态度(zum Ausdruck des Lebensgefühls),详细表述如下:

---

① 海德格尔:《路标》,孙周兴译,商务印书馆,2000 年,第 132 页;《逻辑经验主义》,第 23—26 页。

② 海德格尔:《林中路》,孙周兴译,上海译文出版社,2004 年,第 30 页。

③ 海德格尔:《演讲与论文集》,孙周兴译,三联书店,2005 年,第 185 页。

④ 参见 Rudolf Carnap, *Überwindung der Metaphysik durch logische Analyse der Sprache*, in: Erkenntnis, vol. 2, 1931, S. 219-241; Rudolf Carnap, *The Elimination of Metaphysics Through Logical Analysis of Language*, in: Readings of Classics of Werstern Philosophy (2), Han Shuifa, Zhang Xianglong& Han Linhe ed., Peking University Press 2014, pp. 152-187.

> 我们发现形而上学的起源也是出于需要表达人生态度，表达人对于环境、对于社会、对于他所献身的事业、对于他所遭逢的不幸的感情反映和意志反应。这种态度照例不自觉地表露在人的一言一行中。它也深深刻在他的面容上，有时甚至表现在他的步态上。现在有许多人怀着一种欲望，要想超越这些现象，创造一种表达他们的态度的特殊方式，使他们的态度可以更洗练地、更深入地被人们看到。①

王太庆译文依据英文译出，增补了作者 1957 年的几个评注，其中提到"意义"的两种意义：其一，认识性的（指称性的、有所指的）意义，其二，非认识性的（表达性）的意义成分，比如情绪和动机。"在这篇文章里，'意义'一词总是从认识性的意义这个观点上来理解的。因此，形而上学句子无意义这个论断，必须从这样的意义来理解：它们没有认识性的意义，没有断定性的内容。它们具有表达性意义这个明显的心理现象并不因此被否定；这一点在第七节里明白地说明了"②。

那么，卡尔纳普对于形而上学的这种解释，会得到海德格尔的认可吗，倘若海德格尔有机会静心阅读卡尔纳普这篇论文？——当然，这是极其困难的，而且很可能根本没有发生过。为了解答这个问题，我们需要稍微回顾一下海德格尔 1929 年的这篇演讲报告。

海德格尔 1929 年的这篇演讲报告的基本结构还是清晰的，尽管在理解上存在着许多困难（关于这些困难姑且不论）：海德格尔主要致力于将科学与形而上学进行对照，在他看来，科学关注而且仅仅关注"存在者"（das Seiende），而形而上学则要追问"存在"——当然，在这篇演讲报告中，没有特别强调"存在"，而是使用了"无"（das Nichts）这个词语。

> 只有当人之此在把自身嵌入无中时，人之此在才能对存在者有所作为。对存在者的超出活动发生在此在之本质中【a】。但这种超出活动就是形而上学本身【b】。这也就意味着：形而上学属于人类的本性。形而上学既不是学院哲学的一门专业，也不是任意的异想天开的一个领域。形而上学是此在中的一种基本发

① 《逻辑经验主义》，洪谦主编，商务印书馆，1992 年，第 33—34 页。

② 《逻辑经验主义》，洪谦主编，商务印书馆，1992 年，第 36 页。

生。形而上学就是此在本身【c】。①

简单地说,此在(Dasein)=超越(Hinausgehen)【a】,而且,超越(Hinausgehen)=形而上学(Metaphysik)【b】,所以,形而上学(Metaphysik)=此在【c】。要想理解这段话,并不容易,需要对常见的理解做一些改动:其一,此在的超越,在这里意指对于存在者的超越,但是,das Seiende 译作存在者或许并不很好,我们的感受是这个词似乎要理解成"现存",于是,所谓对于存在者的超出活动,在汉语表述中就要转换为:对于现存的超出活动。其二,Dasein,通常译作此在,也未必很好,在这里不妨使用靳希平曾经使用的译法——"达在"。② 其三,Metaphysik,在这里译作"形而上学"未必很好,尤其是这个"学"字,似乎在这里可以翻译或至少理解为"形而上"。

于是,以上概要就被重新表述为:达在(Dasein)=超越(Hinausgehen)【a】,超越(Hinausgehen)=形而上(Metaphsik)【b】,因此,达在(Dasein)=形而上(Metaphysik)【c】。要通达存在肯定要超越现存,而这种超越活动也就是形而上的活动。那么,海德格尔的这种核心表述,是不是可以算作某种人生感受或人生态度?在日常生活中,人们常说,要立足现实,但是,按照海德格尔,不得不说,No,我们追寻"诗和远方"。

在卡尔纳普看来,形而上学的诸种陈述可以说是对于生命感受或生活态度的表达,就此而言,形而上学具有此种意义上的意义,并不是完全没有意义,而是没有认识性或指称性的那种意义。不过,卡尔纳普在此基础上,针对形而上学提出了"最后一击":

> 如果他们有艺术才能,他们就能创作一件艺术品来表达自己。许多作家已经表明过他们怎样创作一件艺术品的风格和手法来显示基本态度(例如狄尔泰和他的弟子们)。……这里对于我们的考察最重要的只是:艺术是表达基本态度的恰当手段,形而上学是不恰当的手段。当然,我们并没有必要坚决反对一个人利用他所喜欢的任何一种表达手段。但是,……不仅读者,连形而上学家本人也都怀有一种幻想,认为形而上学陈述总谈了点东

① 海德格尔:《路标》,孙周兴译,商务印书馆,2000 年,第 140 页。

② 靳希平:《〈存在与时间〉的"缺爱现象"》,《世界哲学》2016 年第 5 期,第 20—28 页。

> 西，总描述了一些事态。形而上学家相信自己是在攸关真假的领域里旅行。而事实上，他并未断言任何东西，而只是表达了一点什么，像一个艺术家一样。①

这番陈述或许让人感到震惊：按照一般的逻辑，既然卡尔纳普批判了海德格尔为代表的欧陆哲学，那么，很可能会进一步批判与此类似的文化形式，但是，卡尔纳普却来了一个180度大反转，充分肯定和高度评价了诸种艺术形式，比如莫扎特和贝多芬的音乐，提出音乐或许是表达基本态度的最纯粹的手段，因为这种表达形式与客体完全没有关系，而且特别提到了尼采，称之为“也许具有最高的艺术天才的形而上学家”：

> 他的作品大部分具有绝对优势的经验内容。例如，我们在那里发现了对特殊艺术现象的历史分析，对道德的历史、心理分析。在《扎拉图斯特拉如是说》这部作品里，他最强烈地表达了别人用形而上学或伦理学表达的东西，他并未选择使人误入歧途的理论形式，而是公开使用了艺术的形式，诗的形式。②

于是，卡尔纳普有关形而上学的最终看法是，形而上学并没有活动在科学的领域，同时也没有活动在艺术的领域③，也就是说，卡尔纳普虽然提倡科学，但是并不反对艺术，唯一反对的只是形而上学，主要原因是，形而上学摆不正自己的位置，既达不到科学的标准，又缺乏艺术的才华。不过，卡尔纳普的这些评论，同时也传达出了一些肯定性的东西，那就是，艺术更加适合表达人生感受或人生态度。

二、海德格尔的回应

海德格尔后来，也不大喜欢“形而上学”这个词了：依据1949年他为《形而上学是什么》撰写的《导言》可以看到：原来他认为科学仅仅关注存在者，后来他认为形而上学也只不过是在关注存在者，只有“思”（Denken）才能思及存在之真理。④同时，海德格尔后来对于诗歌等艺术给予了持续的关注，比如对于荷尔德林等诗歌的关注，对于梵高等绘画的阐释。海德

① 《逻辑经验主义》，洪谦主编，商务印书馆，1992年，第35页。
② 《逻辑经验主义》，洪谦主编，商务印书馆，1992年，第35—36页。
③ 参见《逻辑经验主义》，洪谦主编，商务印书馆，1992年，第35页。
④ 海德格尔：《路标》，孙周兴译，商务印书馆，2000年，第430—433页。

格尔所谓的思，不再是哲学了，似乎可以将其解释成美学了；再后来，人们认为，海德格尔仍旧是一种形而上学，比如德里达就这样看待海德格尔。①

在我们看来，无论海德格尔使用的是"形而上学"或"哲学"这些词语还是什么"思"，海德格尔讨论的问题以及他的表达风格，始终都是欧洲文化中的高雅风格，给人的感受总是，一方面有所指示(Hinweis)，但是认真追究起来却不知所云。海德格尔知道，当代社会人们已经到了束手无策的状态，普遍期待某种具体的指示，但是，他无意于给出任何明确的指示，最多只能停留在启人深思的程度。

然而，在大众社会、消费社会、娱乐社会和资本社会等语境中，形而上学、哲学、思想和文化等观念形态，所面对的读者和观众早已不再是文化精英，而是普通人了。所以，对于普通人而言，小说、电影、电视剧等艺术形式，传达出来的人生感受和人生态度，更具有感染力，更容易引起共鸣，甚至更容易引起模仿的效应。比如，想要传达柏拉图主义之颠倒——感性取代超感性并占据主导地位，可以看看周星驰的《九品芝麻官》和《国产凌凌漆》、周迅版电视剧《红高粱》以及金庸的《鹿鼎记》。

所以，我们的真切感受是，如若要反形而上学，可能是要反抽象思维。固然，"形而上学"在哲学传统里具有各种各样的意义，但是，就其起源，亚里士多德并没有使用过"形而上学"这个词语。那他使用什么样的词语来传达类似的思想观念呢？应该是"抽象"(abstraction、ex aphaireseow、aphairein ten hylen)这个词语，"抽象"，按照吴寿鹏的讲法，在希腊文里意味着脱离材料或质料。② 关于抽象思维和与之相反的形象思维的思考，可以参考黑格尔美学以及朱光潜的《西方美学史》：黑格尔讲到，艺术家一有某种观念，就会将其转化为形象，而哲学家则将其表述为普遍的观念；朱光潜多次提到形象思维，这是与黑格尔的相关探讨分不开的。③ 事实上，哲学家从来没有完全摆脱形象思维，例如海德格尔的锤子、桥、壶……

《形而上学是什么？》1929 年的这篇演讲报告在《路标》这部文集中占据着重要的位置，仅从标题上看就关涉到 1943 年《〈形而上学是什么？〉后记》和 1949 年《〈形而上学是什么？〉导言》这两篇文字，这两篇被编入 1949

---

① 参见孙周兴：《有关尼采查拉图斯特拉思想形象的若干问题》，《同济大学学报(社会科学版)》2009 年第 5 期，第 26 页。

② 参见亚里士多德：《形而上学》，吴寿鹏译，商务印书馆，1997 年，第 346 页。

③ 参见黑格尔：《美学》第 1 卷，朱光潜译，商务印书馆，2015 年，第 50—51 页；参见朱光潜：《西方美学史》，人民出版社，2017 年，第 661—678 页。

年单行本《形而上学是什么?》。实际上,1929 年演讲报告还牵涉到 1946 年《关于人道主义的书信》,其中也有海德格尔对《形而上学是什么?》的辩护,对于所谓反逻辑的辩护。除此之外,对于 1929 年演讲报告引发的争议进行的最为系统的回复,乃是《现象学与神学》的附录,《现象学与神学》是 1927 年的演讲报告,而这个附录则是写于 1964 年的书信。1964 年的这封书信可以说是《路标》全部文字中成文最晚的作品了,它不仅成文最晚,而且是对 1929 年演讲报告所引发的争议的最为系统的答复。

海德格尔在这篇文字中进行了某种基本区分:其一,客观化的思想和言说,其二,非客观化的思想和言说。在他看来,"客观化"代表着技术—科学主义的语言观,而"非客观化"代表着思辨—解释学的语言经验。前者试图将一切思想和言说都纳入技术—逻辑的符号表达中,并且把一切思想和言说都当作是科学的工具;后者则尝试说明,到底什么才是"哲学的实事"或人文科学的实事,以及应当如何言说此种实事。①在自然科学和技术的领域,亦即我们现在所说的科学技术领域,思想和言说是客观化的,此种客观化意味着,把给定的事物设定为客体,这一点看起来似乎没有什么特别之处,客观化的关键之处还在于要把它所设定的客体当作是可以计算和可以作因果说明的东西,②海德格尔的具体论述是这样的:

> 而在此领域之外,思想与言说决不是客观化的。然而在今天这个时代里存在并且增长着一种危险,就是科学—技术的思维方式伸展到生活的一切领域上。由此加强了一种错误的假象,仿佛一切思想与言说都是客观化的。这个毫无根据地、独断地宣布出来的论点推动并支持着一种灾难性的趋向,即只还在技术—科学上把一切都表象为可能的操纵和控制的客体。③

就在这篇文字中,海德格尔明确提到了卡尔纳普这个名字,将卡尔纳普当作是客观化思想和言说的代表,亦即是将科学技术的客观化思想和言

① 海德格尔:《路标》,孙周兴译,商务印书馆,2000 年,第 77—78 页。

② 叶朗多次提到,海德格尔突破了传统的主客划分,参见叶朗:《美在意象》,北京大学出版社,2010 年,第 34、63、87 页。所谓客观化,实际上就是以测量、计算和操控的态度去处理事物。海德格尔在阐释梵高《一双农鞋》时,提出有用性和可靠性等词语。所谓有用性,就是以测量、计算和操控的态度去面对事物,去关注事物有用的方面。由此可见,客观化,在解释的时候,从一开始可能就和实用的和科学的态度保持着联系。

③ 海德格尔:《路标》,孙周兴译,商务印书馆,2000 年,第 84 页。

说方式推广和应用到一切领域的代表。①但是,海德格尔这样的表述符合实际情况吗?卡尔纳普1931年点名批评海德格尔,而海德格尔在三十多年后的1964年才首次明确提到卡尔纳普,而且,他对于卡尔纳普观点的理解也并不准确,——当然,卡尔纳普1931年的表述给人的感受或许太单一了,所以,他本人在1957年对自己当年的观点进行再次强调,他说的是形而上学在某种意义上没有意义,但是,形而上学的陈述在另一种意义上还是有意义的。这一观点在1931年的论文里已经提出来了,海德格尔很可能没有认真阅读过相关文本。

卡尔纳普在1931年至少区分了科学和艺术两个领域,其批判重点是形而上学,形而上学既不科学又不艺术。海德格尔在1964年明确表示,确实有一些领域是客观化的,但是,除此之外的领域并不是客观化的。由此看来,他们两位其实是有共同点的。卡尔纳普着力批判的是形而上学,并不是艺术,从他的表述中可以看到,他对艺术并不排斥,而是表示了相当程度的尊敬。海德格尔就认为许多领域不是客观化的,诸如艺术的领域。所以说,卡尔纳普和海德格尔至少在对艺术的肯定上是有共同点的。只不过,他们可能并没有意识到这一点,卡尔纳普以为海德格尔要搞形而上学,其实海德格尔对于形而上学并没有多少热情,毋宁说是反形而上学的先锋。海德格尔以为卡尔纳普是要把客观化推广到一切领域,其实卡尔纳普是一方面从事科学,另一方面敬重艺术,对于艺术给予了充分的敬重。

三、海德格尔与美学旨趣

海德格尔在1964年提出,并不是一切领域的思想和言说都是客观化的,还特别举出了一些例子:

> a 当我们坐在花园中,欢欣于盛开的玫瑰花,……据此看来,就有一种既不是客观化的也不是对象化的思想与道说。
>
> b ……这种客观化的思想与言说并没有洞察阿波罗,并没有洞察到阿波罗如何显示出它的美并且以这种美而作为神的面貌显现出来。
>
> c 当我们要给某个病人以安慰,与之作触动内心的攀谈,这时难道我们使这个人变成了一个客体了吗?②

① 参见海德格尔:《路标》,孙周兴译,商务印书馆,2000年,第77页。
② 海德格尔:《路标》,孙周兴译,商务印书馆,2000年,第81—82页。

看到这些例子，我们会想到朱光潜的一篇文章——《我们对于一颗古松的三种态度》，其中区分了三种态度：实用的态度、科学的态度和审美的态度。实用的态度，考虑的是事物如何有益于我的生活，诸如木材商人的态度；科学的态度，乃是要把自己的成见和情感完全撇开，以完全纯粹的客观态度去考察事物，诸如植物学家的态度；审美的态度则不同于前面两种，不求实用，也不求说明，而仅仅关注事物之意象，诸如画家的态度。①

由此看来，海德格尔所讲的非客观化就是朱光潜所讲的审美态度了？倘若如此，则可以由此进入海德格尔哲学与所谓美学的关系。不得不说，可以有这样的观点，可以将海德格尔和美学联系起来，这早已不是是否可能的问题了，而是如何可能的问题了，因为这早已成为了学术研究事实上的某种样式了。比如海德格尔的名篇《艺术作品的本源》对于梵高作品《一双农鞋》的阐释（所谓从一双农鞋揭示出了一位农妇的生活世界），就成了美学或艺术哲学探讨的一个热点话题。

可以这样看，但也不尽然。比如海德格尔前面举出的第三个例子——与病人的攀谈，就不大像是美学教材里面的例子。当然，如果解释得宽泛一些，也能解释得通，比如说，没有把病人当作单纯的客体，这就超越了日常功利的状态，是某种超越，带有了某些心胸，所以能创造出某种美好的氛围，回到了本源的世界回到了爱的世界，传达出了对于存在的留恋和存在的喜悦……，如此等等。②这样解释，基本上合乎海德格尔思想和言说的格调，既不是实用的，也不是科学的，而是诗意的栖居；诗意的栖居，就充满了意象、意蕴和意境。

朱光潜提到，他创作后来被编为《谈美》的十几篇短文时，乃是出于一个单纯的目的，是要研究人们如何能够“免俗”；虽然他说他自己也还是“未能免俗”，但是他能够时常体会到免俗的趣味，尤其是当他在观赏一幅画、一首诗或一片风景时，而且这是因为他对于美学的研究；美学的研究使人懂得什么是美感的态度，美感的态度进而可以推广到人生事务上。所谓

① 参见朱光潜：《谈美》，东方出版中心，2016年，页5—10页。

② “在现代社会，物质的、技术的、功利的追求在社会生活中占据了压倒一切的统治的地位，而精神的生活和精神的追求则被忽视、被冷淡、被挤压、被驱赶。当代社会的生存竞争日趋激烈，人们一心追逐功利，功利性成为多数人生活的轴心。在功利心、事业心的支配下，每个人的生活极度紧张，同时又异常单调、乏味，人们整天忙忙碌碌，很少有空闲的时间，更没有闲心与闲情，生活失去了任何的诗意”，因此，有关人生境界的审美教育非常必要，参见叶朗：《美在意象》，北京大学出版社，2010年，第463—464页。

把美感的态度推广到人生事务上，就是他所提到的一句话："人要有出世的精神才可以做入世的事业。"虽然人的日常生活充满了功利利害，但是美感的世界或艺术的创造的活动，则要超越那种功利和利害的关系，甚至可以说：

> 无论是讲学问或是做事业的人都要抱有一副'无所为而为'的精神，把自己所做的学问事业当作一件艺术品看待，只求满足理想和情趣，不斤斤计较利害得失，才可以有一番真正的成就。伟大的事业都出于宏远的眼界和豁达的胸襟。……①

朱光潜提到的这种未能免俗的和涉及功利利害的活动，类似海德格尔在1938年《世界图像的时代》中所讲的"企业活动"(Betrieb)。海德格尔注意到，科学在现代条件下具有某种企业活动的特征："学者消失了。他被不断从事研究活动的研究者取代了。是研究活动，而不是培养广博学识，给他的工作以新鲜空气。研究者家里不再需要图书馆。他反正不断在途中。他在会议上磋商和了解情况。他受制于出版商的订货。出版商现在也一道来决定人们必须写哪一些书"，而且因为出版商更了解公众的需求，所以他们制订的出版计划和出版方案以及诸种丛书，更容易使研究者迅速成就名声，迅速在公众世界引起轰动。②

海德格尔在1953年《技术的追问》中对于现代技术进行了沉思。现代技术依据着现代的精密科学，依赖着技术装备的不断进步，更为重要的是，在现代技术中出现了某种突出的现象，亦即"促逼"(Herausfordern)，"此种促逼向自然提出蛮横的要求，要求自然提供本身能够开采和储藏的能量……"不仅自然被促逼和被订造，而且人也被促逼和被订造，为此，海德格尔提出了"集置"(Gestell)，亦即"那种促逼着的要求，那种把人聚集起来、使之去订造作为持存物的自行解蔽者的要求"③。海德格尔把促逼和订造理解为现代技术的本质特征，但是在我们看来，不妨将其理解为现代资本的本质特征。

"……人诗意地栖居……"，这是海德格尔1951年一次演讲报告的题目。"诗意栖居"在汉语文化圈传播得非常广泛，甚至被房地产开发商

---

① 朱光潜：《谈美》，东方出版中心，2016年，第2—3页。
② 海德格尔：《林中路》，孙周兴译，上海译文出版社，2004年，第86、100页。
③ 海德格尔：《演讲与论文集》，孙周兴译，三联书店，2005年，第12—13、18—19页。

拿来作为销售房屋的广告词。海德格尔在这篇演讲报告的开头,也讲述了现代人生活处境之困窘:“难道一切栖居不是与诗意格格不入吗?我们的栖居为住房短缺所困扰。即便不是这样,我们今天的栖居也由于劳作而备受折磨,由于趋功逐利而不得安宁,由于娱乐和消遣活动而迷迷惑惑……”①

在同一年做的另一演讲报告《筑·居·思》的结尾部分,海德格尔提道:“在我们这个令人忧虑的时代里,栖居的状态又如何?所到之处,人们都在凿凿有据地谈论住房困难。不仅谈谈而已,人们也在出力。人们试图通过筹措住房、促进住房建设、规划整个建筑业,来排除这种困难。不论住房短缺多么艰难恶劣,多么棘手逼人,栖居的真正困境并不仅仅在于住房短缺。……”②

那么,海德格尔在解读荷尔德林诗歌之际,有没有向我们给出某种指示或指引呢?——在海德格尔那里,“指引(das Weisen)就是思想的基本特征”③。我们知道,大家最为熟悉的就是“诗意栖居”这四个字。但是,海德格尔引出了荷尔德林诗歌中与此相关但更加完善的段落:

充满劳绩,但人诗意地,
栖居在这片大地上。④

在海德格尔看来,这个段落有几个地方值得注意(——海德格尔的相关阐释看似玄奥,但是我们不妨对其阐释进行一番简化):其一,“诗意栖居”,还有前半句,那就是“充满劳绩”,于是,完整地讲,乃是这样的:虽然充满劳绩,但是人诗意地栖居;诗意栖居是在充满劳绩的基础上,并不是“毫无劳绩,且诗意地栖居”。其二,“诗意栖居”的后面还有半句,“在这片大地上”。就是说,诗意栖居并不是离开这片大地,漂浮在这片大地之上。⑤

海德格尔有关“诗意栖居”的解释,看起来无比玄奥,其实可以简化为以上两层意思。而且,这些意思的理解,可以参照叶朗的较为简易的讲法。

① 海德格尔:《演讲与论文集》,孙周兴译,三联书店,2005年,第196—197页。
② 海德格尔:《演讲与论文集》,孙周兴译,三联书店,2005年,第170页。
③ 海德格尔:《演讲与论文集》,孙周兴译,三联书店,2005年,第141页。
④ 海德格尔:《演讲与论文集》,孙周兴译,三联书店,2005年,第200页。
⑤ 海德格尔:《演讲与论文集》,孙周兴译,三联书店,2005年,第200—201页。

他提到,人生有三个层面:第一个层面是日常生活的层面,就是柴米油盐、衣食住行、迎来送往等俗务;第二个层面是工作或事业的层面,就是说每个人都有自己所从事的工作和职业,人们想要作出一番事业;第三个层面是审美的或诗意的层面,人生固然离不开功利的层面,但是也不可缺少诗意的层面。按照叶朗的提法,要对这三个层次有一个恰当的安排,一个人不能把日常生活的层面搞得太膨胀,也不能把工作或事业的方面搞得太膨胀,以至于把其他的层面尤其是诗意的层面排除掉,但是,另一方面,诗意的层面或审美的层面也不能过于膨胀,以至于把日常生活和工作事业的层面排除掉。举例而言,清朝末年和民国初年的没落贵族子弟许多并不缺乏审美的或诗意的层面,但是在日常生活和工作事业方面往往没有着落。①

充满劳绩,但人诗意地,
栖居在这片大地上。②

海德格尔对于荷尔德林这几句诗的阐释,不仅强调"诗意栖居",而且特别强调了"诗意栖居"的前面部分"充满劳绩"以及后面部分"在这片大地上",就把诗句的许多意蕴揭示了出来。但是,这种揭示,还是某种优雅而高贵的揭示,乃是面向少数文化人的揭示。叶朗的讲法就大不一样,他写的是一本面向广大读者的教材——固然也是一本研究性著作,所以,就把问题讲得非常清楚。

我们在此论述这一问题的主要意图在于说明:基于形式显示这种一以贯之的思想方法,海德格尔固然要突出"实行意义"(Vollzugssinn),但是,海德格尔并没有把"实行"等同为"正在实行"进而取消潜能之维度(参见本书第7节),同时也没有将"实行"等同于"劳作";强调"实行",并不是号召大家"多干活儿"或"多劳动"以至于可以"充满劳绩",毋宁说,海德格尔实际上倡导的乃是创造性的活动亦即所谓"诗意的栖居"。

① 参见叶朗:《美在意象》,北京大学出版社,2010年,第478—479页。
② 海德格尔:《演讲与论文集》,孙周兴译,三联书店,2005年,第200页。

第二部分　海德格尔实存哲学比较欠缺的论题

第四章　友爱和主从
——海德格尔实存哲学比较欠缺的论题之一

本章导读　与亚里士多德伦理学—政治学相比较，海德格尔实存哲学在友爱和主从等论题上存在着明显的欠缺。同样师承海德格尔，阿伦特和伽达默尔却表现出两种不同的格调：前者质疑命令—服从模式，而后者却指出了权威和传统的合理性。在经典理论框架中的“正面现象”诸如友爱、服从和斗争中，可以衍生出类似于海德格尔所讲的非本真性，愈发突显出人生共在本真与非本真之二重性。

§ 10　海德格尔与亚里士多德的共在论比较

通常认为，欧洲哲学经历了认识论转向、语言哲学转向和实践哲学转向，意味着欧洲哲学关注的焦点发生过几次重要的转移；可以说，存在论、认识论、语言哲学和实践哲学，这些称谓标识着研究范式的某种转换。在当代社会，有关事物领域的特定研究越来越让位于自然科学和社会科学了，而哲学可以坚守的地盘越来越表现为那些不可测算的思维的领域和行动的领域；于是，将哲学重新拉回人间，乃是不可避免的趋势。随着这种变化，在海德格尔研究领域，隐隐约约也发生着研究范式的某种转换，尤其是从存在论向伦理学（实践哲学、政治哲学）的转换。而且，真正的问题似乎并不是，海德格尔“有没有”伦理学、实践哲学、政治哲学，毋宁说，真正的问题是，在何种称谓下、以何种方式、以何种角度去考察海德格尔相关领域的思考。

即使“伦理学”“实践哲学”“政治哲学”这些称谓海德格尔几乎或者根本不曾使用过，这并不意味着海德格尔未曾思考过有关领域的问题。可以看到，海德格尔1926年撰写的《存在与时间》就专门探讨过“共在”（Mitsein），而且，其1924年夏季学期讲课稿《亚里士多德哲学的基本概念》专门探讨过人与人的日常“共处”(Miteinandersein)。[①]这就是说,海德格尔早在20世纪20年代,就在Mitsein和Miteinandersein这两个字语的标识下开始思考人与人的共在问题了。所谓“伦理学”“实践哲学”“政治哲学”,简单地说,就是在探讨人与人的共在问题;用“共在”这个简单的字语来标识相关领域,符合海德格尔素朴的思想风格。当我们还在为存在论与伦理学孰为优先的问题反复争执之际,海德格尔早已将存在论与伦理学以原始的方式统一了起来,“共在论”这个称谓也许能够体现这种思想努力。[②]

当然,要想启用“海德格尔的共在论”这一称谓,还有一个明显的疑难:人们觉得,海德格尔对共在的评价并不高,而且,他对共在的论述要是和亚里士多德比较起来,在内容和风格上差异很大,真的可以有一种“海德格尔的共在论”吗?这种质疑首先牵涉海德格尔的共在论与其个体论的兼容性。众所周知,个体此在是《存在与时间》等作品的核心论题,比如,此在总是我的存在,这是此在的向来我属性(Jemeinigkeit);畏(Angst)将此在的个别化(Vereinzelung)开展出来,以至于表现为实存论的唯我主义(Solipsismus);死亡最能突显出此在的个别化,因为死亡是不可代理的。[③] Jemeinigkeit、Vereinzelung、Solipsismus,这些字语及其相关论述有力地刻画出了人生此在的个体性。所以,海德格尔的个体论色彩是十分明显的,说海德格尔哲学是个体论,人们很容易接受。那么,此种个体论与共在论能够兼容吗?

一、共在论之基本规定

其实,海德格尔对此有非常明确的回答:众所周知,《存在与时间》第9节举出此在的两个基本规定——此在总是我的存在(je meinig)、此在的存在乃是其去存在(Zu—Sein),但是,除此之外,还有一个不容忽视的规定——《存在与时间》第26节将共在规定为此在的本质:在刻画周围世界之际,就已经提示出他人与用具的共同出场,因为用具会指向其使用者;在

---

① 参见Heidegger, *Grundbegriffe der aristotelischen Philosophie* (GA 18), Verlag Klostermann 2005, S. 45ff.

② 有关海德格尔“共在”的探讨,参见王庆节:《论海德格尔哲学中的社会存在论——从“谁之在”分析中的“共在”概念谈起》,《中国现象学与哲学评论》第4辑(现象学与社会理论),上海译文出版社,2002年,第25—52页。王庆节教授认为:“海德格尔的‘共在’理论同时包括否定性的批判意义和积极性的建构意义。对于前者,已有越来越多的人认识到并承认其中的重要意义。但对于其积极层面的意义,更有待更多的后来者去进行认识、批判、阐发和发展。”

③ 参见Heidegger, *Sein und Zeit* (EA), Verlag Max Niemeyer 2006, S. 42, 188—189;海德格尔:《存在与时间》,陈嘉映 王庆节译,三联书店,2013年,第49—50、217—218页。以下有关此书的引文多出自汉译本,有时略加修改。

此在的世界中,并不是只有此在与用具的共在,而且还有具有此在性质的他人与此在的共在;“此在的世界是共同世界(Mitwelt)。在之中就是与他人共同存在(Mitsein mit Anderen)。他人的在世界之内的自在存在就是共同此在(Mitdasein)”①;“此在本质上是共在(Dasein ist wesenhaft Mitsein),这一现象学命题具有实存论和存在论意义”;“即便是此在之独在(Allein-sein)也是在世界中共在。……独在乃是共在的某种残缺样式”。② 即使是所谓的独在,也是某种意义上的共在,这种措辞预示着海德格尔个体论与其共在论的兼容性。

那么,何以说“即使是独在也是某种意义上的共在”? 这就牵涉到海德格尔共在论的独特之处,牵涉到海德格尔有关空间和距离的独特思考。实存论或存在论意义上的“共在”或“独在”,牵涉的并不是物理学意义上距离的远近,并不是物理学意义上两个物体的挨在一起或者没有挨在一起;并不是说两个人挨在一起,他们就共在了,并不是某个人没有和他人挨在一起,他就是独在了;在物理距离上相距遥远的两个人未必疏远,在物理距离上十分接近的两个人未必亲近。③所以,海德格尔关注的共在并不是物理学意义上的共在,而是实存论或存在论意义上的共在,也就是实际生活的共在,在这里,物理距离的远近并不意味着人与人的亲疏远近。由此观之,海德格尔的个体论并不排斥共在论,毋宁说,它警惕的反倒是那种在物理意义上接近而在实存论意义上并不亲近的虚幻的共在(das scheinbare Mitsein),真正的共在(das eigentliche Mitsein)当是个体的美好追求。

当然,共在作为人生在世的基本规定,这一点并非海德格尔特色,毋宁说是许多哲人的共识,例如亚里士多德亦作如是观,概括起来,他从三个视角肯定了共在的必要性。首先,家政学视角,从人的基本需要出发论证共在的必要性。家庭涉及到三种关系——夫妇、父子和主奴。夫妇关系不仅能解决种族繁衍的实际需要,而且有共同生活的快乐;孩子是夫妇之间的联系纽带,父母爱孩子就像手艺人爱自己的作品;至于奴隶(或者译为“仆人”)那就更加必要了,他们从事体力劳动,解决家主的生活所需。亚里士多德甚至说:“与城邦相比,人更需要配偶。家庭先于城邦且更为必需。”④

---

① Heidegger, *Sein und Zeit* (EA), Verlag Max Niemeyer 2006, S. 118.

② Heidegger, *Sein und Zeit* (EA), Verlag Max Niemeyer 2006, S. 120.

③ 参见 Heidegger, *Sein und Zeit* (EA), Verlag Max Niemeyer 2006, S. 106-107; 海德格尔:《演讲与论文集》,孙周兴译,商务印书馆,2011 年,第 172 页。

④ 亚里士多德:《尼各马可伦理学》,廖申白译,商务印书馆,2003 年,第 252—253 页;亚里士多德:《政治学》,吴寿彭译,商务印书馆,2007 年,第 4—5 页以及第 1 卷其他部分。

其次，伦理学视角，从友爱现象出发论证共在的必要性。无论人们处境优越还是困窘，都需要与朋友一起度过；对于处境优越的人而言，财富的保持或者美德的成就都离不开朋友的存在；对于身陷困境的人而言，那就更需要得到朋友的帮助了。①无论人们从事理论活动还是实践活动，有人相伴都是好事情，都比独自一人要好很多；从事交往实践需要有个针对者或者助手，独自一人无法进行；从事理论活动，尽管独自一人也能进行，但是能有合作者，有可能进行得更好。②第三，政治学视角，从整体与部分的角度论证共在的必要性。个人必须在城邦中才能满足其生活需要，脱离了城邦则无法实现生活的自给自足；就像手足在身体之中时，保持自身为手足，一旦离开了整个身体，便不再是手足了；所以说，人是城邦的动物。③

由于海德格尔致力于揭示实存的诸种结构（Strukturen）或者诸种特征④，并不在意对实存之详细刻画，所以，海德格尔的共在论是粗犷的，点到为止——《存在与时间》大致介绍了他人从周围世界中的出场，后来就指出"此在本质上乃是共在"。于是，"共在"（Mitsein）就与"向我我属性"（Jemeinigkeit）和"去存在"（Zu-sein）并列为人生此在的基本规定了。亚里士多德则是从实际生活出发将共在划分为若干类型（家庭、朋友、城邦），进而论述共在的必要性。可以看到在家庭的形式下夫妇、父子和主仆诸种共在的必要性；也可以看到，无论是在何种境况下——身处优越地位还是深陷不幸、从事实践活动还是从事理论活动，共在都是必要的。而且，详细并不意味着琐碎，并不意味着亚里士多德就不追求结构性的东西，毋宁说，详细的论述中蕴藏着深意，蕴藏着海德格尔和亚里士多德在共在论方面的会通之处。

亚里士多德说："一个孤独的人的生活是艰难的。因为，只靠自身很难进行持续的实现活动，只有和他人一道才容易些。"⑤我们知道，亚历山大去世后，雅典的反马其顿情绪高涨，为了避免雅典人对哲学再犯一次罪，亚里士多德主动离开了雅典，回到了斯塔吉拉；第二年，亚里士多德去世了。从考据学的角度，无法推测亚里士多德的死因。不妨这样设想：从雅典这

---

① 参见亚里士多德：《尼各马可伦理学》，廖申白译，商务印书馆，2003年，第228、286—287页。

② 参见亚里士多德：《尼各马可伦理学》，廖申白译，商务印书馆，2003年，第228、306页。

③ 参见亚里士多德：《政治学》，吴寿鹏译，商务印书馆，2007年，第7—9页。

④ 参见 Heidegger：*Sein und Zeit*（EA），Verlag Max Niemeyer 2006，S.12；海德格尔：《形式显示的现象学》，孙周兴译，同济大学出版社，2004年，第78页。

⑤ 亚里士多德：《尼各马可伦理学》，廖申白译，商务印书馆，2003年，第279页。

个希腊世界的文化中心回到极其落后的斯塔吉拉，离开了以往切磋学问的好友，亚里士多德陷入了孤独的境地。在物理学的意义上，亚里士多德身边想必也有很多人与之接近，但是，物理学意义上的接近并不意味着实存论上的亲近。“共同生活对人而言的意义就在于这种交流［思想交流］，而不在于像牲畜那样的一起拴养”①。因此，不得不说，尽管共在是必要的，但是共在并不意味着物理学意义上的零距离或挨在一起，共在必须具备实际生活的主观内涵。用海德格尔的话来说，光是共在还是不够的，重要的乃是真正的共在；用亚里士多德的话来说，光是共在还是不够的，还需要公正，最好是友爱；因为“若人们都是朋友，便不会需要公正；而若他们仅只公正，就还需要友爱”②。

二、公众意见与个体判断

依照海德格尔的观念，共在并不是物理学意义上的零距离或挨在一起，物理学意义上的接近并不意味实存论和存在论意义上的亲近。只有人们掌握了各自的此在，才能在真正意义上为同一事业而努力；③马克思亦曾表示，本真的共同体有赖于自由人的自由联合。④所以，海德格尔的思路是从个体论进展到共在论，真正的共在有赖于人们对各自此在的掌握。然而，这是一件看似简单，实则非常艰难的事业。当我在思考和做事的时候，从表面形式上看，确实是“我”在思考、“我”在做事，但是，这个“我”很可能并不代表“我”的意志，很可能是他人意志的一个执行者。⑤只不过，“我”“他人”这些语言符号的使用，很容易诱使人们相信，“我”就是“我”，“我”不是“他人”。⑥在现代社会，每个人都向往独立自主的生活，但是，独立自主并不是一件容易的事情，并不是只要使用了“我”“他人”这些语言符号就可以轻松地办到。“我”想成为“我”，迫切需要的并不是任性，毋宁说，真正需要的乃是深入了解公众意见的运行机制。

应该说，在海德格尔撰写《存在与时间》的那个年代，公共媒体的规模和影响力还是有限的，根本无法与时下的移动互联网时代相媲美。即使如此，海德格尔已然见微知著，洞察到了公共媒体的魔力：在公共媒体时代，“每一个他人都和其他人一样。这样的共处同在把本己的此在完全消解在

① 亚里士多德：《尼各马可伦理学》，廖申白译，商务印书馆，2003 年，第 283 页。
② 亚里士多德：《尼各马可伦理学》，廖申白译，商务印书馆，2003 年，第 229 页。
③ 参见 Heideger, *Sein und Zeit* (EA), Verlag Max Niemeyer 2006, S. 122.
④ 参见《马克思恩格斯文集》第 1 卷，人民出版社，2009 年，第 571 页。
⑤ 参见 Heidegger, *Sein und Zeit* (EA), Verlag Max Niemeyer 2006, S. 322.
⑥ 参见 Heidegger, *Sein und Zeit* (EA), Verlag Max Niemeyer 2006, S. 126.

‘他人的’存在方式中,而各具差别和突出之处的他人则更消失不见了。在这种不触目而又不能定局的情况下,人们(das Man)展开了他的真正独裁。人们怎样享乐,我们就怎样享乐;人们对文学艺术怎样阅读怎样判断,我们就怎样阅读怎样判断;竟至人们怎样从大众抽身,我们也就怎样抽身;人们对什么东西愤怒,我们就对什么东西‘愤怒’。人们不是任何确定的人,一切人——却不是作为总和——倒都是人们。就是人们指定着日常生活的存在方式”①。可以说,海德格尔的这番刻画,先于马尔库塞对“发达工业社会”的诊断,揭示着大众时代、娱乐时代和消费时代的来临。

在海德格尔看来,公众意见之所以能够发挥如此巨大的作用甚至于在相当程度上支配着我们的日常生活,乃是由于我们日常生活的基本特征——人云亦云、走马观花和不求甚解。可以设想,对于许多事情,我们没有精力事必躬亲地去接触和了解,我们能够亲身接触的范围十分有限;而且,在极度艰辛的身心劳作之后,我们可能会变得异常空虚无聊,需要消费源源不断的新鲜话题,压根儿也没有兴趣深入探究;于是,人云亦云、走马观花和不求甚解就应运而生了,公众意见的支配地位也就建立起来了。公众意见传播得越是广泛,其可靠性、权威性和担保能力似乎就越强。然而,“人们”并不是任何确定的人,公众意见并不能承担任何责任,反倒是把个体此在的责任卸除了,将其独立判断耽搁了。

在海德格尔看来,个体此在消失在公众意见之中,亦即对公众意见的盲从,意味着此在的沉沦或非本真状态。②对公众意见的盲从,在社会心理学中,被称作“从众”(conformity)。在群体生活中,拒绝主流意见,偏离群体规范,成为少数派,需要付出相当的代价。是否从众并非是一个单纯的知识论问题,往往涉及实际利益的纠缠。海德格尔提到,公众意见(Öffentlichkeit)是由庸庸碌碌、平均状态和平整作用构成的;在公共意见的实际运行中,“为差距(Abstand)而操心使共处扰攘不宁”,平均状态“看守着任何挤上前来的例外(Ausname)”,“任何优越状态(Vorrang)都被不声不响地压住”。③戴斯·迈尔斯(D. G. Meyers)指出,在西方社会,个人主义非常盛行,对群体的反抗往往受到赞扬,而“从众”则往往带有贬义。照此意见,海德格尔对盲目从众的批判,并没有脱离西方文化的大背景。不过,戴斯·迈尔斯还提到了社群主义的观点,“我们同时也是社会动物,拥

① Heidegger, *Sein und Zeit* (EA), Verlag Max Niemeyer 2006, S. 126-127.
② Heidegger, *Sein und Zeit* (EA), Verlag Max Niemeyer 2006, S. 176-177.
③ Heidegger, *Sein und Zeit* (EA), Verlag Max Niemeyer 2006, S. 126-127.

有归属的基本需要。……我们要平衡自己的自立需要和依恋需要，私密性和公共性，个人特征和社会认同”①。

事实上，在古希腊时代，特别是苏格拉底那里，群众意见与专家意见的区分与对峙就开始了。苏格拉底在和别人交谈时，经常进行启发式的提问——如果你要修鞋，你要去找谁呢？如果你要修桌子，你要去找谁呢？如果你要获得灵魂的食物，你要去找谁呢？如果你要修理国家这条船，你要去找谁呢？这些提问都试图使人明白，要想把某个领域的事情做好，需要求教这个领域的专家，而不该求教于普通群众。②柏拉图延续了苏格拉底对于群众和专家的区分，而且柏拉图坚信，必须让那些有智慧的人来领导群众和治理城邦，城邦政治才能得到完善。就此而言，海德格尔对盲目从众的批判，仍旧延续着苏格拉底和柏拉图的区分传统。但是，苏格拉底、柏拉图和亚里士多德师徒三代在此问题上的态度并不完全一致，亚里士多德的态度别具一格，海德格尔与亚里士多德在此问题上的异同更需要加以关注。

亚里士多德知道，在许多事情上，需要听取专家意见，而普通群众的意见往往并不靠谱。但是，这并不意味着群众一无是处，可以将群众的意见完全摒弃。亚里士多德这样说：“就多数而论，其中每一个别的人常常是无善足述；但当他们合而为一个集体时，趣味往往可能超过少数贤良的智能”；“集众人的短处可以胜过少数人的优点”；“当平民群众会集在一起时，他们的感觉和审察是够良好的”；因此，在选举和审查执政人员、参与法庭审判以及评判文艺作品等事务上，很有必要发挥群众的作用，而不是将其排除在公共事务之外。③此外，他还这样设问：“……假设一个既是好人又是好公民的群众集团，试问，这个好人集体和那一个好人相比，究竟谁易于腐败？”④亚里士多德的感觉是非常敏锐的，专家意见固然好，但是，专家可能会腐败，于是，聆听群众意见是很有必要的。

与苏格拉底和柏拉图相比，亚里士多德在这方面确实表现出对群众意见的尊重，但是，亚里士多德在另一方面仍旧延续着苏格拉底和柏拉图的思想传统，对于卓越的个体仍旧抱有格外的偏爱。他说：“假如现在有一个

---

① 戴斯·迈尔斯：《社会心理学》第11版，侯玉波等译，人民邮电出版社，2016年，第220—221页。

② 参见罗素：《西方哲学史》，上册，何兆武等译，商务印书馆，2004年，第118页。

③ 亚里士多德：《政治学》，吴寿鹏译，商务印书馆，2007年，第146—150页。

④ 亚里士多德：《政治学》，吴寿鹏译，商务印书馆，2007年，第167页。

人或若干人……德行巍然,全邦其他的人于个人品德以及所表现的政治才能而论,谁也比不上他或他们,……这样卓异的人物就好像人群中的神祇";"整体总是超过部分,这样卓绝的人物,他本身恰恰是一个整体,而其他的人们便类于他的部分,唯一可行的办法就是大家服从他的统治,不同他人轮番,让他无限期地执掌治权。"①亚里士多德的这些话可能给人自相矛盾的感觉——一方面论述了听取群众意见的必要性,另一方面却又将卓越的个体放在极高的位置上,但是,这也许就是亚里士多德的思想风格,所谓的雅努斯面孔,具有两面性。②

亚里士多德的这种思想风格还可以体现在以下这段话中:"不应穷究知识第一原理的原由,因为每个第一原理都由于自身而具有可靠性。所谓普遍接受的意见,是指那些被一切人或多数人或贤哲们,即被全体或多数或其中最负盛名的贤哲们所公认的意见。"③所谓普遍接受的意见,可以分作两种类型:其一,被一切人或多数人认可的意见,源自多数人,体现了他对普通群众的尊重;其二,贤哲们认可的意见,源自少数人,体现了对卓越个体之意见的重视。1924 年夏季学期,海德格尔在阐释亚里士多德文本时,曾经这样说:"意见是谁的意见,乃是意见不可或缺的规定。……意见的可靠性,不仅在于它所传达的实事内容,而且还在于意见的拥有者。"④这说明,海德格尔对于亚里士多德这方面的论述是熟悉的,他应该知道,并非每个个体的意见,亚里士多德都同等重视,毋宁说,亚里士多德格外重视的只是卓越个体的意见亦即少数贤哲的意见。

按照亚里士多德的意见,人与人之间是有差异的,参照赫西俄德的诗句——"自己有头脑最好,肯听别人的劝告也不错,那些既无头脑又不肯听从的人是最低等的人",可以把人划分为三种:其一,本身就有智慧,亦即在真正的意义上拥有逻各斯;其二,本身缺乏智慧,但是能够听从有智慧的人,这样的人既可以说是有逻各斯的(在服从逻各斯的意义上拥有逻各斯),也可以说是没有逻各斯的(毕竟他本身并没有逻各斯,而只是服从逻各斯);其三,本身没有智慧,而且也不听从有智慧的人的引导,彻底脱离了

① 亚里士多德:《政治学》,吴寿鹏译,商务印书馆,2007 年,第 157、176 页。

② 参见 Figal, *Heidegger als Aristoteliker*, in: Heidegger-Jahrbuch 3, Verlag Karl Alber 2007, S. 73. 这里主要是借用这种说法,具体意指不尽相同。

③ 《亚里士多德全集》第 1 卷,苗力田编译,中国人民大学出版社,1990 年,第 353 页。

④ Heidegger, *Grundbegriffe der aristotelischen Philosophie* (GA 18), Verlag Klostermann 2005, S. 150-151.

逻各斯。①古希腊人最经典的生活模式乃是少数贤哲对多数群众的引导(例如伯里克利),通过逻各斯(言谈以及演讲)少数贤哲的个体意见可以被多数群众接受,从而扩散为公众意见。然而,在现代社会,随着教育大众化和大众时代的全面渗透,公众与贤哲的边界越来越模糊了,基于逻各斯的心悦诚服越来越罕见了;每个个体既可以随心所欲地顺从公众意见,也可以轻而易举地抵抗公众意见;个体与大众的双重身份腐蚀着古代社会贤哲之个体判断与公众意见的那种良性秩序。

三、共在之二重性

在海德格尔看来,与他人共在(Mitsein mit Anderen)乃是此在的本质性规定,此在在本质上因他人之故而存在(umwillen Anderer);即使此在在某些处境下并不趋就他人(sich an Andere nicht kehrt),以为不需要他人(ihrer unbedürftig zu sein vermeint),甚至于远离他人(sie entbehrt),此在仍旧以共在之方式而存在。②当然,与他人共在,并非许多主体一起出现,并非许多主体现成地挨在一起,就像许多物体无关紧要地摆在一起那样;人们之所以误入歧途在物理学意义上把握此在与他人的共在,是因为此在与他人的共在首先和通常表现为残缺(defiziert)、淡漠(gleichgültig)和陌生(fremd)的样式:互相怂恿、互相反对、互不需要、形同陌路、互不关己(das Für-, Wider-, Ohne-einandersein, das Aneinandervorbeisein, das Einander-nichts-angehen)。③在这种残缺和冷漠的样式中,此在和他人的共同存在并不本真。而当公众意见运行的时候,这种残缺和冷漠就更加严重,人云亦云、不求甚解和走马观花正是源自这种事不关己的冷漠,因此,此在与他人的共在多半就处在这种非本真的状态中。

不过,即使是在看似积极的样式中,此在和他人的共在也未必就是本真的,例如,拿走他人的操心,代替他人,为他人越俎代庖(dem Anderen die Sorge abnehmen, sich an seine Stelle setzen und für ihn einspringen),如此做派看起来非常积极和温暖,但是,很可能使人成为依附者和被控制者(zum Abhängigen und Beherrschten),而且这种控制(Herrschaft)往往还被遮掩着。相反,不是越俎代庖,不是拿走他人的操心,而是通过作出表率(vorausspringen)等方式,协助他人领悟他自己的操心和自由地运用他自己

① 参见亚里士多德:《尼各马可伦理学》,廖申白译,商务印书馆,2003年,第11、20、34页。

② Heidegger, *Sein und Zeit* (EA), Verlag Max Niemeyer 2006, S. 123.

③ Heidegger, *Sein und Zeit* (EA), Verlag Max Niemeyer 2006, S. 121-122

的操心，总而言之，尽管有所协助，但是，最终还是将操心返还给他人。①在海德格尔看来，本真的共在，当然不可能是那种残缺和冷漠的样式，但是，也并不是那种事无巨细的热心帮助，毋宁说，与他人的本真共在，其出发点还是要让他人成为有操心能力和独立能力的真正的个体。仅当共在双方都能自由地把握自己的此在，才谈得上本真的共在，不是物理学意义上的挨在一起，而是共同此在（Mit-da-sein）。

可以这样说，本真的共在取决于共在双方或者身处共在中的每个此在都达到其本真状态。因此，共在具有本真和非本真两种样式，究其根本，是因为本真状态和非本真状态都是此在的可能性。"此在究其本质而言始终是其可能性"，此在可能获得自身，也可能失去自身；即使此在处在公众意见的支配之下，其通往本真性的可能性也并没有被消除；此在很可能迷失自我，但是未必始终处在迷失之中。②也就是说，尽管此在首先和通常处在非本真状态中，但是，通达本真状态的道路始终是敞开着的。本真状态并不是在非本真状态之外飘荡，并非是从非本真状态挣脱出来的例外，毋宁说，只要对非本真状态有了大彻大悟，进行一些必要的修改和调整（Modifizieren、Modifikation），此在就可以从非本真状态转向本真状态。③也就是说，非本真状态和本真状态之间并没有不可跨越的鸿沟。同样，此在与他人的共在，也可以通过必要的调整从非本真状态转向本真状态。

我们将共在之非本真状态与本真状态称作共在的二重性；当然，非本真状态与本真状态也可以说是此在的二重性，海德格尔正是从此在出发来探讨共在的。此在往往处于非本真状态，亦即消散在人们之中，受到公众意见的支配；公众意见的运作则是依靠人云亦云、走马观花和不求甚解，以至于刚刚被揭示出来的东西很可能被再次遮蔽起来。甚至于可以说，此在在本质上沉沦着（wesenhaft verfallend），亦即处于遮蔽之中（in der Unwahrheit）；"就其完整的实存论存在论意义来说，'此在在真理之中'这一命题同样源始地也是说，'此在在不真中'"；"此在同样源始地在真理和不真中（Das Dasein ist gleichursprünglich in der Wahrheit und Unwahrheit）"④。海德格尔还曾这样说："如果人要在存在的光亮中承受其此在，那么人就必须使其此在坚定下来，他的此在就必须坚持在表象中又反对表象（es im

① Heidegger, *Sein und Zeit* (EA), Verlag Max Niemeyer 2006, S. 122.

② Heidegger, *Sein und Zeit* (EA), Verlag Max Niemeyer 2006, S. 42, 195, 259.

③ 参见 Heidegger, *Sein und Zeit* (EA), Verlag Max Niemeyer 2006, S. 179, 130.

④ Heidegger, *Sein und Zeit* (EA), Verlag Max Niemeyer 2006, S. 222-223.

Schein und gegen den Schein aushalten)，必须同时使表象与存在都不致陷入不存在之深渊。"①

共在之二重性，在海德格尔那里，可以这样概括：共在同样源始地在非本真状态之中和在本真状态之中。此在与他人的共在，倘若处在残缺冷漠的样式中，或者处在过度热心甚至于越俎代庖的样式中，则是非本真的共在。倘若在共在之中，一方引导另一方通晓了自己的此在、操心和自由，双方能够自主、自觉、自愿和自由地共在，则是本真的共在。当然，在实际生活中，呈现出来的可能多半是本真与非本真的混合形态(Mischformen)，对于此种混合形态的划分和描述，那就不是海德格尔的使命了。②区别于海德格尔对结构性刻画的偏好，亚里士多德倒是不弃琐碎，将许多笔墨用于描述共在的诸种形态。在亚里士多德看来，人与人的共在，可以划分为家庭范围内的主奴关系、夫妇关系和父子关系，和城邦范围内自由人之间的关系；诸种关系各有自身的特殊性，但是，无论何种关系，都无法摆脱统治与被统治的关系；于是，统治与被统治乃是亚里士多德眼中人与人共在的基本样式，共在之二重性也要在统治者和被统治者的交往艺术中彰显。

在统治与被统治(亦即领导与被领导)的基本模式下，人与人的共在究竟是处于非本真状态还是处于本真状态？我们可以在亚里士多德的论述中找到一些关键的线索。首当其冲的乃是统治者(领导者)方面，其一，理智水平：统治者应当"赋有理智而且遇事能操持远见"；"能够运用奴隶"，"知道如何指挥奴隶"，"谁要是滥用或误用主人的权威，那就必然损害主奴双方的利益"。③其二，共存之觉悟：不能仅仅"役使群奴从事各种劳务"，"还得教导群奴，培养他们应有的品德"，"奴隶比之儿童，更是需要加以教导"；要"考虑到奴隶的利益"，"因为奴隶如果死灭，主人的利益也就跟着消失了"；要给奴隶设置奖赏，包括自由之许诺，这样他们就会更加自愿地投入劳作；对于自由人特别是年轻人，则要给予职位轮替和代际轮替的许诺，这样才能减少服从的怨言。④就被统治者而言，理智水平仍旧是非常重要的：被统治者的理智水平可以差一些，但是，他们必须具备最起码的

① Heidegger, *Einleitung in die Metaphysik* (GA 40), Verlag Klostermann 1983, S. 117–118；译文参见海德格尔：《形而上学导论》，熊伟、王庆节译，商务印书馆，2005 年，第 111 页；2015 年版新译本，第 126 页。

② 参见 Heidegger, *Sein und Zeit* (EA), Verlag Max Niemeyer 2006, S. 122.

③ 亚里士多德：《政治学》，吴寿鹏译，商务印书馆，2007 年，第 5、20、19 页。

④ 亚里士多德：《政治学》，吴寿鹏译，商务印书馆，2007 年，第 41、134、127、392 页；《亚里士多德全集》第 9 卷，第 293—294 页。

理智水平,那就是“识真”或“信从”,自己可以缺乏理智,但是必须能够“感应别人的理智”。[①]而且,尤其是对于自由人而言,他们的理智水平应当逐步提升,以便适应日后职位轮替和代际轮替的需要。最终,对于统治者和被统治者双方而言,倘若能够在理智方面有了心悦诚服,在利益方面有了共存的信心,再加上节制和宽恕等品行,就可能产生共在的友爱,缓和权力和法律的压迫。[②]能做好这些方面,则会产生本真的共在;反之,则是非本真的共在,或者处于非本真与本真之间的混合状态。

海德格尔和亚里士多德的共在论比较,大致有以下初步结论:其一,就共在之基本规定而言,海德格尔提到,共在是此在的基本规定,共在并不是物理学意义上的挨在一起(Nebeneinanderliegen);这些观念在亚里士多德那里也可以得到认同,但是,亚里士多德进一步将共在落实到地面上——家政学视角、伦理学视角和政治学视角,共在具有各种具体的形态。其二,就公众意见和个体判断而言,海德格尔论述了个体此在沉沦于公共意见的非本真状态,呼吁个体此在转向独立判断之本真状态;相比之下,亚里士多德在很大程度上尊重群众意见,但是,他更加关注的乃是卓越个体的意见如何在公众生活中发挥引领作用。其三,就共在之非本真与本真之二重性而言,可以说,在海德格尔那里,共在同样源始地处于非本真状态与本真状态之中,本真共在之实现有赖于个体此在自主、自觉、自愿和自由地联合;亚里士多德就领导和被领导的各种具体形态论述本真共在的实现问题,唯当领导者与被领导者在理智方面有了心悦诚服,在利益方面有了共存之互信,共在之诸种形态才能通达本真之境界。

进一步说,海德格尔在论述共在问题时,偏好结构性内容的阐发,诸如共在之实存论意义、抵制公众意见之必要性和实现本真共在之个体性条件,往往无视实际生活的质料性内容,诸如家庭、友爱、城邦、领导与被领导的各种形态,个体间智慧水平的差异,以及自由人作为自由人的先决条件——财富问题。因此,海德格尔的论述,一方面,可谓是针砭时弊,启发思考;但是,另一方面,接触的时日长了,便会有空泛无力之感受,大有现代主义甚至后现代主义之偏失。然而,在亚里士多德的论述下,人们正好生活在共在的具体形态(诸如家庭、友爱和城邦)中,由于理智水平的差异、

① 亚里士多德:《政治学》,吴寿鹏译,商务印书馆,2007年,第128、15页。

② 参见亚里士多德:《政治学》,吴寿鹏译,商务印书馆,2007年,第19页。

年龄代际的差异、财富占有的差异,以及其他差异,在领导与被领导之基本模式中,人们往往不能尽遂己意,难免会有所服从。可是,这些正是生活之真实。在心悦诚服和共存互信的基础上,提升理智水平、增加年岁经验和改善生活状况;就在此岸世界中,就在遮蔽中,做些解蔽的工作。这大概是贤哲们对于共在之二重性的认识。

§ 11 阿伦特和伽达默尔:实存哲学的两种格调

前面业已提及,如若与亚里士多德伦理学—政治学相比较,海德格尔哲学在友爱和主从等论题上缺乏详尽的论述。关于海德格尔哲学在友爱论题上的欠缺,可以参考靳希平和张祥龙的评论。靳希平认为,海德格尔在关于与他人共在的讨论中,难以看到涉及人与人之间的友爱和信任的思想;海德格尔的此在分析是一种缺乏爱的哲学;这种不足之处早已被舍勒看到了,后来宾斯万格(L. Binswanger)尝试用友爱的共在论现象学来弥补这种不足。[①]张祥龙认为,海德格尔的本真性生存论的根本发动处是个体化,无法进入或者说忽视了让家有真正生命力的非个体的家人关系,而且暗中将家人关系打发到了非本真的共在或常人混世的状态。[②]友爱现象依循亚里士多德的学科划分属于伦理学,伦理学并不完全等同于实践哲学,尽管许多人在探讨相关问题时可能把伦理学默认为实践哲学了;可以说,依据亚里士多德以及伽达默尔的论述,实践哲学不仅包括伦理学,而且包括政治学。[③]如若说在海德格尔那里缺乏对伦理学领域友爱的关注,那么他在政治学领域所缺乏的可能就是对于主从的关注。

确实,海德格尔哲学在主从论题上同样欠缺详尽的论述,欠缺对主从

① 参见靳希平:《〈存在与时间〉的缺爱现象——兼论〈黑皮本〉的"直白称谓"》,《世界哲学》2016 年第 5 期,第 20—28 页。

② 参见张祥龙:《"家"的歧异——海德格尔家哲理的阐发和评析》,《同济大学学报(社会科学版)》2016 年第 1 期,第 19—29 页。还可以参考赵汀阳的评论:海德格尔用唯我论的忧心去理解世界和他人,本质上是在排斥世界和他人;事实上,只有在与他人的共处中,才能开展实际的生存;他人的恩赐才是个体存在的条件。参见赵汀阳:《第一哲学的支点》,三联书店,2013 年,第 98—109 页;以及赵汀阳:《共在存在论:从天际到心际》,《哲学研究》2009 年第 8 期,第 22—30 页。

③ 依据亚里士多德,"实践智慧"(phronesis)牵涉到伦理学、政治学、理财学和立法学等,参见亚里士多德:《尼各马可伦理学》1141b30 以下,廖申白译,商务印书馆,2003 年,第 177 页;依据伽达默尔,伦理学和政治学都属于实践哲学,参见 Hans-Georg *Gadamer*, *Griechische Philosophie III* (GW7),Verlag Mohr Siebeck 1999, S. 382. 由此可见,"实践哲学",特别是亚里士多德和伽达默尔意义上的实践哲学,牵涉的领域比较广阔,区别于康德意义上的实践哲学。

现象的积极评价；在他看来，herrschen 和 beherrscht 并非本真的共在。①海德格尔实存哲学的这一格调很可能影响到了阿伦特。在《人的境况》中，阿伦特提道："成为自由意味着不受制于生命必然性或他人的强制，亦不受制于自身的强制。意味着既不统治人也不被人统治。"②这段话的德文为：Freisein bedeutete ebenso ein Nichtbefehlen, wie es die Freiheit von dem Zwang der Notwendigkeit und den Befehlen eines Herrn beinhaltete. Freisein hiess weder Herrschen noch Beherrschtwerden. ③其中，"既不统治人也不被人统治"，源自古希腊历史学家希罗多德笔下的欧塔涅斯（Otanes）④，他表示他既不想统治也不想被统治（er wünsche weder zu herrschen noch beherrscht zu werden）。⑤

我们姑且不谈阿伦特相关表述的问题所在——那是我们接下来的分析任务，在这里我们只是要提醒大家注意，阿伦特援引欧塔涅斯的经典表述从而反映出来的思想观念，与海德格尔有着不可分割的关系，特别是与海德格尔的《存在与时间》，甚至可以说与一度流行的所谓存在主义都有联系。虽然海德格尔并不认为他自己属于"存在主义"，但是，无论是萨特的"存在先于本质"，还是加缪的"我反抗，故我存在"，都可以在《存在与时间》中找到他们所理解的共鸣。年轻一代在阅读《存在与时间》时，往往被其中"本真存在的可能巅峰"所吸引，"本真存在"往往被援引为年轻一代反抗秩序、规范和权威的依据，因为年轻人的精神气质本来就是血气方刚和充满着叛逆。

海德格尔实存哲学的这一格调被阿伦特吸收，体现为她对命令—服从模式或者说主从模式的质疑；关于这种质疑，本书第 6 节业已简略提到，稍后我们详细介绍。但是，实存哲学并非只有一种格调。伽达默尔同样是从海德格尔哲学出发，但是却代表着另一格调：他依循海德格尔《存在与时间》的"前结构"论述了前见、权威和传统的合理性。我们接下来首先介绍

---

① 参见 Heidegger, *Sein und Zeit*（EA）, Verlag Max Niemmeyer 2006, S. 122；海德格尔：《存在与时间》，陈嘉映等译，三联书店，2012 年，第 141—142 页：拿走他人的操心，越俎代庖（dem Anderen die Sorge abnehmen, sich an seine Stelle setzen und für ihn einspringen），很可能使人成为依附者和被控制者（zum Abhängigen und Beherrschten），而且这种控制（Herrschaft）往往还被遮掩着。

② 阿伦特：《人的境况》，王寅丽译，上海世纪出版集团，2009 年，第 20 页。

③ Hannah Arendt, *Vita Activa oder vom tätigen Leben*, Piper Verlag 2002, S. 42.

④ 有关欧塔涅斯的故事背景和人物形象，参见希罗多德：《历史》上册，王以铸译，商务印书馆，2005 年，第 225—235 页。

⑤ Hannah Arendt, *Vita Activa oder vom tätigen Leben*, Piper Verlag 2002, S. 424；亚里士多德：《政治学》1325a24.

亚里士多德的主从观念,也就是亚里士多德所代表的古典主义价值观念,然后介绍阿伦特和伽达默尔所反映出来的实存哲学的两种格调,由此说明,海德格尔思想及其效应可能具有两面性。

一、亚里士多德与主从模式的正当性①

众所周知,亚里士多德将人规定为政治的动物或城邦的动物,通常情况下人不能脱离城邦而存在。但是,倘若以物理意义上的空间占用而言,此项规定太容易实现了,任何人在任何情况下始终生活在城邦中,无论其态度是积极的还是消极的,因而,亚里士多德的规定必定另有深意。《政治学》开篇提及,"每一城邦都是某种共同体",并且将政治学研究的初始任务设定为对城邦亦即对共同体之最基本元素的分析。②海德格尔曾用"共在"(Miteinandersein)来译解"共同体"(koinonia)③(《政治学》洛布丛书英译者 H. Rackham 将其译作 partnership),倘若用海德格尔修辞,政治学的初始任务乃是对共在之基本元素的分析。以下将揭示,这种基本元素,真正说来,就是主从关系。

诚然,《政治学》首卷专注于家庭事务的探讨④,但同时业已透露出主从关系更为广阔的意义:亚里士多德提到,主人之领导(arche)不同于政治家之领导,因为主人领导的(首先是)奴隶,而政治家领导的乃是自由人;这意味着,主从关系将扩展到城邦范围内的自由人之间,而且,亚里士多德

---

① 一旦谈及"主从",人们马上就会将它理解为"主奴",主要原因是黑格尔的"主奴辩证法"广为流传。于是,这里需要提前说明一下:黑格尔《精神现象学》使用的词汇确实是主人和奴隶(Herrschaft und Knechtschaft)。但是很可惜,《精神现象学》的这种用词对于领会黑格尔的思想主旨有妨碍,黑格尔原本可能是想说,人们(可惜使用了"奴隶")在劳动中可以得到陶冶和塑造(Bildung),可以获得相当程度的肯定性,但是,"奴隶"这一词语总让人心生不快,不利于传达黑格尔原来想传达的正面意义;《小逻辑》和《法哲学原理》的措辞就更加合适,直接针对现代社会,而不再预设有关奴隶的背景。更为源初的讲法乃是在亚里士多德那里,主人(despozon)和奴隶(doulon)——简称主奴,只是主导(archon)和附从(archomenon)——简称主从——的其中一种表现形式。因此,主从并不等同于主奴。为此,我们要回到亚里士多德政治学,进而考察主从现象的广阔含义或多重意蕴。张志扬教授使用过"主从"这一词语,参见张志扬:《"知其白守其黑"——"主从伦理"之政治秩序掩盖了什么?》,《中国现象学与哲学评论》第 7 辑(现象学与伦理),上海译文出版社,2005 年,第 34—55 页。张志扬教授对"主从伦理"给予了批评,但是他依循着亚里士多德《政治学》,并没有将"主从"等同于"主奴",道理很简单,自由人之间也存在着"主从"关系。

② 亚里士多德:《政治学》,吴寿鹏译,商务印书馆,2007 年,第 3 页。方便起见,引文只标注汉译本页码,有时会根据希腊文本酌情改动;希腊文本参考 Aristotle, Politics(Loeb Classical Library), translated by H. Rackham, Harvard University Press 1944.

③ Heidegger, *Grundbegriffe der aristotelischen Philosophie* (GA 18), Verlag Klostermann 2005, S. 45.

④ 参见亚里士多德:《政治学》,吴寿鹏译,商务印书馆,2007 年,第 4—5 页;第 14—15 页;第 10 页;第 36、39 页。

明确指出:“在主奴关系的统治之外,另有一类自由人与自由人之间的统治,被统治者和统治者的出身相同。”①亚里士多德主要从以下三个角度加以说明自由人之间的主从关系:其一,全体公民天赋平等(其实是权利平等),因而不能让部分公民始终处于领导地位,而让另一部分公民始终处于被领导地位,而应当通过一定程序(如选举制和任期制)实现领导职务的轮替;其二,一个公民往往要经历由下到上的历练和成长,总是要先做较低的职位,明显居于被领导地位;有可能将来走上最高职位,似乎不受他人领导;但是,在此期间,往往身处中等职位,一方面领导一些人,另一方面被更高级别的人领导着,在此过程中,当然要通晓领导和被领导两方面的才能。其三,青壮年和老年的分别往往也是被领导者和领导者的分别。当然这种分别不能固化,是要变化的;一方面青壮年多半对年长者心悦诚服,另一方面青壮年具有上升的空间和希望。②

亚里士多德揭示了主从关系的三种版本:最初限定为主奴关系,紧接着扩展为家庭范围的主奴关系、夫妇关系和父子关系,最终扩展为家庭范围内这三种关系和城邦范围内自由人之间的领导与被领导关系。除此以外,亚里士多德的主从关系尚有若干方面值得探究。首先,主从划分的必要性。亚里士多德使用希腊世界常用的灵魂和身体划分来做类比,既然灵魂与身体之间的主从关系合乎自然而且有益,那么,人与人之间的主从关系也应当是合乎自然而且有益的。这种益处在于,一方主导,另一方附从(受命而行),双方互相分工而且通力合作,有益于事业之完成。当然,亚里士多德此外还将奴隶视为有生命的工具和财产,论述奴隶对于匠师即主人的不可或缺的意义。③这种措辞难以见容于现代社会。我们应当更加关注其中蕴含的主从双方合作的积极意义,切勿陷入孰为工具的争议和泥潭;孟子有关劳力和劳心的区分,亦可以从分工和合作的积极意义去做理解。

其次,主从划分的依据。尽管亚里士多德最初谈论此问题时,多半是在主奴关系的框架下进行的,但我们目前致力于揭示其中适用于主从关系的一般意义。主导的一方要有理智,遇事能操持远见,而附从的一方必定是欠缺理智;在亚里士多德看来,奴隶完全不具备理智,妇女的理智不充

① 亚里士多德:《政治学》,吴寿鹏译,商务印书馆,2007年,第19页、第127页;

② 参见亚里士多德:《政治学》,吴寿鹏译,商务印书馆,2007年,第46—47页;第126—127页;第392—393页。

③ 参见亚里士多德:《政治学》,吴寿鹏译,商务印书馆,2007年,第14—15页;第11—13页。

分，而儿童的理智不成熟。不过，附从一方的理智水平至少也要能够感应别人的理智，否则就无法领会和无法执行主导者的远见，而且，还需要有体力上的优势。①当然，关于奴隶之获取和男性优越于女性的观念，难以见容于当代社会。只是在当时希腊社会，战俘沦为奴隶乃是十分平常的事情；并且当时唯有男性才接受教育，故而有可能优越于女性。撇开诸如此类的历史性瑕疵以及可能的种族性瑕疵，可以看到，亚里士多德划分主从的主要依据是理智水平的差异。

尤其值得注意的是，亚里士多德反复强调，主从之间的相处要有若干原则，而且首先就对领导者进行了劝诫。主从关系的要领不在于一方占有另一方，而在于一方善于领导和驾驭另一方；要注意教导和培养被领导一方应有的品德；滥用或误用领导者的权力，将会损害主从双方的利益；主从关系的建立最好是出于自愿，而不是出于强迫，如此才能避免仇恨，才有可能在主从之间形成友爱。当然，对于被领导者，实际上也有相应的告诫：要能感应领导者的理智，尽管原来针对的是奴隶；要把乐于顺从作为勇毅，尽管原来针对的是妇女；必须先行研习受命和服从的品德、要明白主政的良规，必先学习服从的道理。主从双方共处的基本原则，尤其重要的是以下两条：其一，领导者要有智慧，被领导者要能识真和信从；其二，领导者务必要兼顾领导者自身和被领导者双方的利益。②

当然，亚里士多德非常清楚在领导者—被领导者体制下亦即主从体制下可能带来的诸种弊端，所以，他同时探讨了相关方面的许多细节：既要追随贤哲，也要让群众（被领导者）享有一定权力（如审议和监督）；即使有贤哲治国，也要有成熟的法律作为规范；职位要传贤，不可私自传子；各级官吏要由公众选举，而不可由领导者私自任命。③姑且不论古希腊社会的历史局限（例如奴隶制度和妇女问题），可以说，亚里士多德论述主从关系的生活基础乃是曾经高度繁荣的古希腊政治文明（特别是雅典的民主政治），所以，亚里士多德讲授主从关系的格调和立意自然不同于专制政体下讲授君臣关系的格调和立意。毋宁说，亚里士多德主从观念的核心内容可以概括如下：其一，主导和附从，或领导与被领导，乃是政治生活的必要秩序，是政治共在的基本元素；其二，主从双方要遵从各自的德性，顾及双方

① 参见亚里士多德：《政治学》，吴寿鹏译，商务印书馆，2007年，第5页、29页、15页。

② 参见亚里士多德：《政治学》，吴寿鹏译，商务印书馆，2007年，第20页、第41页、第19页、第19页、第15页、第40页、第127、393页、第128页、第134—137页。

③ 参见亚里士多德：《政治学》，吴寿鹏译，商务印书馆，2007年，第154—172页。

的利益,如此才能实现积极的共在和共存。

二、阿伦特对命令—服从模式的质疑

1963年,《艾希曼在耶路撒冷》出版,这部作品不仅传达了阿伦特有关恶的平庸性的思考,更为重要的是,它借助艾希曼事件这个典型案例突显了阿伦特对命令—服从模式的质疑。在现代行政体系中,个人早已成为行政程序或行政流水线上的一道小小的工序,"依照上级命令行事"①乃是行政流水线的基本准则。卢卡奇曾有类似论述:不仅在经济领域发生了分工、机械化和物化,在政治领域同样存在物化:"个别官僚必然完全服从于他所属的关系系统,以为正是他的荣誉、他的责任需要这样一种完全的服从。"②具有批判意识的哲学家往往会提出一个致命的问题,冲击着日常生活的常规秩序:倘若在行政体系中上级传达了一个不正确、不合法的命令,那么,下级该如何行事——仍旧服从这个命令还是拒绝服从?

阿伦特指出,尽管在现行法律体系中可能包含"不得执行公然具有犯罪性质的命令",但是,上级命令究竟何时合法何时不合法,欲使下级具有这样的识别能力和判断能力,并不是一件容易的事情。③实际情况很可能是,即使上级命令不恰当、不合法,而下级也可能稀里糊涂、不假思索和不负责任地依照命令行事。此外,还有一个关键原因被卢卡奇提及:下属之所以乐于服从上级,乐于按照上级命令行事,这在现代行政体系中,主要是因为任何下属都非常渴望维护并提高自己的工作待遇,以及尽可能把握机会晋升职务以至于"上升为统治阶级"。④可见,"不服从"不仅是单纯理性运用的事情,还牵涉到利益的计算,需要具有超脱利益得失的能力。

1970年,阿伦特特别撰写了《论公民不服从》,文章提道:"当为数众多的公民都相信,正常的变革渠道不再畅通,冤屈将无法上达视听、洗刷昭雪时,或是相反,当政府试图改变或已经着手变革,并且坚持那些其合律性和合宪性遭到严重质疑的行为方式时,就会发生公民不服从。"⑤但是,请注意:阿伦特此番措辞始终具有假言判断的性质,亦即其前提是社会处在非常态下,只有在此前提下才能导出公民不服从的合理性。而疑难依旧存

① 阿伦特:《艾希曼在耶路撒冷》,安尼译,译林出版社,2017年,"德文版前言",第12—14页。

② 卢卡奇:《历史与阶级意识》,杜志章等译,商务印书馆,2014年,第168—169。

③ 阿伦特:《艾希曼在耶路撒冷》,安尼译,译林出版社,2017年,"德文版前言",第14—16页。

④ 卢卡奇:《历史与阶级意识》,杜志章等译,商务印书馆,2014年,第266页。

⑤ 阿伦特:《共和的危机》,郑辟瑞译,世纪出版集团,2013年,第55—56页。

在：如何判断身处的社会处在常态还是非常态，就像前面提及的疑难——如何识别某一上级命令是合理的还是不合理的？可见，“不服从”具有假言判断的性质，属于“假言命令”，并不是无须考虑任何前提的“绝对命令”。

实际上，在以艾希曼事件为典型案例质疑命令—服从模式之前，阿伦特在1958年就已把这一模式追溯到古希腊哲学并且展开批判了。在阿伦特看来，柏拉图的《政治家》区分了两种行动模式，一种是archein（统治、领导），负责发号施令，另一种是prattein（实践、实行），服从和执行命令。这样一来，领导者（archon）不必参与具体行动（prattein），只需要领导（archein）那些能够执行命令的人；而被领导者则只需要单纯地执行命令。①在她看来，这就是命令—服从模式的哲学史起源。这种模式影响着人们的行动能力，侵扰着人的复数性、多元性。但是，我们宁可认为，这是社会分工的需要，一方专门运思谋划，另一方负责具体实施，而负责具体实施的当然要服从专门运思谋划者的领导。例如，在军事领域，冲锋陷阵的战士当然要服从谋划和决策的指挥机构；在建筑行业，负责具体施工的工人当然要服从设计人员的建筑蓝图。古代中国孟子所谓劳心和劳力的区分和劳心者领导劳力者的秩序，总体而言是讲得通的。即使是在现代社会，虽然法律上人人平等，但是也并不能保证，人们在实际分工中所处的职位都是平等的。

阿伦特不仅从知行分离（进而影响行动能力和人的复数性）的角度质疑命令—服从模式，而且更进一步，她试图将命令—服从模式和主奴关系等同起来。在她看来，柏拉图是想把家庭范围内的主人和奴隶的关系运用到城邦管理中；并且，她还把柏拉图的这种观念当作是希腊人的一般观念：“按照希腊人的理解，统治和被统治的关系，命令和服从的关系，从本质上来说就是主人和奴隶的关系，从而排除了一切行动的可能性。”②这一攻击在读者范围内引起了空前的共鸣，以至于人们把求职说成是卖身为奴；人们为不服从命令找到了极好的理由——命令—服从模式基于奴隶制，而奴隶制乃是违反人性的。然而，我们前面介绍过亚里士多德的主从观念，主从关系并不等同于主奴关系，并不仅仅局限于家庭范围内，完全适用于自由人和自由人之间：由于职位轮替、年龄代际和职务层级等原因，自由人往

① 阿伦特：《人的境况》，王寅丽译，上海世纪出版集团，2009年，第173—174页。

② 阿伦特：《人的境况》，王寅丽译，上海世纪出版集团，2009年，第174页。

往需要兼有领导和被领导双重能力。因此，在希腊人眼中，领导和被领导并没有被等同为主奴关系。

由于阿伦特将命令—服从模式（也就是我们提及的主从关系）限定为主奴关系，导致她在一些重要论断上出现偏差，容易产生误导。她提道："在古代人的摆脱生命必需品的（from the necessities of life）自由和脱离他人强制的（from compulsion by others）自由之外，哲学家们又加上了免于政治活动的（from political activity）自由。"①这里提及三种自由：a）摆脱生命必需品的自由，b）摆脱他人强制的自由，c）免于政治活动的自由；其中，b）"他人强制"，应指主奴关系中的命令和服从，而c）"政治活动"应指自由人之间的命令和服从。但是，她在另一处却这样表述："成为自由意味着不受制于（not to be subject）生命必然性或他人的命令（the command of another）……，意味着既不统治也不被统治。"②这里"受制于他人的命令"并没有明确是主奴关系中的还是自由人之间的命令和服从，但是，她却紧接着宣布，自由"意味着既不统治也不被统治"，实际上是将b和c两种关系都作为不自由的而加以排除了。这种做法缺乏层次性，极具误导性。

诚然，在柏拉图和亚里士多德哲学中，沉思生活被赋予了崇高的地位，在一定程度上超过了公民从事的政治生活和奴隶从事的生产劳动；特别是在亚里士多德看来，沉思生活具有更多的自主性和闲暇，而政治生活却致力于外在的东西，如职位和荣誉。③但是，无论如何，政治生活才是古希腊公民社会的主流生活，沉思生活只是为数较少的哲学家们的事业。在柏拉图和亚里士多德的刻画中，参与政治生活，塑造诸种德性，乃是成年公民首要的使命。至于从政治生活中退出，潜隐于沉思生活中，主要是出于两种考虑：其一，当一个公民业已完成了其政治责任，经由职位轮替才退出了政治生活。其二，当城邦的现存政治陷入腐败以至于无可作为时，原本欲有一番作为的公民才因时而退隐。亚里士多德提到，充当若干奴隶的主人未必胜过一个人的独立且自由的生活，但是，切勿以为主从关系仅仅存在于主人和奴隶之间。④也就是说，政治生活的有意义开展，需要设定一个必要前提，那就是主从关系，亦即命令—服从模式在自由人之间的合理性存在。

① 阿伦特：《人的境况》，王寅丽译，上海世纪出版集团，2009年，第7页。

② 阿伦特：《人的境况》，王寅丽译，上海世纪出版集团，2009年，第20页；英文版参见Hannah Arendt, *The Human Condition*, University of Chicago Press 1998.

③ 亚里士多德：《尼各马可伦理学》，廖申白译，商务印书馆，2003年，第306页。

④ 亚里士多德：《政治学》，吴寿鹏译，商务印书馆，2007年，第354页。

与此相反,所谓既不统治又不被统治,实际上意味着政治生活的毁灭,取消了任何有意义的政治生活的可能性。

三、伽达默尔论权威和传统的合理性

海德格尔在《存在与时间》提及理解和解释的前结构,“解释从来不是对先行给定的东西所作的无前提的把握”,“一切解释都活动在前已指出的前结构中”。①伽达默尔在《真理与方法》以海德格尔前结构为出发点进一步谈到了权威以及传统的正当性。在伽达默尔看来,海德格尔提出前结构乃是出于“存在论的意图”(Ontologische Absicht)②;但是,我们接下来将说明,伽达默尔对于前结构的运用和发挥就不仅是存在论的意图了,而是具有实践哲学的意蕴或者说伦理政治方面的意蕴。伽达默尔援引海德格尔的话表明他的工作方式:解释的任务不能把前见(Vorhabe)处理为偶然想法和流俗意见(Einfälle und Volksbegriffe),而要从实事本身出发将前见当作科学研究的论题。进一步而言,要对他人的讲话或著作保持开放的态度,切勿因为那些是他人的前见而加以排斥;“前见”(Vorurteil)未必就是错误的,就其概念而言,它兼有肯定性和否定性;只是由于启蒙运动,前见概念的否定性才得到了前所未有的强调。③

在伽达默尔看来,“启蒙运动的普遍倾向就是不承认任何权威,并把一切都放在理性的审判台面前”;理性取代权威,取代传统,成为真理的唯一源泉;康德在《何谓启蒙》就提出了启蒙的口号:大胆使用你自己的理智。这里暂且不提康德论述启蒙的诸种意蕴,姑且依据伽达默尔的论述过程介绍伽达默尔的理解。在伽达默尔看来,如此这般的启蒙运动实际上是从原则上否定了前见。为此,他呼吁,要为前见恢复名誉,要让人们认识到前见的合理性。④在他看来,前见可以分为两类:其一,由于他人的权威而导致的前见,人们觉得权威是正确的,从而没有有意识地使用自己的理性;其二,由于人们自己的过分轻率而导致的前见,人们没有使用正确的方法从而产生了相应的前见。面对这两类前见,需要分别对待:由于轻率而导致的前见,我们必须加以克服,这一点是毫无疑问的。但是,由于权威而导致的前见,却不能笼统地加以全部排斥;因为,“如果权威的威望取代了我们

① Heidegger, *Sein und Zeit*(EA), Verlag Max Niemmeyer 2006, S. 150, 152.

② 参见 Hans-Georg Gadamer, *Hermeneutik I* (GW1), Verlag Mohr Siebeck 1999, S. 270-271.;但是,伽达默尔在此并未标注海德格尔原文的页码。

③ 参见 Hans-Georg Gadamer, *Hermeneutik I* (GW1), Verlag Mohr Siebeck 1999, S. 273, 275.

④ 参见 Hans-Georg Gadamer, *Hermeneutik I* (GW1), Verlag Mohr Siebeck 1999, S. 276

自身的判断,那么权威事实上就是一种偏见的源泉。但是,这并不排除权威也是一种真理源泉的可能性"①。这就是说,由于权威而导致的前见,有可能会导致错误的认识,但是,权威意见之为权威意见,多半还是正确的。

通常而言,权威与服从有着不可忽视的关系,而且,"拒绝权威"和"拒绝服从"有可能具有某种反对专制和反对独断的伦理政治意蕴,这些反对与启蒙运动以来理性和自由的价值观念保持一致。但是,伽达默尔大声疾呼:命令—服从,并不是权威的本质,尽管这些东西确实与权威有关系;毋宁说,权威的本质在于某种承认和认可,亦即"承认和认可他人在判断和见解方面超出自己,因而他的判断领先,即他的判断与我们自己的判断相比具有优先性"。在权威的存在方式中,确实存在着命令和服从,但是,权威的来源和基础乃是他人的承认和认可,因而可以说,权威的基础乃是自由和理性,并不是盲目和无理性。伽达默尔甚至这样表述:"因为上级具有更完善的知识,所以理性才从根本上认可上级有权威"(……weil er[dem Vorgesetzten] mehrüberschaut oder besser eingeweiht ist, Autorität zubilligt, also auch hier, weil er es besser weiß)。②

当然,伽达默尔从前见出发为权威正名的努力,主要是在诠释学的层面上进行的,是在理论层面上,并不意味着伽达默尔是在为某个特殊的权威制度或权威人物进行正当性的辩护。他在相关论述的脚注还提到:Die Partei[oder der Füher] hat immer Recht(与德国纳粹时期的政治口号有关)之所以是错误的,并不是因为它要求领导的优越性(weil er die Überlegenheit der Führung in Anspruch nimmt),而是因为它服务于压制批评的权力运作(die Führung durch Machenscheid gegen jede Kritik)。伽达默尔还提及他与哈贝马斯的相关争论,提及哈贝马斯主编的论文集《诠释学和意识形态批判》以及伽达默尔自己的讲演《论权威和批评自由的关系》(Über den Zusammenhang von Autorität und kritischer Freiheit);此外,他还有一个专门的表态:Wahre Autorität braucht nicht Autoritär aufzutreten,真正的权威并不需要独裁者出现。③真正的权威,并不需要独裁者,这就是说,真正的权威要兼容对于权威的批评,这方面可以参考修昔底德和普鲁塔克笔

① Hans-Georg Gadamer, *Hermeneutik I* (GW1), Verlag Mohr Siebeck 1999, S. 276, 282, 283.

② Hans-Georg Gadamer, *Hermeneutik I* (GW1), Verlag Mohr Siebeck 1999, S. 284.

③ Hans-Georg Gadamer, *Hermeneutik I* (GW1), Verlag Mohr Siebeck 1999, S. 284. 洪汉鼎先生译文为:"真正的权威并不需要权威者出现",可能不太确切:有权威,却没有权威者,这样讲比较费解。毋宁说,更加确切的理解是:真正的权威,却没有独裁者;Autoritär 这个词语的意义主要偏向于贬义。

下伯利克里的人物形象。

伽达默尔从前见出发不仅致力于说明权威的正当性,而且致力于说明传统的正当性。传统乃是由于流传和习俗而形成的,可能并未成文,但是具有权威性,而且是无须经过证明就有的那种有效性。当受教育者年纪成熟并且拥有了智慧,他们开始运用自己的独立见解,但是,这种所谓的独立并不意味着他们能够"摆脱一切习俗和传统";于是,在伽达默尔看来,传统和理性并不存在绝对的对立,毋宁说,理性总是植根于传统的基础之上。①在某一次访谈中,伽达默尔也提到,大学教师们可以传授知识,但是可能无力于培养年轻人的性格,因为在年轻人进入大学之前,他们已经受到习俗和传统的影响而形成了各自的性格,已经有了相应的前见,而大学教师们要想使学生们逾越其自身的诸种前见,那并不是一件容易的事情;因而,在古代作家诸如柏拉图和亚里士多德那里曾经多次强调,良好的法律和社会习俗对于青少年的健康成长和性格培养具有非常重要的作用。②

伽达默尔向我们传达的观念亦即前见、权威和传统的正当性,当然是有合理性的,引人思考。不过,伽达默尔在相关论述的表述细节上,可能也有不太确切的地方。例如,他认为,启蒙运动诋毁一切权威,没有看到权威本身就是真理的一种源泉,并且为了证明这一点特别援引了"欧洲启蒙运动最伟大的先驱者之一笛卡尔",认为"笛卡尔把道德性事物完全从理性重新完善地构造一切真理的要求中排除出去",他指出的这些只能说是笛卡尔的一个方面。③事实上,笛卡尔仅仅把普遍怀疑设定在思想的范围,在实践方面他有另一种明确的表态:"服从我国的法律和习俗,笃守我靠神保佑从小就领受的宗教","永远只求克服自己,不求克服命运,只求改变自己的愿望,不求改变世间的秩序"。④即使是在康德那里,尽管他提出要勇于使用自己的理智,但是,其实还有另一方面;勇于使用自己的理智仅仅被限制在作为学者对于理性的公开的使用,涉及关于公民所在岗位的诸种事务,作为公民人们必须服从。⑤

---

① 参见 Hans-Georg Gadamer, *Hermeneutik I* (GW1), Verlag Mohr Siebeck 1999, S. 285-286.

② 参见陈郑双:《三位现代思想家之友爱》,载于柏拉图:《吕西斯》译疏,陈郑双译疏,华夏出版社,2014 年,第 162—163 页。

③ 参见 Hans-Georg Gadamer, *Hermeneutik I* (GW1), Verlag Mohr Siebeck 1999, S. 283.

④ 笛卡尔:《谈谈方法》,商务印书馆,2000 年,第 19、21 页;参见邓晓芒、赵林《西方哲学史》,高等教育出版社,2005 年,第 143 页。

⑤ 参见康德:《回答这个问题:什么是启蒙》,《康德著作全集》第 8 卷,李秋零编译,中国人民大学出版社,2010 年,第 40—42 页。

与此相应,黑格尔实际上对"自由"作了两方面的规定:其一,自由(Freiheit)不是任性(Willkür),"当我们听说,自由就是可以为所欲为,我们只能把这种看法认为是完全缺乏思想教养"。这一条我们通常都清楚,关键是还有另一并不显赫的规定:其二,自由不仅不是任性,不是为所欲为,而且还要能够"适应别人的任性"(nach der Willkür anderer)。黑格尔这样说:"在市民社会中,每个人都以自身为目的,其他一切在他看来都是虚无",这句话生动地刻画着现代性和现代人,诚如海德格尔和阿伦特对自主性的追求;但是,"如果他不同别人发生关系,他就不能达到他的全部目的";"我必须配合着别人的行动,……我既从别人那里取得满足的手段,我就得接受别人的意见,而同时我也不得不生产满足别人的手段。于是彼此配合,互相联系,一切个别的东西就这样成为社会的","普遍性的形式就是由此而来"。① 依循这种看法,我们必须与他人相配合,即使他人有做得任性的地方,通常而言,我们也得适应着。由此可见,实存哲学的另一格调,不仅可以在伽达默尔那里看到,而且可以溯源到德国古典哲学特别是黑格尔哲学那里。②

§ 12 伦理政治领域非本真性的缘起

我们在前面③业已提到,海德格尔哲学在友爱和主从等论题上欠缺详细的论述,而且没有给予这些现象以正面的和积极的评价。在这里,我们不妨介绍一番伦理学—政治学对于友爱和主从现象的正面论述,这样一来,就可以和海德格尔哲学形成对照。关于友爱现象的经典论述自然是亚里士多德的友爱论,而关于主从或服从现象的经典论述不仅可以在亚里士多德哲学中找到,而且可以在契约论哲学中找到。但是,我们将要介绍的友爱和服从等现象,一方面确实是经典理论给予明确肯定的"正面论题",另一方面却也包含着一些"阴暗的潜流":这些经典理论的出发点固然是良好的,固然可以自圆其说,但是也会衍生出一些疑难或症结,用海德格尔的话语来说,可谓是人生共在的非本真性。

关于人生共在的非本真性,前面同样业已提及,海德格尔所谓的非本

---

① 参见黑格尔:《法哲学原理》,范扬等译,商务印书馆,2014年,第25页、第209页、第197、207页。

② 关于实存哲学的两种格调,参见本书结论部分最后一节"黑格尔版实存哲学与实存哲学的运行机制"。

③ 参见本章第一节亦即本书第10节"海德格尔与亚里士多德的共在论比较"。

真性至少包括以下两种情形：其一，此在与他人的共在首先和通常表现为残缺、淡漠和陌生的样式：互相怂恿、互相反对、互不需要、形同陌路、互不关己①；在这种残缺和冷漠的样式中，此在和他人的共同存在并不本真。其二，即使是在看似积极的样式中，此在和他人的共在也未必就是本真的，例如，拿走他人的操心，代替他人，为他人越俎代庖，如此做派看起来非常积极和温暖，但是，很可能使人成为依附者和被控制者（zum Abhängigen und Beherrschten），而且这种控制（Herrschaft）往往还被遮掩着。②概括而言，依循海德格尔的论述，人生共在的非本真状态至少有这样两种样式：a. 残缺而冷漠的样式；b. 控制和依附的样式。

按照这样的概括，所谓人生共在的非本真性也就获得了考察的标准，于是，我们接下来就依循这些考察标准来审视伦理学——政治学的某些经典理论。通过诸种考察，我们将揭示出：

i. 如若真正的友爱是高山和流水之间的德性相似，那么高人和众生之间必定有着嫌隙和漠视；如若一个人只能和有限多的朋友共同生活，那么意欲和他共同生活的人们必定会发生矛盾冲突；如若以为在德性上有了差距就意欲终止友爱，那么必定会出现感情和利益上的纠纷。

ii. 无论是依照亚里士多德哲学，还是依照社会契约论哲学，“服从”都是政治生活中的“正常现象”，要么是基于智慧水平的差异，要么是基于守护契约的需要；但是，倘若用海德格尔哲学的视角来审视，这种“服从”现象可能会衍生出非本真的共在。

iii. 无论是依照黑格尔之矛盾进展，还是依照尼采之力量增殖，冲突与斗争，殖民与战争，都是生命体本身的需要或者说是生命体之本能；但是，倘若用海德格尔哲学的视角来审视，这些可能会衍生出非本真的共在。

一、“友爱”现象与非本真性的缘起

“人类自然是趋向于城邦生活的动物”③，这是亚里士多德政治学的基础，这句话意味着，人们多半不能脱离城邦而存在，多半要被卷入城邦的诸种秩序之中，多半要处于某种被统治或某种统治的关系之中。这种秩序的基础在于人们在理智方面的不均衡，有的人拥有充分的理智，有的人理智不充分或者尚不成熟或者完全没有理智。然而，理智因素并不是人的生活的全部，人的生活还需要顾及情感和友爱，于是，“人是政治的动物，必定要

① Heidegger, *Sein und Zeit* (EA), Verlag Max Niemeyer 2006, S. 121-122.

② Heidegger, *Sein und Zeit* (EA), Verlag Max Niemeyer 2006, S. 122.

③ 亚里士多德：《政治学》，吴寿鹏译，商务印书馆，2007年，第2页。

过共同的生活”①,这句话作为亚里士多德伦理学的基础,就牵涉到了人的情感和友爱因素。人们多半不愿孤独地生活,而是情愿和他人一起生活;无论是处于好运中还是厄运中,人们都需要朋友;无论是从事理论活动还是从事实践活动,两个人结伴而行总比一个人强;亚里士多德意识到,对于共同体的维护而言,光靠公正还是不够的,还需要友爱。②

“友爱”(philia)固然离不开情感和感性,但是,亚里士多德作为哲学家,不得不用理性的目光考察友爱;当然,这并不意味着将情感和感性因素彻底排除掉,而是说,友爱需要接受理性的引导。按照希腊哲学的一贯做法,首先需要对友爱进行分类。可爱的事物有三种——有用的事物、令人愉悦的事物和本身即是善的事物,与此相应,友爱可以分为三种:由于有用而建立的友爱、由于快乐而建立的友爱、由于朋友自身之故而建立的友爱。前两种友爱是偶性的,不是由于朋友自身之故,随着其中一方的某种变化,这两种友爱容易解体,因此,这两种友爱是不持久、不可靠的。与此相反,由于朋友自身之故而建立的友爱或者说由于德性上的相似而建立的友爱,则是持久的、可靠的。③

当然,亚里士多德将友爱划分为以上三种类型,并不是说这三种友爱是截然对立的,在他看来,最完善的友爱亦即由于德性上的相似而建立的友爱,互相之间既是有用的,也是令人愉快的。他说:“好人既是总体上好又互相有用。他们每个人也在这两种意义上令朋友愉悦。因为好人既在总体上令人愉悦,互相之间也感到愉悦。”这是因为,他们在长期的共同生活中形成了“共同的道德”、共同的习惯。④但是,在亚里士多德看来,似乎只有两个好人之间才能建立这种最完善的友爱,才能兼容有用、愉快和共同的道德,而在“两个坏人之间,一个公道的人和一个坏人之间,一个不好不坏的人和一个好人、坏人或不好不坏的人之间”,只能形成出于有用的友爱或出于快乐的友爱。这两种友爱不是严格意义上的友爱,而是类比意义上的友爱。⑤照此逻辑,倘若两个人达不到“好人”的标准,就难以建立最完善的友爱。

---

① 亚里士多德:《尼各马可伦理学》,廖申白译,商务印书馆,2005 年,第 278 页。

② 亚里士多德:《尼各马可伦理学》,廖申白译,商务印书馆,2005 年,第 279、286、228、229 页。

③ 亚里士多德:《尼各马可伦理学》,廖申白译,商务印书馆,2005 年,第 232—233 页。

④ 亚里士多德:《尼各马可上伦理学》,廖申白译,商务印书馆,2005 年,第 234 页。

⑤ 亚里士多德:《尼各马可伦理学》,廖申白译,商务印书馆,2005 年,第 235—236 页。

亚里士多德表示:“在有关实践与感情的事务上,如已经多次说过的,我们只能获得题材所容有的那种确定性”;“不同的情况之间在重要性程度上,在高尚性和迫切性程度上,都千差万别”,对于这些事情难以作出确切的规定。①这就需要我们面对各个不同的生活处境,审时度势,相时而动。例如,在朋友的数量方面,亚里士多德指出,“一个人不可能是许多人的朋友”,因为友爱的维系需要共同生活,一个人不可能和无限多的人共同生活。②诚然,人们都渴望友爱,但是,人的交往能力终究是有限的,一个人只能拥有有限的朋友。至于这个限度,无法作出确切的规定,人与人的差异很大,对于有的人而言,这个限度的数值大一些,对于有的人而言,这个限度的数值小一些。

同样,在友爱的终止问题上,我们也难以作出确切的规定。友爱基于共同生活,如果不在一起生活,那么,友爱也就岌岌可危了。亚里士多德这样表述:“分离虽然不致摧毁友爱,却妨碍其实现活动。但如果分离得太长久,友爱也会被淡忘”。③ 亚里士多德的措辞很有讲究,没有说分离“摧毁”友爱,而是说分离“妨碍”友爱的实现活动;分离得“太长久”,友爱就会被“淡忘”;这里的“妨碍”、“太长久”和“淡忘”都留有余地,因为这种涉及实践和感情的事情并不存在绝对的确定性。再者,如果朋友之间在品德等方面出现了差距,这时候,友爱的终止在亚里士多德看来是很自然的事情,当然也可以给予其中一方改进和进步的机会,如果到时候差距仍旧存在,那就可以终止友爱;对于昔日的朋友,通常而言,可以给予适当的关照。④那么,差距达到何种程度就可以终止友爱呢?亚里士多德说:“对这种差距的界限不可能作出一个精确的规定,差距可以越来越大,而友爱依然存在。但是差距如果大到像人距离神那样远,友爱就肯定不能保持。”⑤

按照亚里士多德的意见,最完善的友爱乃是基于德性的相似,这种友爱同时兼有有用和愉悦两种因素。这是经典论述,这种友爱在等级排序上固然是极其崇高的;不过,这一经典理论的日常运用可能会衍生出一个问题,同样可以从“勿友不如己者”(《论语·学而篇》)衍生出这个问题:人们

① 亚里士多德:《尼各马可伦理学》,廖申白译,商务印书馆,2005年,第262—264页。
② 亚里士多德:《尼各马可伦理学》,廖申白译,商务印书馆,2005年,第239、285页。
③ 亚里士多德:《尼各马可伦理学》,廖申白译,商务印书馆,2005年,第237页。
④ 亚里士多德:《尼各马可伦理学》,廖申白译,商务印书馆,2005年,第265—266页。
⑤ 亚里士多德:《尼各马可伦理学》,廖申白译,商务印书馆,2005年,第242页。

希望有朋友共度时光,这是毫无疑问的,但是,人们在结识朋友时同时有很强的倾向性或选择性,姑且从崇高的角度来说,人们倾向于结识那些德性或品德良好的人来做自己的朋友,更愿意和这样的人共同生活,而不大乐意和那些在这方面表现较差的人交朋友和共同生活,于是,所谓德行或品德方面表现较差的人们就会遭受到较为优秀者的漠视和冷遇。参见《水浒传》李逵抢鱼赠送宋江的情节,李逵非常崇敬宋江,要为宋江献上鲜鱼,但是,他把宋江当人,却不把别人当人,他活生生地从别人手中抢鱼用来送给宋江。这就是说,人们对于优秀者往往给予礼遇,所谓英雄相惜,所谓英雄爱美女或美女爱英雄,但是对于普通人就未必客气了。

其次,亚里士多德提到友爱在数量方面的限制或局限,这就是说,一个人不可能和无限多的人保持为朋友,不可能和无限多的人共同生活。海德格尔曾引用和发挥过这一点。①这一经典理论同样会衍生出比较麻烦的问题:人们都渴望结交朋友,渴望获得友爱,但是,一个人却不能同时和无限多的人共同生活,于是,可能会有许多人竞相成为某个人的朋友,在人际交往中就会出现互相排斥的矛盾冲突。例如海岩的《舞者》:高纯和金葵由于热爱舞台的共同兴趣和共同生活而成为朋友(当然是极端意义上的恋情),但后来不幸失散,互相之间失去了联系。然后,高纯在帮助周欣时意外致残,周欣为帮助高纯争取财产继承权和管理权,当然也是出于感动、报答以及好感,与高纯结婚了。矛盾冲突始于此后金葵又联系上高纯了,于是,金葵和周欣之间就不可避免地产生出了许多矛盾冲突,导致高纯的身体和心理在诸种冲突中受到严重伤害最终走向死亡。

此外,友爱之终止,在亚里士多德看来,与长久的分离和缺乏共同生活有关,更主要的原因是彼此之间在德性上出现了较大的差距。友爱既然有产生,也就有可能终止,这是很自然的事情,人们都可以理解,但是,这一经典理论在实际运用时同样会遇到许多麻烦。从理论上讲,人们既有结识的自由,也有终止友爱的自由,可以妥善协商,好合好散。但实际上,人与人的交往和友爱,不仅牵涉到德性品德的层面,同时包含着利益和情感等层面。因而,友爱的终止在道理上容易想得通,但是在利益和感情上难以割舍。在父子、君臣、夫妇、兄弟和一般朋友这五种可能的友爱关系(亚里士多德所讲的广义的友爱)中,尤其是夫妇这种友爱关系难以割舍。夫妇这

① 亚里士多德:《尼各马可伦理学》,廖申白译,商务印书馆,2007 年,第 18—19 页;Heidegger, *Grundbegriffe der aristotelischen Philosophie* (GA 18), Verlag Klostermann 2002, S. 96-97.

种友爱关系的终止,首先牵涉感情,在这里友爱的终止可能是对其中一方感情上的重大伤害;其次,牵涉财产,共同财产的分割可能会引起争执和不快。

依照海德格尔的意见,冷漠而残缺的共在样式(以及过度热心以至操控和依附的共在样式)不是本真状态,或者说是非本真状态。刚才我们在伦理方面以友爱现象为例进行了一番审视,发现在友爱现象上人们之间出现冷漠而残缺的非本真共在状态乃是非常容易的,也是非常常见的。读者们可能会说,没错啊,海德格尔所讲的非本真共在就是这样,人们多半处于非本真的共在样式中。于是,我们只好改进一下前面审视得到的发现:所谓冷漠而残缺的非本真共在状态与经典理论所刻画的美好状态(理想状态或者说就是本真状态?)密切相关,而且前者就是从后者中衍生出来的。如若真正的友爱是高山和流水之间的德性相似,那么高人和众生之间必定有着嫌隙和漠视。如若一个人只能和有限多的朋友共同生活,那么意欲和他共同生活的人们必定会发生矛盾冲突。如若以为在德性上有了差距就意欲终止友爱,那么必定会出现感情和利益上的纠纷。

二、"服从"现象与非本真性的缘起

通常认为,希腊哲学是理性的哲学,理性主要依靠论证和说服,论证和说服是文明社会的特有标志,相反,依靠强力来传播观念那是专制社会的做派;亚里士多德作为希腊哲学的集大成者更是将论证和说服的精神亦即逻各斯精神,发展到了一个顶峰,因为他给后世留下了一门关于证明的科学。但是,这其实只是希腊哲学或亚里士多德哲学比较明显的一个方面,事实上,它还有另一个相对隐匿的方面。论证和说服,在亚里士多德那里,固然是极其重要的,但是,论证和说服,具有实实在在的限度:人们不可能对一切东西都加以论证,因为这将导致论证过程的无穷无尽,因而,必须要有某些第一原理,这些第一原理本身就是可靠的,无须再加以论证。第一原理无须再加以论证,能否通晓这个道理,甚至被亚里士多德视为是否有文化或是否有教养的一个标志。①

这种第一原理在亚里士多德那里就是所谓"普遍接受的意见",不过,

① 参见亚里士多德:《论题篇》,《亚里士多德全集》第1卷,苗力田编译,中国人民大学出版社,1990年,第353页;亚里士多德:《形而上学》,吴寿鹏译,商务印书馆,1997年,第65页。

这种意见未必需要所有人或者多数人的一致同意，只需贤哲们的公认即可。①亚里士多德这样说："对有经验的人，老年人和明智的人的见解与意见，即使未经过证明，也应该像得到了验证的东西那样受到尊重。因为经验使他们生出了慧眼，使他们能看得正确。"②不止如此，亚里士多德还说："好人对每种事物都判断得正确，每种事物真地是怎样，就对他显得是怎样。……好人同其他人的最大区别似乎就在于，他能在每种事物中看到真。他仿佛就是事物的标准和尺度。"③一言以蔽之，在亚里士多德看来，真理掌握在"贤哲"或"好人"的手里。于是，贤哲或好人的意见往往成为标准和尺度。亚里士多德的这种观念并不局限于知识论层面的运用，毋宁说，更为重要的乃是伦理政治层面的运用——缺乏智慧的人们有必要听从有智慧的人，有智慧的人有必要领导那些缺乏智慧的人们。

赫西俄德曾有诗云："自己有头脑最好，肯听别人的劝告也不错，那些既无头脑又不肯听从的人是最低等的人"④，亚里士多德援引这些诗句，实际上是要在智慧层面上把人划分为三种类型：其一，本身就富有智慧的人，他们拥有智慧并且能够运用智慧；其二，本身欠缺智慧，但是能够听从或服从他人的智慧；其三，本身缺乏智慧，而且不听从他人的智慧。第一种人乃是在严格意义上拥有智慧，第二种人可以说并无智慧，但是他们在听从的意义上分有着智慧，只有第三种人可谓是完全离弃了智慧。⑤在社会生活中，本身有智慧的人能够同时依照智慧而行事，"心胸开阔的青年、那些生性道德优越、热爱正确行为的青年"能够听从贤哲的劝导，但是，贤哲的劝导对于多数人几乎没有作用，因为"多数人都只知恐惧而不顾及荣誉，他们不去做坏事不是出于羞耻，而是因为惧怕惩罚"；"多数人服从的是法律而不是逻各斯，接受的是惩罚而不是高尚"。⑥由于人们在智慧方面的差异，

① "所谓普遍接受的意见"——"那些被一切人或多数人或贤哲们，即被全体或多数或其中最负盛名的贤哲们所公认的意见。"参见亚里士多德：《论题篇》，《亚里士多德全集》第 1 卷，苗力田编译，第 353 页。

② 亚里士多德：《尼各马可伦理学》，廖申白译，商务印书馆，2005 年，第 185—186 页。

③ 亚里士多德：《尼各马可伦理学》，廖申白译，商务印书馆，2005 年，第 71 页。

④ 亚里士多德：《尼各马可伦理学》，廖申白译，商务印书馆，2005 年，第 11 页。参见赫西俄德：《工作与时日 神谱》，张竹明、蒋平译，商务印书馆，2015 年，第 10 页："亲自思考一切事物，并且看到以后以及最终什么较善的那个人是至善的人，能听取有益忠告的人也是善者。相反，既不动脑思考，又不记住别人忠告的人是个无用之徒。"

⑤ 参见亚里士多德：《尼各马可伦理学》，廖申白译，商务印书馆，2005 年，第 19—20、33、34 页。相关段落的"逻各斯"可以译作"智慧"或"理性"，当然并非与明智相对的智慧，而是广义上与明智浑然一体的智慧。

⑥ 亚里士多德：《尼各马可伦理学》，廖申白译，商务印书馆，2005 年，第 312—313 页。

在有智慧的人和欠缺智慧的人之间建立领导和被领导的关系是必要的、合理的;论证和说服当然是比较优雅的领导艺术,但是,这只能影响到一部分人,对于多数人而言,劝导和说服是不够用的,必须借助法律等强制力量迫使他们服从。这种思路给人的印象是有智慧的人为了把多数人带向良好的生活而被迫使用强制手段,可以说是政治领域中"服从"和"强制"的一种缘起。

接下来,且看现代哲学之著名思潮社会契约论在这一论题上的相关论述。自愿订立契约并且服从契约之精神,这本来无可置疑,但是,问题在于,参加订立契约的往往并不是所有人,往往是所谓的"多数人"。倘若在订立契约即建立国家时,能够取得所有人的一致同意,那当然是最理想的。但是,诚如洛克所言,"要取得这样的一种同意几乎是不可能的,如果我们考虑到必然会有许多人因病、因事不能出席公共集会,……此外,意见的分歧和利害的冲突,在各种人之集合体中总是难免的"①。实际上这里牵涉两个问题:其一,往往只有那些资产富足、免除了生计操劳的人们才有参与政治的闲暇,这些人在数目上往往并不能居于多数。②其二,即使所有人或多数人能够出席,③倘若出现了利益之争、党派之争和"以牺牲大集体为代价的小集团"④,所谓"多数人的意见"也将徒有其表。不过,洛克仅仅留意到所有人参与之不可能性,而并未注意到多数人参与之不可能性。

依照洛克的意见,所有人之参与是不现实的,于是,出于实际操作的需要,只好由"多数人"来做决定;"因为如果大多数不能替其余的人作出决定,他们便不能作为一个整体而行动,其结果只有立即重新解体"。⑤这样一来,共同权力之强制力实际上就变成了大多数人的强制力,在这个问题上,卢梭表示:"为了使社会公约不至于成为一纸空文,它就默默地包含着这样一种规定……即任何人拒不服从公意的,全体就要迫使他服从公意。这样恰好就是说,人们要迫使他自由;因为这就是使每一个公民都有祖国,

① 洛克:《政府论》下册,叶启芳、瞿菊农译,商务印书馆,2008 年,第 60 页。

② 无论是亚里士多德还是马克思,都曾表示,欠缺财产的人们将整日为生计而操劳,难有参与政治的实际闲暇;罗素亦有类似评论,他说,在洛克的理论中,没有财产的人不能算作公民,参见罗素:《西方哲学史》下册,商务印书馆,2015 年,第 176 页。

③ 这就要求这个国家必须保持较小的规模,这样,多数公民参与政治才有可能。因而,卢梭认为,"一般而言,民主政府就适宜于小国,贵族政府就适宜于中等国家,而君主政府则适宜于大国",参见卢梭:《社会契约论》,何兆武译,商务印书馆,2008 年,第 83 页。

④ 卢梭:《社会契约论》,何兆武译,商务印书馆,2008 年,第 36 页。

⑤ 洛克:《政府论》下册,叶启芳、瞿菊农译,商务印书馆,2008 年,第 61 页。

从而保证他免于一切人身依附的条件。"①霍布斯直截了当地提出了多数人意见之强制力——谁不服从多数人之意见,就会被合法地杀掉②;卢梭只是添加了一道程序,其"公意"在概念上不同于"众意",虽然不同于"多数人的意见",但在实际运用时,由于永远正确的公意悬空着,"多数人的意见"仍旧发挥着作用,公意之强制力难免降格为"多数人意见"之强制力。因此,契约论哲学不仅揭示出了国家强制力,而且将国家强制力在实际操作的层面揭示为多数人之强制力。

洛克说:"人类天生都是自由的、平等的和独立的,如不得本人同意,不能把任何人置于这种状态之外,使他受制于另一个人的政治权力。"③卢梭说:"人是生而自由的,但却无往不在枷锁之中",但同时,他也不得不表示,人们对于合法的权力有服从的义务。④ 人生而自由,却在自己的同意下受制于世俗的权力,那么,这种同意是如何表达出来的呢?洛克认为,有"明白的同意",但是,也有"默认的同意":明确表示愿意受到共同权力之制约,这自然没有什么问题;但是,在实际生活中,往往缺乏"明白的同意","默认的同意"发挥着更为重要的作用:"只要身在那个政府的领土范围内,就构成某种程度的默认",他就"必须服从那个政府的法律"。⑤由此可见,无论是依照亚里士多德哲学,还是依照社会契约论哲学,"服从"都是政治生活中的"正常现象";但是,倘若用海德格尔哲学的视角来审视,这种"服从"现象是不是会衍生出非本真的共在呢?

三、"冲突"现象与非本真性的缘起

前面业已依循"友爱"现象和"服从"现象审视了非本真性的缘起,现在的任务则是依循黑格尔和尼采的哲学来审视非本真性的另一缘起。可以说,黑格尔哲学乃是矛盾进展之本体论:首先,矛盾是普遍存在的,"无论什么可以说得上存在的东西,必定是具体的东西,因而包含有差别和对立于本身内的东西。事物的有限性即在于它们的直接的特定存在不符合它们的本身或本性";"康德指出了四个矛盾,这未免太少了,因为什么东西

---

① 卢梭:《社会契约论》,何兆武译,商务印书馆,2008 年,第 24—25 页。"深受卢梭影响的黑格尔,采纳了他对自由一词的误用,把自由定义成服从警察的权利或什么与此没大差别的东西。"(罗素:《西方哲学史》下册,第 260-261 页)

② 霍布斯:《利维坦》,黎思复、黎廷弼译,商务印书馆,1997 年,第 135 页。

③ 洛克:《政府论》下册,叶启芳、瞿菊农译,商务印书馆,2008 年,第 59 页。

④ 卢梭:《社会契约论》,何兆武译,商务印书馆,2008 年,第 4、10 页。

⑤ 洛克:《政府论》下册,叶启芳、瞿菊农译,商务印书馆,2008 年,第 74 页。

都有矛盾”。①其次,矛盾进展是事物发展之原则,“康德未免对矛盾太姑息了,认为事物有了矛盾是不幸之事。但须知,精神(最高的东西)就是矛盾,这绝不应该是什么不幸的事”,毋宁说,“矛盾是推动整个世界的原则……”,当然,“我们不能停留在矛盾里,矛盾会通过自己本身扬弃它自己”;“矛盾进展[Dialektik]②”是“现实世界中一切运动、一切生命,一切事业的推动原则”,“凡有限之物莫不扬弃其自身”。③

黑格尔对斗争的肯定基于其矛盾进展之“本体论”,而尼采对斗争的肯定则是基于其力量增长之“本体论”。在尼采看来,其一,“存在”即“生命”——“存在,除了生命外,我们没有别的关于存在的观念。某种死亡的东西又怎么能存在呢?”;其二,“生命”即“强力意志”——“意愿拥有并且意愿更多地拥有,质言之,意愿增殖——这就是生命本身”。④尼采认为,“生命体的概念意味着:生命体必定生长,——它要扩展自己的权力,因而必须把外来的力纳入自身之中”;无论是防卫还是侵略性的攻击,“对于任何生命体来说都是必要的”,并且是“生命本身的宿命”;这不仅适用于个体,同样适用于团体和“力求上进的社会”。⑤这样,就从“存在”、“生命”和意愿力量增殖的“强力意志”中推演出了防卫以及侵略性攻击的必要性。

依据黑格尔哲学,矛盾进展或矛盾冲突乃是历史发展的基本动力。例如,当雅典社会的矛盾是信守或不信守梭伦法律时,庇西特拉图的暴力统治能够使梭伦的法律成为人们的习惯和风俗,因而具有积极意义;而当梭伦的法律业已成为习惯,便出现了新的矛盾——继续或推翻暴力统治,此时,推翻庇西特拉图的暴力统治就具有了积极意义。⑥而且,在黑格尔看来,战争并非“绝对罪恶和纯粹外在的偶然性”,它有“更崇高的意义”,反倒是和平的生活往往使人们腐败堕落、固定僵化,以至于失去健康,走向死亡;他认为,“国家是个体,而个体性本质上是含有否定性的”,“必然会产生一个对立面和创造一个敌人。由于战争的结果,不但人民加强起来,而

---

① 黑格尔:《小逻辑》,贺麟译,商务印书馆,2014年,第259页;黑格尔:《哲学史讲演录》第4卷,贺麟、王太庆译,商务印书馆,2014年,第310页。

② 原文译作“辩证法”,但是,贺麟有时将Dialektik译作“矛盾进展”,此处,我们选用“矛盾进展”。参见黑格尔:《小逻辑》,贺麟译,商务印书馆,2014年,第240页。

③ 黑格尔:《哲学史讲演录》第4卷,贺麟、王太庆译,商务印书馆,2014年,第313页;黑格尔:《小逻辑》,贺麟译,商务印书馆,2014年,第259、177页。

④ 海德格尔:《尼采》,孙周兴译,商务印书馆,2004年,第74、899页。

⑤ 《尼采著作全集》第13卷,孙周兴译,商务印书馆,第448—449页。

⑥ 参见黑格尔:《哲学史讲演录》第1卷,贺麟、王太庆译,商务印书馆,2014年,第183—185页。

且本身争吵不休的各民族,通过对外战争也获得了内部安宁",即"幸运的战争防止了内部的骚动,并巩固了国家内部的权力",这些都是战争的崇高意义。[①]如此一来,对外战争作为矛盾进展之具体形态,在黑格尔这里,就被赋予了很高的肯定:它是保持社会或国家生命力必需的东西。

在矛盾进展及其具体形态诸如对外战争方面,尼采和黑格尔的见解却有着惊人的相似。通常而言,人们给"心灵的平和"赋予重要的价值,但是,在尼采看来,"对仇恨的升华"——"深刻地领会到敌人的价值"其实更有意义。在政治领域,人们业已使仇恨得到了升华,业已明确地意识到,反对党力量的存在对于维持自己党派的不可或缺的意义。"特别是一个新的创造物,例如新帝国,更需要的是敌人,而不是朋友:在对立中它才感觉到自己的必要性,在对立之中它才成为必要的";"只有付出这样的代价即富含对立面,人们才会有所收获;只有精神不松懈、不追求平和,人们才能青春永驻"。[②] "一个社会,一个最终按其本能来看拒绝战争和征服的社会,也就处于没落中了"[③],而和平的保证往往不过是麻醉剂。由此可见,无论是依照黑格尔之矛盾进展,还是依照尼采之力量增殖,冲突与斗争,殖民与战争,都是生命体本身的需要或者说是生命体之本能;但是,倘若用海德格尔哲学的视角来审视,这些现象是不是会衍生出非本真的共在呢?

以友爱为例审视非本真性的缘起,是依照海德格尔意见把冷漠而残缺的共在样式作为非本真性而加以实施的;在政治方面审视非本真性的缘起,同样依循着海德格尔有关非本真性的诸种规定。我们不仅揭示了从人与人之间智慧水平的差异出发来说明"服从"以及"强制"等政治现象的合理性和必要性,并且,在契约论哲学中发现,多数人的意见或者所谓公意具有强制性,即使人们并未亲自参与制定契约或并未明确表态服从契约,也必须服从所谓多数人制定出来的契约(可以理解为现在的法律或法规)。以上两项考察都表明了"服从"以及"强制"等政治现象的合理性和必要性。如果依照海德格尔将"本真性"理解和发挥成"自主性",那么"服从"以及"强制"等政治现象就被看作是非本真状态了。而且,这样理解也有一定依据,海德格尔确实把"依附和控制"的共在样式看作是非本真的共在样式,而"服从"和"强制"不就是"依附和控制"的共在样式吗,因而不就

---

① 黑格尔:《法哲学原理》,范扬等译,商务印书馆,2014年,第340—342页。

② 《尼采著作全集》第6卷,孙周兴、李超杰、余明锋译,商务印书馆,2015年,第102页。

③ 《尼采著作全集》第13卷,孙周兴、李超杰、余明锋译,商务印书馆,2015年,第448—449页。

是非本真的共在状态吗？

还有，第三项考察将矛盾冲突或生命扩张作为基本原理，意欲说明矛盾双方的冲突斗争对于事物发展的积极意义。依据海德格尔，残缺而冷漠的共在样式被视为非本真的共在状态，于是，此处所讲的矛盾冲突似乎也可以理解成残缺而冷漠的进而是非本真的共在状态了。于是，我们可以将这里存在的疑难表述成这样：依照传统哲学，“服从”和“强制”、矛盾冲突和生命扩张，这些政治现象似乎具有合理性和必要性；但是，如若按照（或者说套用）海德格尔的提法（所谓自主性才是本真的，冷漠而残缺的是非本真的），这些政治现象都要被看作是非本真的共在状态，非本真性由此横空出世，那么，这该作何理解呢？

不妨这样看：海德格尔哲学带有个体主义和大众社会的时代背景，其表达刻画离不开这样的背景或者说“视角”。所谓大众社会，简单地说就是每一个体都有了个体主义的思想觉悟，都想以各种方式将自身突显出来。在这样的背景或视角下，“服从”和“强制”、“矛盾冲突”等当然是一些让人感到不舒服不愉快的东西。与此相反，循循善诱和温暖平和之类的东西会受到每一个体的欢迎。然而，现代社会与古代社会差别太大：在古代，尤其是雅典那样的小规模城邦中，人们可以将论证和说服这种优雅的政治文明发挥到极致，而且由于其自然经济的社会条件，很多人过着一种闲暇而高尚的生活。

在现代社会，国家规模极其庞大，普遍采取代议制或代表制以及各种严密的政治程序，论证说服和亲自参与的适用空间就大大减少了，法律法规带给人的强制性大大增加；同时，社会节奏快，利益主体多，矛盾冲突以及与此相似但表述更加文明的良性竞争大大增加，每个个体为了生存和发展所经受的紧迫感和压力感大大增加。可以说，从现代社会的整体背景或整体视角来观看，为了单位工作的效率，就必定会有强制和服从；为了资源分配的公正性，就必定会有各个利益主体的合法竞争。但是，在大众社会和个体主义的另一背景或另一视角下观看，强制、服从和竞争这些东西就会招致非本真的强烈感受。不过，这些大概就是现代社会—大众社会的真实状况。

第五章 身体和财富
——海德格尔实存哲学比较欠缺的论题之二

本章导读 通过对照尼采哲学和海德格尔的尼采阐释,可以发现,海德格尔实存哲学在身体论题上欠缺详细论述。海德格尔与马克思在抽象或形上方面或可会通,但是,由于海德格尔欠缺财富方面的论述,他与马克思以及唯物史观有着根本性的差异。欧洲哲学,即使是在亚里士多德那里,亦对身体和财富等论题有所压制,以致这些论题只能曲折地出场。

§ 13 海德格尔的尼采阐释与实存哲学的基本形象

海德格尔表示,《尼采的话“上帝死了”》是要探讨尼采的形而上学;尼采将其思想标识为“虚无主义”(Nihilismus),并且将其概括为一个短句——“上帝死了”。①但是,“上帝死了”,并不是一个无神论的命题,而是一个形而上学的命题。“上帝”代表着超感性世界,那么,“上帝死了”就意味着:超感性世界失效了,不再发挥作用了;由于超感性世界与感性世界之区分和排序乃是柏拉图主义的做法,所以,“上帝死了”也就意味着柏拉图主义终结了;由于柏拉图主义乃是形而上学的代表性形态,“上帝死了”,同时也就意味着形而上学终结了。不仅如此,“上帝”还代表着“超感性的根据和一切现实的目标”,所以,“上帝死了”就意味着“超感性的观念世界丧失了它的约束力,特别是它的激发力和建构力,那么,就不再有什么东西是人能够遵循和可以当作指南的了”;这就意味着虚无的来临:超感性的、约束性世界的缺席。②

海德格尔表示:“我们试图解释尼采的话‘上帝死了’,其意就是要阐释尼采所理解的虚无主义,从而表明尼采本人是如何对待虚无主义的。”③尼采自己曾说:“虚无主义意味着什么?——最高价值的自行贬黜。没有目标;没有对‘为何之故’的回答。”④根据海德格尔的阐释,这里所讲的“最高价值”乃是以往的最高价值,所以,虚无主义指的是以往最高价值的废

---

① 这个命题的首次提出,是在1882年《快乐的科学》第3卷,参见海德格尔:《林中路》,孙周兴译,上海译文出版社,2004年,第226—230页。

② 海德格尔:《林中路》,孙周兴译,上海译文出版社,2004年,第231页。

③ 海德格尔:《林中路》,孙周兴译,上海译文出版社,2004年,第232页。

④ 海德格尔:《尼采》,孙周兴译,商务印书馆,2002年,第683页。

黜，这是尼采所讲的"虚无主义"的第一种意义。由于以往的最高价值遭到废黜，失去了价值的世界势必会追求新的价值设定，这就是尼采所讲的"对一切价值的重估"，在海德格尔看来，"对以往一切价值的重估"这是尼采"虚无主义"的另一种意义。①可见，在海德格尔看来，尼采的"虚无主义"有两种意义，第一种意义是用来批判的，第二种意义是对自己价值重估的肯定。以往的最高价值遭到贬黜，迫切需要进行价值的重估。但是，在海德格尔看来，尼采的价值重估并不是以新价值替代旧价值，而是要建立新的原则。②这是何意？海德格尔没有明说，给人一头雾水。

两卷本《尼采》的第一章第 20 节和第 24 节比较详细地介绍了柏拉图主义和尼采对柏拉图主义的倒转。海德格尔引用了尼采的原文："我的哲学乃是一种倒转了的柏拉图主义：距真实存在者越远，它就越纯、越美、越好。以显象中的生命为目标。"③如若柏拉图主义意味着感性世界和超感性世界的区分和排序，那么，对柏拉图主义的倒转就是对感性世界和超感性世界原有排序的颠倒。④然而，在海德格尔看来，这种简单的颠倒"在形式上是很容易推算出来的"⑤，并不足以传达尼采的思想努力，甚至于可能被误以为是"实证主义"的学说。⑥那么，究竟该如何理解尼采对柏拉图主义的倒转呢？

尼采将"柏拉图主义的历史及其克服"划分为六个阶段，其中第五个阶段是尼采的阶段，"真实世界"遭到废黜，既然它没有任何作用。到了第六个阶段，虚假世界也被一道废除，这意味着尼采对自己的超越，超越了感性世界与超感性世界的区分。⑦海德格尔表示："无论对感性领域的废除还是对非感性领域的废除，都是没有必要的。相反地，倒是要消除对感性领域的误解和诋毁，同样也要消除对超感性领域的过分抬高。当务之急是为一种以感性与非感性的新等级秩序为基础的对感性领域的重新解释开出一条道路。这个新的等级秩序并不是要在旧的秩序模式之内简单地颠倒一下，……。新的等级秩序和价值设定意味着：改变秩序模式。就此而言，

① 海德格尔：《林中路》，孙周兴译，上海译文出版社，2004 年，第 237 页。
② 海德格尔：《林中路》，孙周兴译，上海译文出版社，2004 年，第 239 页。
③ 海德格尔：《尼采》，孙周兴译，商务印书馆，2002 年，第 169 页。
④ 海德格尔：《尼采》，孙周兴译，商务印书馆，2002 年，第 169—170、222 页。
⑤ 海德格尔：《尼采》，孙周兴译，商务印书馆，2002 年，第 222 页。
⑥ 海德格尔：《尼采》，孙周兴译，商务印书馆，2002 年，第 170 页。
⑦ 海德格尔：《尼采》，孙周兴译，商务印书馆，2002 年，第 224—229 页。

对柏拉图主义的倒转就必定成为一个从柏拉图主义中转变出来的过程。”①那么，如何改变秩序模式呢？海德格尔没有明确讲，刚刚开辟出来的思路再次陷入黑暗。

一、重读尼采

读过海德格尔的尼采阐释，我们不禁要问，尼采哲学果真是海德格尔阐释的那样吗？于是，我们需要重读尼采。当然，我们不可避免地是要从海德格尔出发重读尼采，一种验证性的阅读。尼采表示：“我对柏拉图的不信任终究是根深蒂固的：我觉得他如此偏离了希腊人的一切基本本能，如此富有道德说教，如此预先表现出基督教特征，……我喜欢用‘高级欺诈’这个严厉的字眼，或者，如果人们更喜欢听的话，用理想主义，来指称整个柏拉图现象。”②这就是柏拉图主义。在尼采看来，柏拉图主义的基本结构可以这样表述：“痛恨生成”“拒绝感官”，“因为感官显示了多样性和变化”；从非历史的和永恒的观点看待事物，将事物制作成“概念木乃伊”；总而言之，“存在者不变化，变化者不存在”。③

柏拉图主义就是关于两个世界的学说——感性世界和超感性世界，感性世界是虚假世界，超感性世界是真实世界。但是，在尼采看来，所谓的“虚假世界”其实是唯一真实的世界，所谓的“真实世界”其实只是虚构出来的、捏造出来的；“虚构一个与‘此岸’世界不同的‘彼岸’世界是毫无意义的”，人们之所以如此虚构，乃是“用一种‘彼岸的’、‘更好的’生活的幻象向生活进行报复”④；“‘彼岸’概念、‘真实世界’概念被发明出来了，为的是贬低那个真正存在的唯一的世界，——为的是不给我们尘世实在留下任何目标、理性和使命！”⑤因此，“推翻偶像（用来表示‘理想’的词语）”“重估一切价值”，就成为了尼采的“行当”、“血肉”和“天赋”。⑥

不同于海德格尔的尼采阐释，尼采自己对柏拉图主义的批判更加细腻，尼采梳理了柏拉图主义的两个具体表现：蔑视身体、鼓吹忘我。我们首先介绍柏拉图主义的第一个具体表现——蔑视身体。尼采认为，苏格拉底、柏拉图和基督教是蔑视身体的坏典型，他们对“生命”或人的“本能”充

---

① 海德格尔：《尼采》，孙周兴译，商务印书馆，2002 年，第 231 页。
② 《尼采著作全集》第 6 卷，孙周兴、李超杰、余明锋译，商务印书馆，2015 年，第 195 页。
③ 《尼采著作全集》第 6 卷，孙周兴、李超杰、余明锋译，商务印书馆，2015 年，第 90—91 页。
④ 《尼采著作全集》第 6 卷，孙周兴、李超杰、余明锋译，商务印书馆，2015 年，第 92—98 页。
⑤ 《尼采著作全集》第 6 卷，孙周兴、李超杰、余明锋译，商务印书馆，2015 年，第 484 页。
⑥ 《尼采著作全集》第 6 卷，孙周兴、李超杰、余明锋译，商务印书馆，2015 年，第 320、473 页。

满了厌倦、否定和敌视。他们害怕人的本能成为人的主宰和暴君，于是就将“理性”扶植到主宰和暴君的地位；他们害怕激情和欲望造成恶果，于是就选取了根除激情和根除欲望的策略。在尼采看来，这些做法都是愚蠢的，“因噎废食”是可笑的，而且还暴露了其意志的脆弱，只有那些想禁欲而做不到的人才会鼓吹禁欲主义。①在尼采看来，反对本能、克服本能，是一种疾病，是颓废的表现，因为：“只要生命在上升，幸福就等于本能”；“从根儿上攻击激情，就意味着从根儿上攻击生命。”②

区别于柏拉图主义蔑视身体（本能、激情、欲望、生命）的倾向，尼采实际上还在努力建设一种身体哲学。尼采《瞧，这个人》的最大特色就是身体哲学。他特别探讨了营养、地方、气候和休养方式对于生命或身体的重要意义：为了使力量达到最大值，如何进食亦即营养问题需要严肃对待；气候影响着人的新陈代谢，影响着人们力量的发挥；休养方式需要慎重选择，以便从严肃中得到休息。这些东西在柏拉图主义看来，实在是微不足道的小事情。但是，在尼采看来，这些东西其实是生命中最为重要和最为基本的事情，它们直接关涉到身体的健康和生命力的维持。与此相反，在柏拉图主义那里，“‘灵魂’、‘精神’概念，……被发明出来了，为的是蔑视身体，使身体患病——变得‘神圣’——，为的是对生命中最值得严肃对待的事物，诸如饮食、居住、精神食粮、疾病治疗、清洁和天气之类的问题，报以一种可怕的漫不经心！不要健康，而要‘灵魂得救’”③。

在尼采看来，柏拉图主义的第二个具体表现就是鼓吹忘我。柏拉图主义，例如德国唯心主义的“古典教养”和基督教道德：“教导我们无视实在性，去追逐那些彻底成问题的所谓‘理想的’的目标”；用道德的词语来讲，就是要追求“无个人的”“忘我的”和“无私的”境界；在他们看来，只有在“自身丧失”中，在“非人格化”和“博爱”中，才能展示出更高的价值。④鼓吹忘我，也就是要反对自私自利，尼采认为，这种倾向会走向荒唐的境地，例如，“认为爱情是某种‘非自我的、不自私的东西’”，尼采继续说，“说到底，小女子们最清楚不过地知道这一点：她们对那些忘我的、纯客观的男人

① 《尼采著作全集》第6卷，孙周兴、李超杰、余明锋译，商务印书馆，2015年，第81—89、99—102页。

② 《尼采著作全集》第6卷，孙周兴、李超杰、余明锋译，商务印书馆，2015年，第89、101页。

③ 《尼采著作全集》第6卷，孙周兴、李超杰、余明锋译，商务印书馆，2015年，第348—371、484—485页。

④ 《尼采著作全集》第6卷，孙周兴、李超杰、余明锋译，商务印书馆，2015年，第348、482页。

嗤之以鼻”。[①]对自私自利的反对发展到极致,以至于认为爱情方面也要追求“非自我”,然而,这一点如何可能呢?

尼采曾这样界说“利己主义”的概念:“生命体的概念意味着:生命体必定生成,——它要扩展自己的权力,因而必须把外来的力纳入自身之中”;无论是个体自卫的权利还是自己的攻击权利,“对于任何生命体来说都是必要的”[②];“要是在有机体内部,极微小的器官哪怕有一丁点减退,难以完全牢靠地实施自我保持、精力补偿,实施自己的‘利己主义’,那么,整个有机体就会蜕化”[③];人们“对于保持和创造自己最佳状态的关心甚至会达到登峰造极的程度”[④]。由此看来,尼采似乎是把“利己主义”看作了“权力意志”(der Wille zur Macht)的表现,于是,生命的保持、提高和扩展,都离不开“利己主义”。

尼采认为:“根本就没有什么‘无私’的行动。……爱情,‘英雄气概’的行动根本不是忘我的,它们恰恰是一种十分强大而丰富的自身(Selbst)的证明”[⑤];“爱是一种利己主义的表达”,“最有爱心者是由于他们自身的强壮”。[⑥]“观念上的利他主义”,“多半只是虚假的:一条为保存本己的生命感、价值感而走的弯路”[⑦];“利他主义崇拜是利己主义的一种特殊形式”[⑧]。需要注意,尼采在使用“利己主义”等词语时,有时会加个引号,这里引号的使用意味着,这个词语的意义暂时可以使用,但是,这种通常的意义有待扬弃。所以,尼采说:“根本就没有什么非利己主义的行动,也没有什么利己主义的行动。”[⑨]这就意味着,尼采的初衷并不是鼓吹利己主义,而是要消解“利己主义”与“非利己主义”的区分,这符合尼采“超越善恶”的一贯风格。事实上,尼采的“利己主义”概念,超越于“利己主义”与“非利己主义”之区分的“利己主义”概念,只是想传达“个体性”的思想。在尼采那里,身体性与个体性乃是反对柏拉图主义的两剂良药。

---

① 《尼采著作全集》第6卷,孙周兴、李超杰、余明锋译,商务印书馆,2015年,第387—388页。

② 《尼采著作全集》第13卷,孙周兴译,商务印书馆,2010年,第448页。

③ 《尼采著作全集》第6卷,孙周兴、李超杰、余明锋译,商务印书馆,2015年,第424页。

④ 《尼采著作全集》第6卷,孙周兴、李超杰、余明锋译,商务印书馆,2015年,第166页。

⑤ 《尼采著作全集》第13卷,孙周兴译,商务印书馆,2010年,第710页。

⑥ 《尼采著作全集》第12卷,孙周兴译,商务印书馆,2010年,第364页。

⑦ 《尼采著作全集》第12卷,孙周兴译,商务印书馆,2010年,第396页。

⑧ 《尼采著作全集》第13卷,孙周兴译,商务印书馆,2010年,第282页。

⑨ 《尼采著作全集》第13卷,孙周兴译,商务印书馆,2010年,第709页。

二、重读希腊哲学

黑格尔曾留意过以往哲学家的形象：其一，古代哲学家，特立独行，不参与世俗事务；其二，中世纪哲学家，主要是教士和神学博士；其三，近代哲学家，参与政治生活，哲学只是他们的副业。①事实上，在所谓"古代哲学家"之前，还有"贤哲"（sophoi、Weise），他们参与着政治生活。因此，希腊哲学可以分为两个阶段：第一阶段，代表人物有梭伦（Solon）和伯利克里（Perikles）；第二阶段，代表人物有苏格拉底、柏拉图、亚里士多德。黑格尔在讲授希腊哲学时就曾介绍过"七贤"，且以梭伦为重点；他说，这些人都是实践家、事业家，参与着政治生活，即使是泰勒斯也是到了晚年才专注于哲学研究的；这些伟大人物不应该被排除在哲学史之外。②然而，黑格尔也只是把这部分介绍安置在希腊哲学的导言部分。

梭伦并不排斥赚钱，并不排斥享受生活。普鲁塔克为了维护梭伦的光辉形象，不断地为梭伦辩护：他经商不是为了赚钱，"主要是为了获取经验和学问"；没有必要轻视"那些必需的、使生活安适的东西"，只要不热衷于攫取多余的财富就行；即使梭伦的生活豪华奢侈，也只是以豪华享受来补偿其经商所遭受风险的苦楚。③梭伦对于公共事务的关怀，自然无须多说，但是，梭伦非常爱惜个人的名誉，始终不参与庇西特拉图的僭主政治。④须知，梭伦立法之后，雅典动荡了几十年，而梭伦始终不复出山，这是很不容易的。因此，梭伦不仅有事功，而且注重身体性和个体性的维度。

伯利克里是梭伦之后又一颗耀眼的明星。作为公共人物，他自然要把主要精力放在公共事务上，但是，他并没有荒废自己的产业，他把家务安排得井井有条，普鲁塔克还曾赞赏他有"理家的才干"。他的老师阿那克萨戈拉却"出于清高思想，抛弃了家庭"，任由田园荒废而不顾，有时穷困潦倒，还需他人资助。⑤泰勒斯亦曾表示，要有"健康的身体"和"通达的灵魂"，才能通达幸福。⑥在阿那克萨戈拉那里，身体与灵魂的关系似乎已经失调了。伯利克里在公共事务上光辉伟大，但是，在对待政敌客蒙及其后

---

① 黑格尔：《哲学史讲演录》第4卷，贺麟、王太庆等译，商务印书馆，2014年，第13—16页。

② 黑格尔：《哲学史讲演录》第1卷，贺麟、王太庆等译，商务印书馆，1996年，第163—164页。

③ 普鲁塔克：《希腊罗马名人传》，黄宏煦等译，商务印书馆，1990年，第167—168页。

④ 拉尔修：《名哲言行录》（希汉对照本），徐开来、熊林译，广西师范大学出版社，2011年，第65页。

⑤ 普鲁塔克：《希腊罗马名人传》，黄宏煦等译，商务印书馆，1990年，第479—480页。

⑥ 拉尔修：《名哲言行录》，徐开来、熊林译，广西师范大学出版社，2011年，第35页。

人方面,难免存在着“私意”。最后一个嫡出儿子离开人世时,“他失声痛哭,留下了滚滚热泪”;再度出山前,提议修改法律,为他的私生子谋取了雅典公民权。① 凡此种种,均可说明,伯利克里是个公私兼顾的人。

然而,到了苏格拉底那里,生活方式却发生了巨大的转变:“他因自己生活简朴而自豪,他从不向任何人索取酬金。他常说,他最喜欢吃最不需要调味品的菜肴,最愿意喝最难引起渴望其他饮料的饮料;他说,他离神最近,所以需求最少。”②苏格拉底生活简朴,在身体享受方面非常节制,这些无可置疑。但是,苏格拉底不事生产,专门在工场里和集市上与人们讨论哲学问题,同时又不收取任何学费,那么,他如何维持其肉体的存活以及家庭的生计呢?我们发现,克力同扮演着苏格拉底“经纪人”或“赞助者”的角色,苏格拉底是他发现和扶植起来的,苏格拉底的一切必需品他都会准备好。③阿里斯提珀斯(Aristippos),苏格拉底的学生之一,被问及为何苏格拉底不收学费,而他收学费,就曾回答,苏格拉底“有一流的雅典人做他的财务管理者”④。所以,苏格拉底的肉体是由克力同供养着的,他离神最近,但毕竟还不是神。

此后,在柏拉图的对话录中,轻视肉体是苏格拉底常见的教导:“形体使我们不断地忙于存活的需要”,“形体使我们充满各种感情、欲望”,“战争、革命和争斗的唯一原因是肉体及其各种欲望。因为一切战争的产生都是为了赚钱,我们是为了肉体而被迫赚钱的。我们是为发财而奔走的奴隶。……就是由于这个缘故,我们失掉了钻研哲学的闲暇。……实际上我们深信:如果我们想要对某事某物得到纯粹的知识,那就必须摆脱肉体,单用灵魂来观照对象本身”。⑤ 然而,在柏拉图的早期作品中,苏格拉底对于身体和财富的轻视并没有这样严重:苏格拉底说,他的所作所为只是想劝告人们,“不要只关心自己的身体和财产,轻视自己的灵魂;我跟你们说,美德并非来自钱财,钱财和一切公私福利都来自美德”⑥。这段话有两层意思:其一,苏格拉底并不排斥身体和财富,而只是劝告人们,不要仅仅关注身体和财富;其二,苏格拉底并不拒绝钱财和一切公私福利,而只是说,这

① 普鲁塔克:《希腊罗马名人传》,黄宏煦等译,商务印书馆,1990年,第471、490、498—499页。

② 拉尔修:《名哲言行录》,徐开来、熊林译,广西师范大学出版社,2011年,第159页。

③ 拉尔修:《名哲言行录》,徐开来、熊林译,广西师范大学出版社,2011年,第153、245页。

④ 拉尔修:《名哲言行录》,徐开来、熊林译,广西师范大学出版社,2011年,第203页。

⑤ 柏拉图:《斐洞篇》,66b-d;《柏拉图对话集》,王太庆译,商务印书馆,2007年,第219页。

⑥ 柏拉图:《申辩篇》30b;《柏拉图对话集》,王太庆译,商务印书馆,2007年,第41页。

里有个奠基性的关系，美德是钱财等福利的基础。

须知，柏拉图并不是苏格拉底唯一的学生，柏拉图对于苏格拉底的传达未必是完全靠谱的。第欧根尼（Diogenes）——苏格拉底学生安提斯特涅斯（Antisthenes）的学生，常常嘲讽柏拉图，尤其喜欢调侃柏拉图的理念论，"我只看见过一张张桌子和一只只杯子，从未见过桌子本身和杯子本身"；而且，他还认为，精神方面的训练与身体方面的训练都是必需的，缺一不可。①苏格拉底的另一个学生阿里斯提珀斯（Aristippos）更有意思，他认为，要"从当下事物中得到快乐"，不要"费心竭力从当下不存在的东西中获取享受"；"没有什么东西能阻止一个人过奢侈而美好的生活"；"最好的情形不是不享受快乐，而是支配快乐但不被它们征服"。②在亚里士多德看来，身体之善和财富之善，对于幸福生活而言，都是不可或缺的，只是说，人们在这些方面的追求不宜过度。③

柏拉图在设计理想城邦时，不许护卫者拥有私产。有人提出质疑，倘若这样安排，护卫者似乎"没有任何幸福""得不到任何好处"。为此，柏拉图设计了自己的答复：我们的目标是"铸造一个整体的幸福国家"，实现一种"整体美"。④柏拉图的这种风格颇受后世诟病：亚里士多德就曾提出异议：应该允许人拥有私产，因为"人人都爱自己，而自爱出于天赋，并不是偶发的冲动。……自私固然应该受到谴责，但所谴责的不是自爱的本性而是那超过限度的私意"⑤。文德尔班说，柏拉图的这种做法"极端限制公民的个人自由"，否定了"一切个人利益"。⑥ 黑格尔认为，柏拉图只关心他的理想国，狄奥尼修对他来说只是一个无足轻重的手段；相反，亚里士多德却把亚历山大看作一个个体而加以培养。⑦

三、依循海德格尔、尼采和希腊哲学，探讨实存哲学的基本形象

海德格尔阐释尼采的第一篇代表性论文《尼采的话"上帝死了"》，载于《林中路》，1950 年首次出版。没过几年，1953 年（两卷本《尼采》1961 年才首次出版），就遭到了他的学生洛维特的批判，他认为，海德格尔将尼采

① 拉尔修：《名哲言行录》，徐开来等译，广西师范大学出版社，2011 年，第 529、541、551、567 页。

② 拉尔修：《名哲言行录》，徐开来等译，广西师范大学出版社，2011 年，第 197、201、205 页。

③ 亚里士多德：《政治学》，吴寿鹏译，商务印书馆，2007 年，第 11、24、345—346 页。

④ 柏拉图：《理想国》，郭斌和、张竹明译，商务印书馆，2002 年，第 130—133 页。

⑤ 亚里士多德：《政治学》，吴寿鹏译，商务印书馆，2007 年，第 55 页。

⑥ 文德尔班：《哲学史教程》上册，罗达仁译，商务印书馆，1997 年，第 174 页。

⑦ 黑格尔：《哲学史讲演录》第 2 卷，贺麟、王太庆等译，商务印书馆，2014 年，第 287 页。

降到了海德格尔的层面上,给尼采哲学变了调。[①]更有甚者,“在德里达眼里,海德格尔的尼采解释无非是为海德格尔自己的形而上学观(哲学观)和形而上学史观服务的,所以实际上是从形而上学角度、以形而上学方式‘强暴’了尼采”[②]。对于自己的阐释风格,海德格尔自己是这样说的:描述和阐释交织在一起,有些东西必定是阐释者添加上去的;这并不意味着穿凿附会和任意专断,毋宁说,这本身就是文本阐释的内在逻辑。[③]因此,我们审视海德格尔这项阐释工作的首要尺度,并不是海德格尔是否忠实于尼采,而是去探索海德格尔这项阐释的基本意图。

海德格尔将尼采哲学概括为两个基本字语——强力意志和相同者的永恒轮回,前者是存在者整体的“本质”(essentia),后者是存在者整体的存在方式,也就是其“实存”(existentia)。引人注意的是,海德格尔将“本质”(essentia)与“实存”(existentia)称作“自古以来对形而上学起着指导作用的方面”。[④]这是为什么?海德格尔曾经这样说:形而上学不是一种学说,不是一门学科,而是“存在者整体的基本结构”——“存在者整体被区分为感性世界和超感性世界、并且感性世界总是为超感性世界所包含和规定而言来考虑的”;“以往的最高价值是从超感性领域的高度上统治了感性领域,而这种统治的结构就是形而上学”。[⑤] 感性世界与超感性世界的区分和排序,这是以往形而上学的基本结构。随着尼采的思想努力,超感性世界失效了,柏拉图主义终结了,以往的形而上学终结了,那么,我们该如何描述此后的形而上学呢?需要“新的原则”[⑥],而这个新的原则,也许就是以“本质”与“实存”来重新理解形而上学,可以兼顾形而上学的新旧形态。

海德格尔对于“本质”和“实存”的特别重视,使我们意识到,他刻画形而上学的新模式,主要就是“本质”和“实存”的框架。在他看来,形而上学自古以来就把存在区分为“本质”(essentia)和“实存”(existentia),用他的字语来说,就是“什么—存在”(Was-sein)和“如此—存在”(Daß-sein)。[⑦]

---

① 参见登克尔等主编:《海德格尔与尼采》,孙周兴等译,商务印书馆,2015年,第417—418页。

② 孙周兴:《有关尼采查拉图斯特拉思想形象的若干问题》,《同济大学学报(社会科学版)》2009年第5期,第26页。

③ 参见海德格尔:《林中路》,孙周兴译,上海译文出版社,2004年,第227页;海德格尔:《尼采》,孙周兴译,商务印书馆,2002年,第894页。

④ 海德格尔:《林中路》,孙周兴译,上海译文出版社,2004年,第251页。

⑤ 海德格尔:《林中路》,孙周兴译,上海译文出版社,2004年,第235、245页。

⑥ 海德格尔:《林中路》,孙周兴译,上海译文出版社,2004年,第239页。

⑦ 海德格尔:《尼采》,孙周兴译,商务印书馆,2002年,第1034—1035页。

这就是他刻画形而上学的新模式。他认为,亚里士多德的《范畴篇》就曾提出了后世所说的“existentia[实存]对于 essentia[本质]的优先地位”①,也就是 Daß-sein 对于 Was-sein 的优先地位。早在 1927 年,海德格尔就曾提出“实存先于本质”(der Vorrang der existentia vor der essentia)。② 20 年代初,他已将传统哲学的弊端概括为“什么—存在”(Was-sein)优先于“如此—存在“(Daß-sein)了。③因此,海德格尔的尼采阐释,就其基本意图而言,就是要将尼采对柏拉图主义的颠倒、对以往形而上学的颠倒,转化为海德格尔“实存哲学”④所需要的历史性的理论支撑。

从海德格尔的尼采阐释出发,我们重新阅读了尼采(《偶像的黄昏》、《瞧,这个人》和《权力意志》),我们感觉到,海德格尔的尼采阐释是对头的,尼采哲学确实是对柏拉图主义的倒转;尼采对柏拉图主义的倒转,确实可以构成海德格尔批判传统哲学的历史性范例,确实可以为其实存哲学提供历史性的理论支撑。但是,我们也发现,海德格尔的尼采阐释与尼采哲学本身,确实存在着很大的距离,并不是说,他的阐释不对头,而是说,他的阐释还不够彻底:由于他忽略了尼采身体哲学的质料性内容(正如他忽略了亚里士多德伦理学和政治哲学的质料性内容),所以,海德格尔哲学给人的印象是:流于空泛;它是一种伟大的内学,但是,缺乏外学的维度。试问,一种缺乏外学维度的内学,如何开启出一种外学? 须知,生命是内学和外学的统一。⑤

在我们看来,海德格尔为实存哲学指明了方向,但是,还不够。从海德格尔的尼采阐释出发重读尼采,从尼采哲学出发重读希腊哲学,这些工作有助于实存哲学的建构和落实。哲学家们区分了精神和肉体、超感性的和感性的世界、形而上和形而下的世界,以柏拉图主义为代表的传统形而上学推崇精神、超感性的世界和形而上的世界,那么,实存哲学应当采取何种形态? 实存哲学作为一种哲学,必定有其形而上的方面。然而,实存哲学,

① 海德格尔:《尼采》,孙周兴译,商务印书馆,2002 年,第 1042—1043 页。

② Heidegger, Sein und Zeit (EA), Verlag Max Niemeyer 2006, S. 42-43.

③ 参见 Heidegger, *Phänomenologische Interpretation ausgewählter Abhandlungen des Aristoteles zu Ontologie und Logik*(GA 62), Verlag Klostermann 2005, S. 180.

④ 有关实存哲学的阐述,参见孙周兴:《实存哲学与当代汉语哲学》,《存在哲学与中国当代思想——张志扬从教五十周年庆祝会文集》,商务印书馆,2015 年,第 558—567 页。

⑤ 张祥龙教授提道:“海德格尔毕竟还只是当代西方的道家,以老庄的诗意天道为家,只知个人化的天地阴阳交合,却未窥见夫妻化的阴阳造端、亲亲—孝悌—艺化—齐家—仁民—爱物—治国—平天下的儒家大诗意境界。”参见张祥龙:《“家”的歧异——海德格尔“家”哲学的阐发和评析》,《同济大学学报(社会科学版)》2016 年第 1 期,第 29 页。

作为对柏拉图主义和传统形而上学的抵制,归根结底,不应拘泥于采取另一种形而上学的形态,毋宁说,实存哲学应当兼容形而上和形而下两个方面,应当具备“形而上下”的格局,应当具备内外一体的格局。倘若在肉身性、个体性和创造性方面增添质料性和操作性内容,实存哲学的基本形象才会更加完善:

人是肉身性的存在——这本是一个平淡无奇的命题,但是,却遭受着长期的遮掩、耽搁和遗忘,难以进入主流文化的视域。即使是在较为温和的亚里士多德哲学中,肉身性的维度也被深深地遮蔽着:由于“生命活动也为植物所有,而我们探究的是人的特殊活动,所以我们必须把生命的营养和生成活动放在一边”;“人如果不具备必需的条件,他简直无法生活”,但是,获取财富并不是家主的本分,而是“家务管理技术的一个枝节”;“我们不为任何其他利益而找寻智慧”,“只因人本自由”,这句话深受后世推崇,但是,亚里士多德这番话其实是有前提的——“这类学术研究的开始,都在人生的必需品以及使人快乐安适的种种事物几乎全部获得了以后”。①直到尼采哲学,才把肉身性的维度安置到显赫的位置,“哲思的视野里纳入了人间烟火”②:“营养”(Ernährung)、“地方”(Ort)、“气候”(Clima)、“休养”(Erholung),换言之,“饮食”(Nahrung)、“居住”(Wohnung)、“疾病治疗”(Krankenbehandlung)、“清洁”(Reinlichkeit)、“天气”(Wetter)等方面,看起来是微不足道的小事情,实际上是必须严肃对待的问题,其重要性远远超过那些虚构出来的超感性的概念(诸如“上帝”“灵魂”“彼岸”“真理”“永生”)。③海德格尔在阐释尼采之际,尽管偶尔提及“肉身性的存在”(das leibliche Sein)④,但是,他的关注焦点始终是尼采哲学的原则——对超感性事物的否定和对感性事物的肯定。然而,光讲原则或形式,还是不

---

① 亚里士多德:《尼各马可伦理学》,廖申白译,商务印书馆,2003 年,第 19 页;亚里士多德:《政治学》,吴寿鹏译,商务印书馆,2007 年,第 11、31 页;亚里士多德:《形而上学》,吴寿鹏译,商务印书馆,2007 年,第 5 页。详细论述参见本书第 15 节“亚里士多德实践哲学的经济维度”。

② 孙周兴:《〈瞧这个人〉译后记》,尼采:《瞧这个人》,商务印书馆,2016 年,第 200—201 页。

③ 《尼采著作全集》第 6 卷,孙周兴、李超杰、余明锋译,商务印书馆,2015 年,第 370—371、484—485 页。尼采提出身体哲学的文稿《瞧这个人》写于 1888 年,事实上早在 1845—1846 年间,马克思和恩格斯就曾提出身体哲学:“人们为了能够创造历史,必须能够生活。而生活就包括饮食(Essen und Trinken、Nahrung)居住(Wohnung)、衣被(Kleidung)以及其他东西”;人区别于动物的首要行为并非人会思想(denken),而是人开始生产自己的生活资料(Lebensmittel)。参见《文献学语境中的〈德意志意识形态〉》,广松涉编注,彭曦译,张一兵审订,南京大学出版社,2005 年,第 196—197 页。关于海德格尔与马克思,详细论述参见本书第 14 节“海德格尔与马克思的会通?”

④ 海德格尔:《尼采》,孙周兴译,商务印书馆,2002 年,第 108—109 页。

够的，因为我们不知道接下来该如何行事。重读尼采和重读希腊哲学，可以发现肉身性或照料身体的质料性内容。从肉身层面进展到思想层面，这是实存哲学的进路，区别于传统哲学"呵护灵魂"的口号。

"实存哲学是个体论"[①]，这一点很好理解，海德格尔在《存在与时间》作过较多的论述：此在总是我的存在，操心总是不可替代的（例如死亡是不可替代的）；不要以为时常动用"我"和"他"的字语，"我"就是"我"了；要从公众意见中摆脱出来，走向本真的"我"。[②]但是，海德格尔的这番论述，多半停留在思想意识的层面，讲的是思想意识层面的个体性、独立性和自主性；然而，仅仅停留在思想意识层面，还是虚幻的、空洞的、乏力的。重读尼采哲学和重读希腊哲学，可以发现某种带有质料的个体性：人们要首先照顾好自己以及自己周围的人（诸如父母、子女、朋友等）；对自己以及切身的小共同体的呵护，是每个个体首当其冲且力所能及的事情。亚里士多德认为，人在本性上是政治的（politikon），但他同时也说，交友的数量要有限度；海德格尔表示，如果和所有人在一起（Mit-allen-Menschen），那就不会有本真的共在（das eigentliche Miteinandersein）。[③]黑格尔甚至这样说："单单一个人的特殊需要这一任性环节，以及欲望之自私，就转变为对一种共同体的关怀和增益，就是说转变为一种伦理学的东西。"[④]从个体之关切出发，尔后再进展到共同体之关切，这应该是实存哲学的进路，区别于传统哲学的整体主义或普遍主义。[⑤]

海德格尔在阐释尼采之际，流露出这样的思想动向：反对柏拉图主义，我们必须肯定感性；而艺术乃是对感性的肯定；因此，反对柏拉图主义、反对虚无主义，需要我们首先在艺术中开展创造性的生命。[⑥]在古代希腊，"艺术"（techne）泛指各种制作活动，擅长和精通某一领域或某种活动的人，都被称作 technites（艺人、高手）。[⑦]在海德格尔看来，艺术是真理发生的

① 孙周兴：《实存哲学与当代汉语哲学》，《存在哲学与中国当代思想——张志扬从教五十周年庆祝会文集》，商务印书馆，2015 年，第 560—561 页。

② 参见海德格尔：《存在与时间》，陈嘉映等译，三联书店，2012 年，第 142、276、147、366 页。

③ 亚里士多德：《尼各马可伦理学》，廖申白译，商务印书馆，2007 年，第 18—19 页；Heidegger, *Grundbegriffe der aristotelischen Philosophie* (GA 18), Verlag Klostermann 2002, S. 96-97.

④ 黑格尔：《法哲学原理》，范扬、张企泰译，商务印书馆，2014 年，第 185 页。

⑤ 整体主义和普遍主义的可能后果是：对全人类爱得很深，对单个的人却爱得很少。参见赵汀阳：《第一哲学的支点》，三联书店，2013 年，第 123 页。

⑥ 海德格尔：《尼采》，孙周兴译，商务印书馆，2002 年，第 177、78—79 页。

⑦ 孙周兴：《以创造抵御平庸——艺术现象学演讲录》，中国美术学院出版社，2014 年，第 72 页。

方式之一,“艺术是真理之自行设置入作品”①。尼采和海德格尔有关“艺术”的论述都蕴含着对创造性的呼吁。其实,有关创造性的呼吁,实存哲学有非常直接的表达:此在的本质乃是其去存在,实存优先于本质;萨特更是将“实存先于本质”当作实存哲学的基本命题:人是什么,并不取决于预先的规定,而是取决于人的自由行动和自由创造。实存哲学进展到这里,已属不易,但是,就实行而言,恐怕仍有不足,仍需一些质料性内容或操作性内容。亚里士多德提示我们,“潜能”意味着“做好一项工作之才干”,“一切制造技术均称潜能”,理智性的潜能须经学习和操练才能获得。② 创造固然是自由的,但并非是随心所欲的,需要有所准备,因此,实存哲学不仅要启发人们创造之欲求,更要提示人们创造之方法。唯有如此,才能真真切切地创造起来,区别于传统哲学沉溺于玄思而欠缺行动的作派。

通常而言,传统哲学侧重三个方面:精神追求、普遍关怀、思想对于行动的激励作用。这些方面的初衷都很好,但是,在传播和运行的层面上出现了许多偏差。在这种情况下,实存哲学的方案值得关注:从呵护身体进展到精神追求,从呵护个体进展到呵护共同体,从思想对行动的激励作用进展到切切实实的创造性行动。此外,在大众教育时代,哲学早已不再是少数精神贵族的特权,哲学之传播光靠暗示是不够的,应该有更多的明示;与此相应,实存哲学不能仅仅停留在激励和启发的层面,更要深入到操作方法的层面;不仅要有形而上的心性清谈,更要有形而下的洒扫应对和待人接物。从海德格尔的尼采阐释出发,重读尼采哲学,重读希腊哲学,重思实存哲学,可以发现:有必要对海德格尔的实存哲学做适当的损益或扬弃,增添质料性内容和操作性内容。

§ 14 海德格尔与马克思的会通?

海德格尔思想的接受和传播牵涉到非常广泛的领域,诸如在文学艺术领域就深受关注,“人诗意地栖居”成了文学艺术界引用频率相当高的经典语句或口号。就哲学学科范围而言,几乎所有的哲学二级学科都在关注海德格尔,诸如中国哲学、外国哲学、伦理学、科技哲学、美学和宗教学,当然包括马克思主义哲学对于海德格尔的关注。事实上,在我国马克思主义

---

① 海德格尔:《林中路》,孙周兴译,上海译文出版社,2004 年,第 65 页。

② 亚里士多德:《形而上学》,吴寿鹏译,商务印书馆,1997 年,第 102—103、176、180 页。详细论述参见本书第 7 节“海德格尔有关潜能和实现的阐释”。

哲学界,对于海德格尔的关注已经达到了非常广泛和非常热烈的程度,以至于借助海德格尔来阐释马克思一度成为学术热点并且沉淀为一种研究范式。这一点往往被外国哲学界专攻海德格尔哲学的学者们所忽视,在写文章时较少提到马克思主义哲学界写的海德格尔研究论文,在外国哲学的学术会议中关于马克思和海德格尔的学术报告也相对较少。

但是,我国翻译和研究海德格尔的先驱熊伟先生,实际上就已经写过有关马克思和海德格尔的论文。1986 年也就是《存在与时间》汉译本出版的前一年,熊伟先生在现代外国哲学研究会年贵阳年会上做过一篇报告,叫作《海德格尔与马克思主义》。其中列举了海德格尔论述马克思的六个段落,分别出自 1961 年《尼采》第 2 卷、1947 年《论人道主义》(依据 1963 年汉译本《存在主义哲学》)、1955 年《哲学——这是什么?》、1956 年《根据的原则》、1958 年《黑格尔与希腊人》和 1961 年《康德关于在的论题》。这篇报告主要是列举资料,只在最后一段方才提道:"……从他说马克思主义的这些话看来,他没有和马克思主义势不两立。……"①王炜 1992 年的同名论文,可以看作是对熊伟先生基本看法的进一步说明:

> "……海德格尔在这里并没有一点儿反对马克思关于人的本质的规定的意思,也许可以看出的是一种合理地理解马克思的努力,人们可以不同意海德格尔的说法,却无法说海德格尔在反马克思";"我无意引导人们按照海德格尔的思路去理解马克思。……我也无意在马克思和海德格尔之间划等号,毕竟这两位德国思想家的思想还是有着巨大的差别。然而有差别未必就意味着不能沟通,差别也许应该是沟通的基本前提。若无差别还有什么要沟通的呢?一种完全不同的思,也许会提供我们产生新的理解的机会,至少可能成为一种批判的对象,若这种批判可能产生对马克思的理解上的积极作用的话,因而提供一种不同的思和一种比较的机会也并非无益"。②

---

① 熊伟:《海德格尔与马克思主义》,《在的澄明——熊伟文选》,陈嘉映、陈小文编,商务印书馆,2011 年,第 138—142 页。

② 王炜:《海德格尔与马克思主义》,《求是学刊》1992 年第 6 期,第 3—6、21 页。在熊伟和王炜论文以外,还可以参考孙周兴:《马克思的技术批判和未来社会》,《学术月刊》2019 年第 6 期,第 5—12 页。

一、基本形象的会通

马克思和海德格尔都是来自德国的大师，都是欧洲哲学史上举足轻重的思想家。有关马克思和海德格尔的比较研究早已成为国内外学术界的热门话题。尽管他们的思想背景有巨大差异，但是，这并不排除有一种会通的可能性。重新审视海德格尔和马克思的会通，自然离不开海德格尔对马克思的直接评价："纵观整个哲学史，柏拉图的思想以有所变化的形态始终起着决定性作用。形而上学就是柏拉图主义。尼采把他自己的哲学标示为颠倒了的柏拉图主义。随着这一已经由卡尔·马克思完成了的对形而上学的颠倒，哲学达到了最极端的可能性。"①我们将要说明，对形而上学的颠倒，乃是他们两位在基本形象上可以会通的表现。

马克思对柏拉图主义的颠倒，表现为他对黑格尔哲学的颠倒。他对黑格尔哲学的批判，曾经得益于费尔巴哈的启发。费尔巴哈已经认识到了黑格尔哲学的弊病：黑格尔将绝对观念置于优先地位，其实是在信仰世界之外的造物主②；黑格尔是"从绝对的和不变的抽象出发，就是说，说得更通俗些，他从宗教和神学出发"③。因而，马克思对黑格尔的批判也表现为对宗教的批判，他曾指出，宗教是一种"颠倒的世界意识""颠倒的世界""人民的虚幻的幸福""人民的鸦片"。在费尔巴哈的启发下，马克思提出，"废除作为人民虚幻幸福的宗教，就是要求人民的现实幸福"；宗教亦即黑格尔为代表的思辨唯心主义讲究的乃是"彼岸的真理"(das Jenseits der Wahrheit)，而马克思则致力于建立"此岸世界的真理(die Wahrheit des Diesseits)"。④可以说，马克思致力于对黑格尔哲学的颠倒：黑格尔哲学乃是彼岸的真理，而马克思哲学乃是此岸的真理。

关于马克思对黑格尔哲学的颠倒，还有更详细的表述："德国哲学从天国降到人间(vom Himmel auf die Erde)；和它完全相反，这里我们是从人间升到天国(von der Erde zum Himmel)"；不是从设想、想象和思考出发"去理解有血有肉的人(leibhaftige Menschen)"，真正的出发点乃是"从事实际活动的人(wirkliche tätige Menschen)"；"不是意识(Bewusstsein)决定生活

---

① 海德格尔：《面向思的事情》，陈小文、孙周兴译，商务印书馆，2010年，第70页。

② 《马克思恩格斯文集》第4卷，人民出版社，2009年，第281页。

③ 《马克思恩格斯文集》第1卷，人民出版社，2009年，第200页。

④ 《马克思恩格斯文集》第1卷，人民出版社，2009年，第3—4页。本文所用马克思和恩格斯的德文出自*Karl Marx-Friedrich Engels-Werke*(MEW)，Dietz Verlag 1972，以及《文献学语境中的〈德意志意识形态〉》，广松涉编注，彭曦译，张一兵审订，南京大学出版社，2005年；使用时只标注汉语版页码。

(Leben),而是生活决定意识";"不是从观念(Idee)出发解释实践(Praxis),而是从物质实践(materielle Praxis)出发来解释各种观念形态(die Ideenformationen)"。①通常人们将马克思这番论述称作唯物论亦即唯物史观,这当然是无可置疑的。不过,从两千年世界哲学的演变来看,马克思的这番论述意味着对观念论的颠倒、对彼岸真理的颠倒、对黑格尔哲学的颠倒、对柏拉图主义的颠倒。

马克思不仅颠倒了彼岸的真理,而且建立了此岸的真理,这就是说,他在颠倒旧价值的同时,也在进行新的价值设定。进行新的价值设定,就意味着虚无主义。因此,海德格尔说,"马克思达到了虚无主义的极致"②。这并不是在责备马克思,而是在表达对马克思的赞赏。因为,"虚无主义"这个概念,在尼采和海德格尔那里有两种用法:依据其第一种用法,柏拉图主义是虚无主义,因为"对于如其所是地存在的世界,他断定它不应当存在;对于如其应当是地存在的世界,他断定它并不实存"③。依据其第二种用法,尼采所讲的"对以往一切价值的重估",是虚无主义。这是一种积极的虚无主义,既然以往价值不再发挥作用了,那么,就要建立新的价值或新的价值秩序。④

早在20年代阐释亚里士多德之际,海德格尔就开始了对柏拉图主义的批判:哲学的道路乃是从具体事物通往普遍事物,不可像柏拉图那样把具体事物视为"不存在者"(me on),试图通达什么更高的存在(Über-sein)。这样做,乃是把真正的存在者视为不存在者。同时,海德格尔认为,柏拉图的这种失误,亚里士多德看得一清二楚。⑤后来,他在阐释尼采的时候,对柏拉图主义的批判继续保持着:"存在的同一本质,即在场,柏拉图思之为idea[相]中的koinon[共性],亚里士多德把它把握为作为energeia[实现]的tode ti[个体、这个]。由于柏拉图决不能让个别存在者成为真正存在者,而亚里士多德却把个别之物纳入在场来加以把握,所以,亚里士多德就比柏拉图思考得更希腊,也就是更合乎原初确定的存在之本质。"⑥

---

① 《马克思恩格斯文集》第1卷,人民出版社,2009年,第525、544页。

② 海德格尔:《晚期海德格尔的三天讨论班》,丁耘译,《哲学译丛》,2001年第3期,第59页。

③ 孙周兴:《后哲学的哲学问题》,商务印书馆,2009年,第40页。

④ 参见海德格尔:《林中路》,孙周兴译,商务印书馆,2004年,第237页。

⑤ 参见Heidegger, *Platon: Sophiste* (GA19), Verlag Klostermann 1992, S. 222.

⑥ 海德格尔:《尼采》,孙周兴译,商务印书馆,2002年,第1044—1045页。

海德格尔在批判柏拉图主义时,同时也在积极探索,尽可能使用自己的字语去刻画柏拉图主义。首先,他区分过三重意义方向——“内涵意义”(Gehaltssinn)、“关联意义”(Bezugssinn)和“实行意义”(Vollzugssinn),并且将“内涵意义”称作“什么存在”(Was-sein),将“关联意义”和“实行意义”合称作“如何存在”(Wie-sein),同时指出了传统哲学的弊端——片面强调内涵意义,掩盖了实行意义。①海德格尔的真正意图在于表明“如何存在”优先于“什么存在”,只是没有明确讲出来。其次,他将传统哲学的弊端重新概括为,“什么存在”(Was-sein)优先于“如此存在”(Daß-sein)②,这时候,他的思想意图就更加明显了。

在《存在与时间》中,他明确提出,“此在的本质在于其实存”(Das Wesen des Daseins liegt in seiner Existenz),“实存先于本质”(der Vorrang der existentia vor der essentia)。③这里使用了“本质”和“实存”两个基本字语。海德格尔后来的作法是,将“什么存在”—“如此存在”和“本质”—“实存”这两组字语同时付诸使用。例如,海德格尔将亚里士多德《范畴篇》有关两种实体的文字进行了自己的阐释,是这样讲的:“第一位意义上的在场乃是 hoti estin[如此存在]中被表达出来的存在,即如此—存在(Daß-sein)、existentia[实存]。第二位意义上的在场则是在 ti estin[什么存在]中被追踪的存在,即什么—存在(Was-sein)、essentia[本质]”;“亚里士多德对这个区分的阐述就揭示了后来所谓的 existentia[实存]对于 essentia[本质]的优先地位”。④

在海德格尔看来,形而上学自古以来就把存在区分为“本质”(essentia)和“实存”(existentia),用他的字语来说,就是“什么—存在”(Was-sein)和“如此—存在”(Daß-sein)。⑤这就是他刻画形而上学的新模式。笼统而言,柏拉图主义是本质主义,而海德格尔则是实存哲学或实存主义。这样看来,马克思和海德格尔都是对柏拉图主义的颠倒,都是对传统形而上学的颠倒,在这个基本形象上,他们是可以会通的。当然,他们在思想背景和言说方式等方面存在着巨大差异,这是不可避免的。

---

① 参见海德格尔:《形式显示的现象学》,孙周兴编译,同济大学出版社,2004 年,同济大学出版社,第 72—73 页。

② Heidegger, *Phänomenologische Interpretation ausgewählter Abhandlungen des Aristoteles zu Ontologie und Logik* (GA 62), Verlag Klostermann 2005, S. 180.

③ Heidegger, *Sein und Zeit* (EA), Verlag Max Niemeyer 2006, S. 42-43.

④ 海德格尔:《尼采》,孙周兴译,商务印书馆,2002 年,第 1042—1043 页。

⑤ 海德格尔:《尼采》,孙周兴译,商务印书馆,2002 年,第 1034—1035 页。

二、实践论的会通

依据海德格尔生前公开出版的作品,他在 1927 年提出:“日常在世的存在,我们也称之为在世界中与世界内的存在者打交道(Umgang)。这种打交道已经分散在形形色色的诸操劳方式(Weisen des Besorgens)中了。”①这种打交道最初是人与用具的打交道,然后通过用具的使用者或消费者延伸到人与人的交往。依据这一点,海德格尔的传记作家萨弗兰斯基(R. Safranski)曾经比较过海德格尔和马克思:“对马克思来说,人的根是从事工作(劳动)的人,但是在海德格尔那里,人的基本规定是‘与什么打交道’。它是比‘工作’(劳动)宽泛得多的东西。马克思把‘工作’(劳动)定义为‘与自然的材料(物质)交换’。海德格尔的‘打交道’尽管也联系到(物质的、自然的)世界,但是同时也联系着自身世界(自身领会)和共在世界(社会)。”②依据萨弗兰斯基的这种评论,可以看到,海德格尔与马克思实际上都把“实践”看作人的基本规定,只不过,海德格尔首先使用的字语是“打交道”(Umgang),马克思首先使用的字语是“劳动”(Arbeit)。这是海德格尔与马克思在实践论上可以会通的第一个表现。

尽管《存在与时间》并没有提及马克思,但是,海德格尔后来多次提到马克思的“劳动”概念。1931 年夏季学期,海德格尔明确提到:“人与其所制作的作品具有关联。因而,在《存在与时间》中才谈及与用具的打交道(Umgehen mit dem Zeug);这倒不是为了纠正马克思或者建立一种新的国民经济学,而是来自一种源初的世界领会。”③海德格尔的实践论源自他对希腊哲学的阐释,特别是他对亚里士多德“实现”(energeia)的阐释,energeia 作为实现活动本身就意味着与作品(ergon)打交道。而马克思的实践论,自然是源自他的政治经济学背景,所以,在马克思那里,“劳动”(Arbeit)首先就是生产活动(Produktion)。1946 年,海德格尔再次提到:“人们要摆脱那些关于唯物主义的朴素观念以及那些以唯物主义为目标的廉价反驳。唯物主义并不在于它主张一切都只是质料(Stoff),而倒是在于一种形而上学的规定,按照这种规定,一切存在者都表现为劳动的材料(das Material der Arbeit)。”④ 1957 年,海德格尔更是直接引用了马克思《1844 年经

---

① 海德格尔:《存在与时间》,陈嘉映等译,三联书店,2012 年,第 78—79 页。

② 萨弗兰斯基:《来自德国的大师——海德格尔和他的时代》,靳希平译,商务印书馆,第 200 页。

③ Heidegger, Aristoteles Metaphysik Ⅸ 1-3. Von Wesen und Wirklichkeit der Kraft (GA 33), Verlag Klostermann 1990, S. 137-138.

④ 海德格尔:《路标》,孙周兴译,商务印书馆,2013 年,第 401 页。

济学哲学手稿》关于劳动的原文:“整个所谓世界历史不外是人通过人的劳动而诞生的过程,是自然界对人来说的生成过程。”①在海德格尔看来,马克思恰好阐明了技术时代的真理:在技术时代、工业时代、经济时代,“生产劳动规定着现实的一切现实性”②。

尽管用词不同,思想背景不同,但是,确实可以说,海德格尔和马克思都将实践看作人的基本规定。这是海德格尔与马克思在实践论上可以会通的第一个表现。第二个表现则是,面对实践交往的现实状况,海德格尔和马克思都深感不满,并且他们都动用了“异化”(Entfremdung)这个字语:1844 年,马克思使“异化”上升为一个核心概念,但是这部手稿直到 1932 年才首次公开出版;1927 年,《存在与时间》在刻画日常共在之沉沦现象时起用了“异化”这个字语。③至于海德格尔是否借鉴过卢卡奇 1923 年出版的《历史与阶级意识》,不得而知。卢卡奇说:“随着海德格尔《存在与时间》(1927)的问世,它[异化问题]成了哲学争论的中心。……在这里,谁起头,谁影响谁的问题并不特别重要。重要的是,人的异化是我们时代的关键问题。”④ 1946 年,海德格尔表示:“马克思在某种根本的而且重要的意义上从黑格尔出发当作人的异化(Entfremdung)来认识的东西,与其根源一起又复归为现代人的无家可归状态(Heimatlosigkeit)了。”⑤

既然海德格尔和马克思都对现实状况深感不满,那么,改变现实也必定是两位思想家的共同追求。这就牵涉到海德格尔与马克思在实践论上会通的第三个表现,都有改变现实的思想追求。海德格尔曾在 1961 年和 1969 年两次引用马克思《关于费尔巴哈的提纲》第 11 条——“哲学家只是以不同的方式解释世界;问题在于,改变世界”(Die Philosophen haben die Welt nur verschieden interpretiert;es kömmt darauf an, sie zu verändern)。海德格尔始终没有反对马克思改变世界的主张,而是特别强调,“要想改变世界,就要转变思想”(Allein, die so gedachte Weltveränderung verlangt zuvor, daß sich das Denken wandle),“改变世界要以理论工具作为前提条件”(Und setzt nicht andererseits jede Veränderung der Welt einen theoretischen Vorblick als Weltzeug voroaus?),“解释世界与改变世界其实并不是对立关

① 海德格尔:《同一与差异》,孙周兴等译,商务印书馆,2011 年,第 133 页;参见《马克思恩格斯全集》第 3 卷,人民出版社,2002 年,第 310 页。

② 海德格尔:《同一与差异》,孙周兴等译,商务印书馆,2011 年,第 133 页。

③ 海德格尔:《存在与时间》,陈嘉映等译,三联书店,2012 年,第 206 页。

④ 卢卡奇:《历史与阶级意识》,杜章智等译,商务印书馆,2014 年,第 17 页。

⑤ 海德格尔:《路标》,孙周兴译,商务印书馆,2013 年,第 400 页。

系"（Gibt es einen echten Gegensatz von Interpretation und Veränderung der Welt?）。①当然，我们知道，海德格尔通常对思想强调得多一些，对行动强调得少很多，但是，这只是字面意思，海德格尔作为思想家特别看重的是思想对于行动的指引意义，既然是指引，那么，这种指引的归宿最终还是要落实到行动上。在现实生活中，人们缺乏的并不是行动，而是有所指引的行动。因此，海德格尔并不反对改变世界，实际上，海德格尔是要把实践论的基本结构梳理清楚：改变世界和解释世界并不是对立的，毋宁说，应当结合起来；改变世界当然是需要的，但是，解释世界乃是改变世界的前提条件。马克思德语原文使用的"es kömmt darauf an"，通常译作"问题在于"，这个短语确实是要引出一个关键的东西，但是，还不至于要把前面提到的东西都排除掉；后面的东西更重要，只是就某种角度而言的；倘若换一个角度，前面的东西可能更重要，但是，归根结底，还是要把双方结合起来。

那么，理论如何引导实践呢？在海德格尔看来，理论（海德格尔式的形式显示的理论）只能给出一些提示（Hinweis），给出一条道路（Weg），具体如何实行（Vollzug），还是悬而不定的，还要保持开放；人们应当在理论的引导下，审时度势，相时而动，开展具体的实行；因为实际生活是变动不居和各个不同的，人们应该把握其具体处境（Situation），而不可执着于一般形势（allgemeine Lage）。② 马克思或马克思主义亦是如此：1872 年，他和恩格斯认为，《共产党宣言》"所阐述的一般原理整个说来直到现在还是完全正确的"，当然，"这些原理的实际运用，正如《宣言》中所说的，随时随地都要以当时的历史条件为转移"③；1844 年，恩格斯指出，马克思的原理并不是绝对原理，而是只在一定条件下才发挥作用的原理。④

理论对实践的引导，并不是事无巨细、面面俱到，而是给出大致的方向，实际行动时要参考具体情况，这是海德格尔与马克思在实践论上会通的第四个表现。此外，还有第五个表现，牵涉到两位思想家对历史的理解。在海德格尔看来，"历史"（Geschichte）不是"历史学"（Geschichtewissenschaft）意义上的"历史"（Historie），毋宁说，"历史是生存着的此在所特有的在时间中发生的历事（Geschehen）"，而"此在的历事，也可以说，是实践

---

① Heidegger, *Wegmarken*（GA 9）, Verlag Klostermann 2004, S. 446–447；Heidegger, *Seminare*（GA15）, Verlag Klostermann 2005, S. 352–353.

② 参见海德格尔：《存在与时间》，陈嘉映等译，三联书店，2012 年，第 342 页。

③ 《马克思恩格斯文集》第 2 卷，人民出版社，2009 年，第 5 页。

④ 《马克思恩格斯文集》第 10 卷，人民出版社，2009 年，第 511 页。

(Handeln)的本真意义”。[①]《德意志意识形态》有关“历史”的用词可以与海德格尔相媲美:“一切人类生存(menschliche Existenz)的第一个前提,也就是一切历史(Geschichte)的第一个前提,这个前提是:人们为了能够‘创造历史’(Geschichte machen),必须能够生活。……因此,第一个历史活动(geschichtliche Tat)就是……,而且,这是人们……每日每时从事的历史活动,是一切历史的基本条件。……因此任何历史观(geschichtliche Auffassung)的第一件事情……”[②]由此可见,无论是海德格尔,还是马克思,实际上都把“历史”(Geschichite)看作一个动态的概念,是“人类生存”(menschliche Existenz),是“历事”(Geschehen),是“创造历史”(Geschichte machen),总而言之,都是“实践”(Handeln)。

三、共在论的会通

按照通常的理解,海德格尔思想的特色乃是个体论。其一,海德格尔对此在的基本规定——此在总是我的此在,也就是“向来我属”(Jemeinigkeit)。[③]这里的“我”可以替换为“每个个体”,此在总是每个个体的此在,于是,有关此在的基本规定就蕴含着个体论。其二,可以标识海德格尔个体论的另一个字语是“个别化”(Vereinzelung)。他说:“畏把此在个别化并开展出来成为‘solus ipse‘[唯我]。但这种生存论的‘唯我主义’(Solipsismus)并不是把一个绝缘的主体放到一种无世界地摆在那里的无关痛痒的空洞之中,这种唯我主义恰恰是在极端的意义上把此在带到它的世界之为世界之前”;“此在个别化了,但却是作为在世的存在个别化的”。[④]海德格尔同时动用了“唯我主义”(Solipsismus),在此语境下,其实也就是个别化,也就是向来我属,就是想突出其个体论的基本原则;而且,如上所说,这种个体论乃是在世的个体论。即使海德格尔说:“存在有本真状态与非本真状态两种样式,这是由于此在根本上是由向来我属这一点来规定的。”[⑤]这种提法也并没有将共在等同为非本真。

事实上,海德格尔不仅有个体论,也有共在论,而且,在共在论上,海德格尔与马克思可以会通。海德格尔说:“此在本质上是共在(Dasein ist

---

① 海德格尔:《存在与时间》,陈嘉映等译,三联书店,1987 年,第 446 页;Heidegger: *Die Grundprobleme der Phänomenologie* (GA 24), Verlag Klostermann 1997, S. 393.

② 《马克思恩格斯文集》第 1 卷,人民出版社,2009 年,第 531 页。

③ 海德格尔:《存在与时间》,陈嘉映等译,三联书店,2012 年,第 49—51 页。

④ 海德格尔:《存在与时间》,陈嘉映等译,三联书店,2012 年,第 217—218 页。

⑤ 海德格尔:《存在与时间》,陈嘉映等译,三联书店,2012 年,第 50—51 页。

wesenhaft Mitsein)";"此在之独在也是在世界中共在。……独在是共在的一种残缺的样式,独在的可能性恰恰是共在的证明"。①由此看来,海德格尔坚持一种坚定的共在论——此在本质上是共在,即使独在也是共在的某种样式。在这个方面,海德格尔与马克思可以会通,众所周知,马克思乃是坚定的共在论者:他表示:"首先应当避免重新把'社会'当作抽象的东西同个体对立起来。个体是社会存在物。因此,他的生命表现,即使不采取共同的、同他人一起完成的生命表现这种直接形式,也是社会生活的表现和确证";"人的本质不是单个人所固有的抽象物,在其现实性上,它是一切社会关系的总和";"只有在共同体(Gemeinschaft)中,个人(jedes Individuum)才能获得全面发展其才能的手段,也就是说,只有在共同体中才可能有个人自由(die persönliche Freiheit)"。这是因为个人力量(die persönliche Mächte)只有借助分工(die Teilung der Arbeit)才能转化为物的力量(die sachliche Mächte),而分工则依赖于共同体。②

马克思的共在论,还表现为他对群众和阶级的高度重视。马克思说:"批判的武器(die Waffe der Kritik)当然不能代替武器的批判(die Kritik der Waffen),物质力量(die materielle Gewalt)只能用物质力量来摧毁;但是理论一经群众掌握,也会变成物质力量。"③由此引出了马克思主义的群众观点。在毛泽东看来,我们要依靠群众,因为群众的数量巨大,能够充当革命的主力军;我们要为群众服务,为群众谋取利益。④另一方面,"阶级"(Klasse)在人类生活中扮演着不可或缺的作用,是马克思理论分析的基本单位,诚如马尔库塞所言,我们分析历史实存的最终单位,不是个体(die Individuen),而是群体(Gemeinschaften)。⑤卢卡奇也说:阶级的观点不同于并且优越于个人的观点,"个体决不能成为事物的尺度","只有阶级才能在行动中冲破社会现实,并在这种现实的总体中把它加以改变"。⑥

无论是海德格尔,还是马克思,都认为,共在是人的基本规定——人总是与他人共在,总是生活在共同体中。这是海德格尔和马克思在共在论上可以会通的第一个表现。第二个表现是,他们都很清楚,日常的共在多半

---

① 海德格尔:《存在与时间》,陈嘉映等译,三联书店,2012 年,第 140 页;Heidegger, *Sein und Zeit* (EA), Verlag Max Niemeyer 2006, S. 120.

② 《马克思恩格斯文集》第 1 卷,人民出版社,2009 年,第 188、505、571、570 页。

③ 《马克思恩格斯文集》第 1 卷,人民出版社,2009 年,第 11 页。

④ 《毛泽东选集》第 2 卷,人民出版社,1992 年,第 505、641 页。

⑤ H. Marcuse, *Über konkrete Philosophie*, in: Schriften 1, Verlag Suhrkamp 1978, S. 393.

⑥ 卢卡奇:《历史与阶级意识》,杜章智等译,商务印书馆,2014 年,第 94—95、294 页。

是非本真的,他们都为日常共在的非本真性而付出了理论上的忧虑和操心。在海德格尔看来,日常共在多半是非本真的,通常有两个极端:一种是过度冷漠,互不关心,一种是过度热心,越俎代庖。特别是"雇来共事的人们的共处(das Miteinandersein),常常只靠猜疑来滋养"①。按照海德格尔的观点,多半还没有构成真正的共同体,所以,首要的问题并不是去考虑,这个共同体为何多半是非本真的,而是要去考虑,这个共同体究竟是不是一个真正的共同体。马克思指出:在现实生活中,人们为了谋取自己的利益,总是在标榜自己建立了能够代表普遍利益的共同体,其实只是虚幻的共同体,只是将自己的利益标榜成共同体的利益;在虚幻的共同体(die scheinbare Gemeinschaft)中,只有统治阶级内部才享有自由,对于被统治阶级而言,这种共同体不仅是完全虚幻的,而且是新的桎梏。②因此,日常共在多半是非本真的,并不是因为个体与共同体之间存在斗争,而是因为个体与虚假共同体之间存在斗争。这是海德格尔与马克思在共在论上可以会通的第二个表现。

前面提到,马克思将群众摆在一个非常重要的位置,这在欧洲哲学史乃至世界哲学史上都是非常罕见的;然而,还有另一个方面,那就是要注意教育群众和领导群众③,"否则'掌握群众'只能成为一句空话,群众就会受到完全不同的力量驱使,去追求完全不同的目的"④。马克思同时也很清楚,无产阶级必须将哲学当作自己的精神武器,才能够实现无产阶级自身的扬弃(die Aufhebung des Proletariats)。⑤卢卡奇注意到,只有当无产阶级领悟到自己的历史地位,亦即其阶级意识上升到无产阶级的水平,他们在行动中才会有统一性和凝聚力。⑥ 意识到这个问题,我们再去看《存在与时间》第27节海德格尔对"常人"(das Man)的批判,就会有全新的领悟:我们不可引申出海德格尔轻视群众的结论,毋宁说,海德格尔正是要提示我们,群众迫切需要思想引导。海德格尔提到演讲术通过驾驭情绪而驾驭群众,卢卡奇也曾提到通过赢得群众感情上的信任而领导群众。⑦要注意

① 海德格尔:《存在与时间》,陈嘉映等译,三联书店,第141—142页。

② 参见《马克思恩格斯文集》第1卷,人民出版社,2009年,第536、552、571页。

③ 参见《毛泽东选集》第4卷,人民出版社,1992年,第1310页。

④ 卢卡奇:《历史与阶级意识》,杜章智等译,商务印书馆,2014年,第49页。

⑤ 《马克思恩格斯全集》第3卷,人民出版社,2002年,第214页。

⑥ 卢卡奇:《历史与阶级意识》,杜章智等译,商务印书馆,2014年,第138—139页。

⑦ 海德格尔:《存在与时间》,陈嘉映等译,三联书店,2012年,第162页;卢卡奇:《历史与阶级意识》,杜章智等译,商务印书馆,2014年,第88—89页。

教育群众和引导群众,这也是海德格尔与马克思在共在论上可以会通的表现。

海德格尔与马克思在共在论上可以会通的第三个表现是,尽管他们知道日常共在多半是非本真的,但是他们都致力于探索本真的共在。在海德格尔看来,本真的共在固然是罕见的,但是,并不是没有。其一,如果说,越俎代庖(einspringen)不是本真的共在,那么,作出表率(vorausspringen)并且让他人学会操心、学会自由,这种共在应该是本真共在。其二,海德格尔说:"雇来共事的人们的共处(das Miteinandersein),常常只靠猜疑来滋养。反之,为同一事业而共同勠力(das gemeinsame Sicheinsetzen),这是由各自掌握了自己的此在来规定的。这种本真的团结(diese eigentliche Verbundenheit)才可能做到实事求是,从而把他人的自由为他本身解放出来。"① "为同一事业而共同勠力"(das gemeinsame Sicheinsetzen)、"本真的团结"(die eigentliche Verbundenheit)正是本真的共在(das eigentliche Mitsein)。由此可见,海德格尔有关本真的共在,虽然语焉不详,却是认真探讨过。马克思说:"在真正的共同体(die wirkliche Gemeinschaft)的条件下,各个人在自己的联合中并通过这种联合获得自己的自由";"代替那存在着阶级和阶级对立的资产阶级旧社会的,将是这样一个联合体,在那里,每个人的自由发展是一切人的自由发展的条件"。②

然而,海德格尔和马克思之间虽有相似性,虽然在某种意义上可以有所会通,他们之间的差异依然是非常明显的。国内马克思主义哲学界有关海德格尔和马克思比较的论文非常多,这里权且引用仰海峰 1999 年和 2001 年两篇文章的分析评论:

> 在一定的意义上,海德格尔对"此在"的分析,同马克思在《形态》中关于"现实的个人"的分析具有相似性,正是这种相似性,才使得一些学者把马克思哲学海德格尔化。这当然是一种理论误释,不仅是对海德格尔哲学的误解,也是对马克思哲学的误解。……可以说,"现实的个人"同"此在"一样,也只是进入马克思唯物史观的理论前提,如果由此得出马克思哲学就是关于

① 海德格尔:《存在与时间》,陈嘉映等译,三联书店,2012 年,第 142 页;Heidegger, *Sein und Zeit* (EA), Verlag Max Niemeyer 2006, S. 122.

② 《马克思恩格斯文集》第 1 卷,人民出版社,2009 年,第 571 页;《马克思恩格斯文集》第 2 卷,人民出版社,2009 年,第 53 页。

"人"的理论体系,则是非常错误的。……从马克思哲学思想的发展进程来看,"现实的个人"主要是针对青年黑格尔派抽象地谈论"人"而提出的,体现出马克思对青年黑格尔派哲学的批判和对他自身人本异化史观的反省。通过对"现实的人"的考察,马克思才开辟出一块全新的哲学视域,至于如何达到这一视域的"澄明之境",实现对唯物史观的全面论述,则已不是"现实的个人"这一命题中的内容。……如果再从海德格尔哲学中,来寻求马克思哲学人本化的理论激活点,就像存在主义大师萨特先把海德格尔哲学主体化,然后把这种存在主义的人本学同马克思哲学相嫁结,把马克思哲学变成有关人的一般论述,即使其理论意图是想发展马克思哲学,但在理论的深层意味上,实际上反而把马克思哲学肤浅化了。①

海德格尔也强调对"烦"的时间性思考,在《存在与时间》一书第二部分,他正是将"烦"置于时间性中进行再解释的,但从总体上说,他对资本主义工业的批判是一种浪漫主义的批判。在他关于"烦忙"的理解中可以看出,这种"烦忙"是一种日常生活中的"烦忙",并不具有工业主义的特征,甚至可以说是一种反工业主义的。在他的思考中,经济学的内容没有了,只存在一种哲学的抽象沉思,这种抽象的沉思虽然也是置于具体的时间性之中,但这种"具体性"是一种抽象的具体性,没有具体生活的历史性内容。在这个意义上,海德格尔关于"烦忙"的论证既可以适用于工业文明,也可以适用于前工业文明,而且更与前工业文明的活动方式与内涵相契合。从这里就可以理解为什么海德格尔后期在批判技术时强调回到古希腊的经验,强调前工业文明状态中的那种浑然一体的感觉。这种天、地、神、人四重合一的境界虽然很美,但毕竟是一种浪漫的幻想。在这种审美之境中,与其说海德格尔批判了资本主义社会,不如说他在更深层面上远离了这个社会,在一种审美的幻想中更深地论证了这个社会的合理性。对资本主义社会的这一不同视角,造成了海德格尔与马克思之间的

① 仰海峰:《"此在"与"现实的个人"——海德格尔与马克思的一个比较研究》,《福建论坛(人文社会科学版)》1999 第 1 期 ,第 39—44 页。

非常重要的区别。①

按照国内马克思主义哲学界的看法，马克思在《1844 年经济学哲学手稿》已经批判了私有制和雇佣劳动，批判了资本家和工人的现实关系，特别是批判了工人在资本主义制度下所处的恶劣的生存状况，提出私有财产的扬弃乃是实现人类解放的条件。②倘若立足于西方哲学的视野，马克思讲到这里，就已经非常与众不同，极其惊世骇俗了，足以区别于整个西方哲学的传统倾向。但是，在国内马克思主义哲学界，人们仍旧认为《1844 年经济学哲学手稿》带有很大的局限性，并不是马克思成熟时期的著作，因为这部手稿在方法上“还没有摆脱人的本质的异化和复归的人本主义模式”——现实劳动是异化劳动，共产主义是对私有制和异化劳动的扬弃，是对自觉自愿的活动亦即人的本质的复归，“这离从物质生产实践说明社会历史的唯物史观显然还存在一定的差距”③。

按照国内马克思主义哲学界的一般看法，1848 年《共产党宣言》方才标志着马克思主义哲学革命的最终完成，部分原因当然是《德意志意识形态》等文稿在当时未能获得出版；人们认为，《共产党宣言》将唯物史观运用于政治经济学批判和工人运动的社会实践，真正彰显出了马克思主义哲学解释世界和改变世界的巨大力量。④另一种表述：“《共产党宣言》是马克思主义哲学直接地同工人运动相结合的产物。它的问世，表明马克思主义哲学已经成长为了工人阶级解放斗争的指南”，“它为无产阶级和革命人民提供了认识世界和改造世界的强大的理论武器”。⑤

倘若选取国内马克思主义哲学的这种视野，那么，海德格尔与马克思的差别实在是太大了，简直不可相提并论，不可同日而语。前面所讲的海德格尔与马克思的诸种会通，包括基本形象的会通、实践论上的会通和共在论上的会通，只能保持为某种抽象的相似性，或者说只是在思想倾向上有所神似，但是终究还是歧异大于会通。因为按照国内马克思主义哲学家

① 仰海峰：《“实践”与“烦”——马克思与海德格尔比较研究之二》，《学习与探索》2001 第 2 期，第 18—24 页。

② 参见姚顺良主编：《马克思主义哲学史：从创立到第二国际》，北京师范大学出版社，2010 年，第 62—63 页。

③ 黄楠森主编：《马克思主义哲学史》，高等教育出版社，2017 年，第 35 页。

④ 姚顺良主编：《马克思主义哲学史：从创立到第二国际》，北京师范大学出版社，2010 年，第 118 页。

⑤ 黄楠森主编：《马克思主义哲学史》，高等教育出版社，2017 年，第 61—62 页。

的一般看法,海德格尔哲学只能算是某种“人本主义模式”,在具体内容上远远不如《1844年经济学哲学手稿》,更不要说和马克思成熟时期的著作进行比较了,因为海德格尔并不触及现实世界中极其真实的经济生活和阶级矛盾。

当然,各个二级学科之间不一定非要争论出一个高下,没必要非要选取马克思主义哲学的通常视野去审视海德格尔;但是,即使是选取西方哲学自身的历史视野,姑且不论海德格尔与马克思(这或许是某种苛刻的责备,因为西方哲学传统本身就和马克思哲学悬殊很大,以至于马克思主义哲学在很大程度上可以和西方哲学相提并论或者占据更加重要的位置),诸如将海德格尔与尼采、与亚里士多德相对照,可以发现,在海德格尔那里,身体和财富等维度也是比较欠缺的。①我们试图论述海德格尔与尼采、海德格尔与亚里士多德等论题,试图说明,即使不涉及马克思主义哲学(当然这其实是不可避免的),即使在西方哲学的学术传统中,身体和财富等论题也应当是实存哲学的重要论题,原因非常简单,人类实存离不开身体和财富这些东西。

§ 15 亚里士多德实践哲学的经济维度

谈到实践活动之区分和排序——实践哲学的基本问题,亚里士多德的开创性和代表性意见通常会受到格外的重视。他对实践活动的划分,一般而言,有两个出处:其一,他在《形而上学》将一切学术划分为三个部门——制作之学、实践之学和理论之学,尽管这是对学术部门的划分,但是,同时也蕴含着对人的活动的划分:人的活动可以划分为制作活动、实践活动和理论活动。②其二,他在《尼各马可伦理学》将人的主要生活划分为三种——享乐的生活、政治的生活和沉思的生活,实际上还有第四种生活——牟利的生活;不过,在他看来,获取财富只是生活的手段,并不能构成生活的真正目标,因此,牟利的生活被排除在主要的生活之外。③我们知道,亚里士多德大致将理论活动或沉思生活排在诸种活动或诸种生活的首位,但是,仅仅依据《形而上学》和《尼各马可伦理学》的这两种区分还不足

① 注意:“在海德格尔那里,身体和财富等维度也是比较欠缺的”,主要是说在所谓的海德格尔哲学的论著中缺乏身体和财富这些论题,并不意味着海德格尔这个人不会考虑身体和财富这些论题。因此,真正的问题在于海德格尔哲学为什么比较欠缺有关身体和财富的探讨。而且,即使海德格尔文字中不提这些论题,也并不意味着这些论题就不重要。

② 亚里士多德:《形而上学》,吴寿鹏译,商务印书馆,1997年,第121页。

③ 亚里士多德:《尼各马可伦理学》,廖申白译,商务印书馆,2003年,第11—13页。

以透彻地领悟亚里士多德对人的诸种活动的区分和排序。为此,还需要对照亚里士多德的其他论述以及其他人的相关论述。

依照亚里士多德的意见,无论是家庭还是城邦,都需要相应的生活必需品,这样才能维持其生存,才能进一步实现优良的生活。①因而,获取生活必需品乃是家庭或城邦必须认真对待的事情。总体而言,与生活必需品有直接关涉的乃是三种工作:农业,包括农、牧、渔、猎,为人们提供最基本的生活资料(食物和生活用具);工艺制作,为人们提供日常生活的用品或优裕生活的用品;商业贩卖,通过物物交换或物品与钱币的交换,弥补不同地区之间各自的缺失。当然,就工作形式而言,不仅包括拥有必要生产资料的自主的劳动,还包括缺乏生产资料而受他人雇佣的农奴或佣工,这一点我们权且不论。其中,农业最合乎自然,因为它直接从大自然(植物或动物)获取生活资料;工艺制作较为卑贱,因为它对人的身体损害最大;商业贩卖最不合乎自然,因为它损害他人利益而为自己谋取好处。这就是说,对于这三种工作,亚里士多德不仅作了区分,而且作了排序。这种排序是与生活资料之获取密切相关的经济活动的内部排序,但同时也牵涉到政治生活的许多方面:在亚里士多德看来,即使是平民政体,以农牧平民为主体的平民政体也要优越于以工商平民为主体的平民政体;在优良的政体中,最好将工匠阶层排除在政治参与之外。②

在亚里士多德看来,以农工商这些经济活动为主业的人们,由于其主要精力耗费在生活资料之操劳上,他们或者没有闲暇参与政治生活或者只在一定程度上参与政治生活。而且,亚里士多德认为,以谋取生活资料为主业的平民,多半也缺乏参与政治生活的优良品性,故而还是以少参与为妙。在亚里士多德的刻画中,古希腊时代较为高尚的乃是另外三种工作:军、政、学。其一,参与军事战斗,装备方面要由自己承担,而且并没有军饷,于是,像骑兵和重装步兵这些兵种,只有富裕阶层才有实力参与;平民参与的主要是轻装步兵和海军。因此,平民参与军事,受到经济实力的制约;其二,在当时社会,参与军事战斗者实际上构成了参与政治的主体;在柏拉图笔下正是从普通护卫者群体中选拔和培养最高执政者;亚里士多德提到,人在青年时代适宜参加军事战斗,而在年老时适宜管理城邦,于是,

---

① 亚里士多德:《政治学》,吴寿鹏译,商务印书馆,2007 年,第 11、20 页。

② 亚里士多德:《政治学》,吴寿鹏译,商务印书馆,2007 年,第 189、192 页;第 31、414 页;第 325、130 页。

在青年和老年之间可以依照年龄代际实现轮流执政。①其三，人们并不会始终处于战争时期，总有和平时期，参与政治也并非终身职务，会被轮替下来，亦即是说，军政之业，在古希腊人那里，尤其是在民主政体条件下，只是某种临时工作或副业，并非终身专职。于是，摆脱了生计操劳，又从军政之业中退隐出来，将会有充足的闲暇，此间，那些自由而高尚的人们则致力于学术研究，包括学习和讲授。

依照亚里士多德的意见，生活资料之获取固然是必要的，但是，此类经济活动还停留在比较低级的阶段，以此类经济活动为主业的人们（农民、工匠、商贩）诚然为城邦提供着必需的手段，但是，参与军事和参与政事的人们才是城邦真正的组成部分；军政之事超越了生计操劳，更加适宜自由人，但是，军政之事仍旧使人陷入忙碌，不够优越。②诚然，公民们要有能力做好军事和政事，但是，公民们更应该具备享受闲暇的能力，因为"全部生活的目的应是操持闲暇。勤劳和闲暇的确都是必需的；但这也是确实的，闲暇比勤劳更高尚，而人生所以不惜繁忙，其目的正是在获致闲暇"③。公民们可以在闲暇时致力于某种"既非必需亦无实用而毋宁是性属自由的本身内含美善"④的活动，亦即"不为任何其他利益""只因人本自由"⑤的学术研究或沉思的生活。沉思的生活不仅超脱了生计操劳，而且超脱了他人之限制（政治生活），乃是以自身为目的、最为自由的活动。⑥ 诚然，以谋生为目的的经济活动、以支配和被支配为特征的政治活动都是"有为"（to prattein），但是，"为了思想而思想""不外向它物"的思想活动，作为"人们行为的先导"，即使是"完全不干预他人"的"专心内修"，也是"有为的生活实践"。⑦

一、实践活动之职业化趋向

人的实践活动可以划分为多种类型，诸如与生计操劳密切相关的农业劳作、工艺制作和商业贩卖，以及超越了生计操劳的军事活动、政治活动和学术活动。柏拉图在设计理想城邦时，就曾注意到社会分工的必要性和优

① 亚里士多德：《政治学》，吴寿鹏译，商务印书馆，2007年，第322—324页；第332—333、250页；第373—375页。

② 亚里士多德：《政治学》，吴寿鹏译，商务印书馆，2007年，第374、15、20页。

③ 亚里士多德：《政治学》，吴寿鹏译，商务印书馆，2007年，第395、399—401、416页。

④ 亚里士多德：《政治学》，吴寿鹏译，商务印书馆，2007年，第418页。

⑤ 亚里士多德：《形而上学》，吴寿鹏译，商务印书馆，2007年，第5页。

⑥ 亚里士多德：《尼各马可伦理学》，廖申白译，商务印书馆，2003年，第306页。

⑦ 亚里士多德：《政治学》，吴寿鹏译，商务印书馆，2007年，第354—357页。

越性。人的需要是多种多样的,光靠自己无法实现自足,于是,各式各样的人,诸如农夫、瓦匠、织工、鞋匠和商人,有必要在一起共同生活;这说明,建立城邦在很大程度是出于社会分工的必要性。“各人性格不同,适合于不同的工作”;“只要每个人在恰当的时候干适合他性格的工作,放弃其他的事情,专搞一行,这样就会每种东西都生产得又多又好”;这说明,社会分工不仅是必要的,而且,还能带来很高的社会效率。①如果将主要精力集中于农工商领域的某一行业,既能把工作做好,同时也能为自己带来直接的财富回报。因此,职业化(主要精力集中于某一行业,并且能够以此谋生)在农工商领域是可行的。

如果说农工商领域(与生计操劳密切相关的领域)的社会分工具有必要性和优越性,那么,这种必要性和优越性是否同样适用于军政学领域(一定程度上超越了生计操劳的领域)呢?换个问题,职业化在农工商领域是可行的,那么,它在军政学领域也是可行的吗?在柏拉图看来,至少军事活动的职业化具有必要性、优越性,因而是可行的:“为了把大家的鞋子做好,我们不让鞋匠去当农夫,或织工,或瓦工。同样,我们选拔其他的人,按其天赋安排职业,弃其所短,用其所长,让他们集中毕生精力专搞一门,精益求精,不失时机。那么,对于军事能不重视吗?还是说,军事太容易了,连农夫鞋匠和干任何别的行当的人都可以带兵打仗?……那么,如果说护卫者的工作是最重大的,他就需要有比别种人更多的空闲,需要有最多的知识和最多的训练。”②柏拉图将社会分工和职业化轻而易举地从农工商领域转用到军事领域,这是一种基于类比的思维方式。

事实上,在柏拉图和亚里士多德眼中,军事活动与农工商活动截然不同:前者不以赚钱为目的,而后者的基本目标就是获取财物或钱币。③涉及到将主要精力投入到军事活动中的护卫者的生计问题,柏拉图是这样设想的:“他们的粮食则由其他公民供应,作为能够打仗且智且勇的护卫者职务的报酬,按照需要,每年定量分给,既不让多余,亦不使短缺。”在生计问题上,以农工商为业的人们可以自给自足,然而,将主要精力投入军事活动亦即以军事为职业的人们却需要其他公民的供养。在柏拉图之外,亚里士多

---

①　柏拉图:《理想国》,郭斌和、张竹明译,商务印书馆,2000 年,第 58—61 页。

②　柏拉图:《理想国》,郭斌和、张竹明,商务印书馆,2000 年,第 66 页。

③　参见阿伦特:《人的境况》,王寅丽译,上海世纪出版集团,2009 年,第 92 页;参见亚里士多德:《政治学》,吴寿鹏译,商务印书馆,2007 年,第 29 页:“军事技术和医疗技术……的职责都不是为了赚钱。”

德同样重视社会分工和职业化:"迦太基人流行兼职的习惯,这看来也是一个缺点。每一职务最好由一专人负责……职有专司的事业总会做得更好而且更快"①,但是,农工商领域的社会分工和职业化,与军事领域(乃至政治和学术领域)的社会分工和职业化,具有很大差异,关键问题在于:将主要精力投入非生产领域的某一行业中(诸如以军、政、学为业),其生活来源应当如何解决?

就古希腊人的实际生活而言,军事活动上的兼职现象更加常见。亚里士多德提道:"常常看到同样一个人既在田间耕作也在战场持盾而战斗";而且,他还认为牧民在生活习惯上和身体状况上特别适合从事战争。②晏绍祥提到,在古风和古典时代的希腊城邦,公民们通常是在和平时期致力于生产活动,在战争时期则"自备武装和给养,临时组成军队,……一旦战争结束,军队立即解散,……从士兵到将领,都是业余性质,……没有出现职业军队"③。古希腊人在军事上的兼职现象,至少具有两个方面的优越性:其一,参加军事战斗的费用由公民自己承担,城邦无须专门拨款,也就无需出于军事原因而向公民征税。其二,军事战斗结束后军队即刻解散,公民们仍旧安心于原来的事业,不至于将军事作为谋生的手段,也不至于产生军阀。在柏拉图和亚里士多德看来,职业化,包括军事职业化,确实可以导致工作效率的提高,但是,职业化——专注于某一行业,并且以此谋生,同时也将招致许多危险。④供养数量庞大的常备军队,对于国家和公民而言乃是非常沉重的负担;嗜好军事战斗而且此外别无所长的军事将领和普通士兵,对于国家的安稳无疑构成巨大威胁。

在军事活动上,古希腊人没有走向职业化,通常只在战争时期参加军事战斗,而在和平时期从事原来的事业。一方面,他们并没有把全部精力投入军事,而只是在战争时期才参与军事;另一方面,即使他们参与军事,也并不以此谋生。在政治活动上,古希腊人同样没有走向职业化。尽管许多公民热衷于参与政治,将主要精力投入政治活动,但是,他们并不以此谋生。他们往往有自己的产业,有仆人替他从事生产劳作,如若管理仆人也

① 亚里士多德:《政治学》,吴寿鹏译,商务印书馆,2007年,第104页。

② 亚里士多德:《政治学》,吴寿鹏译,商务印书馆,2007年,第190、325页。

③ 晏绍祥:《荷马社会研究》,上海三联书店,2006年,第95页。

④ 关于兼职模式——和平时期从事生产,战争时期参加军事战斗,可以参考中国唐朝的兵农合一制,钱穆:《中国历代政治得失》,三联书店,2015年,第68—70页;关于军事职业化,可以参考罗马时期马略军事改革的意义,盐野七生:《胜者的迷思》,《罗马人的故事》第3卷,刘锐译,中信出版社2012年,第82、92、98页。

需要耗费时间，则有管家替他管理仆人，他们自己可以把由此而来的闲暇投入到政治活动中。①尽管古代雅典发展到极致的时候为参与政治的公民们发放诸种补贴，使更多的人可以有闲暇参与政治，②但是，这充其量只是些补贴，并不同于后世意义上的俸禄或工资，这种补贴的数额并不很高，“任何一个公民都不可能仅仅依靠津贴过活”③。津贴的意义在于一定程度上扩大了政治参与，并不足以谋生。参与政治活动，对于普通公民而言，乃是他们的业余活动，他们把主要精力投入到农工商活动；参与政治活动，对于政治家而言，确实需要将主要精力投入其中，但是，他们并不以此谋生。倘若将主要精力投入政治活动，并且将其作为生计来源，那就意味着政治的职业化；这种职业化固然有其工作效率上的优越性，但是，其腐败的可能性同时也会大大提高。

可以说，古希腊人在军事活动上没有走向职业化，在政治活动上同样没有走向职业化，但是，在学术活动上，情况有些复杂。至少呈现出三种模式：其一，以普罗泰戈拉为代表的智者的模式，从事教学活动，收取学费，同时，也会撰写自己的论著。由于雅典民主政治的高度繁荣，出于参与政治活动的需要，用于演说和论辩的修辞术几乎成了当时上流社会的核心技艺（如伯里克利就是一位具有卓越演讲才能的军事将领和政治家），在此市场需要的刺激下，以传授修辞术为目的的教育家也就应运而生了。其二，苏格拉底模式，将主要精力投入和他人的谈话中，但是，他不收取任何学费。当然，事实上，苏格拉底在生活上接受了好友克力同的赞助，另一方面，苏格拉底自己的生活非常简朴。此外，还有以柏拉图和亚里士多德为代表的第三种模式，他们创办学校，致力于教学和研究，但是，并不以此谋生，他们有自己的产业，有仆人替他们进行生产劳作，以获得生活必需品。在此三种模式中，智者模式可谓是学术职业化，而苏格拉底模式以及柏拉图和亚里士多德的模式，则不是典型的职业化，因为他们另有谋生渠道。此外，可以看到，学术活动的职业化，与接受教育的这种市场需求具有密切关系，农工商这些谋生手段提供的是有形的物品，而教育提供的则是无形

---

① 参见亚里士多德：《政治学》，吴寿鹏译，商务印书馆，2007年，第20页；普鲁塔克：《希腊罗马名人传》，黄宏煦等译，商务印书馆，1990年，第479—480页。

② 参见亚里士多德：《政治学》，吴寿鹏译，商务印书馆，2007年，第197—198页。

③ 晏绍祥：《古典民主与共和传统》上卷，北京大学出版社，2013年，第23页。

的东西，事实上，提供无形的东西也可以使人获得报酬。①这是学术职业化的基本假设。

在古代希腊，将主要精力投入学术活动的人们，或是收取学费，或是受人赞助，或是依靠自己的产业而谋生；不过，依靠自己的产业就足以谋生，将由此而来的闲暇用于学术活动，②这种亚里士多德推崇的学术模式，当然不是职业化的模式。然而，进入现代社会以后，学术活动多半走向了职业化，选择学术事业而且成为学术大师的道路不再是亚里士多德设想的那般闲暇愉悦，往往需要艰苦的奋斗和坚韧的意志。康德为了赚取更多的听课费不得不开设更多的课程，马克思由于批判普鲁士政府而颠沛流离没有稳定的编辑职位和稿费收入，海德格尔为了获得天主教的资助不得不写违心的申请书并且调整自己的研究课题。③这些都是步入现代社会以来，学术职业化给人带来的痛苦。选择学术事业，依靠精神劳动和无形产品来谋生，不是一件容易的事情。

二、工业社会中的实践处境

依照亚里士多德的意见，与生计操劳密切相关的诸种活动，诸如农工商，还停留在比较低的层次，人们应当超越这个阶段，去从事更加高级的活动，诸如军事活动、政治活动或学术活动。但是，亚里士多德的这些构想，有两个前提条件：首先，自由人和非自由人的区分，少数人与多数人的区分。为数众多的人为自由人提供着生活必需品，以使为数较少的自由人能够有闲暇去从事政治活动或学术活动。为此，亚里士多德说："有些人需要摆脱家务的烦琐而从事于政治业务或哲学研究的，尽可以把奴隶的管理委托给一个管家人。"④当然，"奴隶"并不意味着遭受非人的待遇，而只是说他们整日劳作，不得闲暇。即使不是奴隶身份，为他人服务，从事体力劳动，靠工资谋生的人们，同样得不到闲暇，同样不能超越生计操劳而转向政

① 对于收取学费这种事情，研究哲学史的专家们如黑格尔、罗素和冯友兰，都给予了肯定性的评论，参见黑格尔：《哲学史讲演录》第2卷，贺麟、王太庆译，商务印书馆，2014年，第52页；罗素：《西方哲学史》上册，何兆武、李约瑟译，商务印书馆，2004年，第112页；冯友兰：《中国哲学史》上册，华东师范大学出版社，2000年，第48页。

② 参见亚里士多德：《形而上学》，吴寿鹏译，商务印书馆，2007年，第3页。

③ 相关资料参见库恩：《康德传》，黄添盛译，世纪出版集团，2014年；斯珀伯：《卡尔·马克思：一个19世纪的人》，中信出版社，2014年；萨弗兰斯基：《来自德国的大师——海德格尔和他的时代》，靳希平译，商务印书馆，2007年。

④ 亚里士多德：《政治学》，吴寿鹏译，商务印书馆，2007年，第20页。

治活动或学术活动。①即使是有自由身份的农牧民，由于他们终年忙于农业劳作，也没有多少闲暇参与政治活动。②因此，有条件参与军政学这些务虚事业的，主要是比较富裕的公民，依照亚里士多德的设想，中产阶层是最理想的参与者。③因此，当亚里士多德提到要超越生计操劳这些务实的事业进而从事那些务虚的事业时，并不是面向所有人的，实际上，只是面向少数人的。

其次，能够超越生计操劳，去从事那些务虚的事业，还需要人们身处自然经济的条件下或者至少能够保持一种简朴的生活习惯。可以说，亚里士多德在其论著中呈现出了一种自然经济的生活形态或者说崇尚简朴的生活习惯：财富当然是不可或缺的，“人如果不具备必需的条件，他简直没法生活，更说不上优良的生活”④，所以，获取财富有益于家庭，也有益于城邦。但是，真正的财富并不是货币，而是人们生活所需的各种物品——生活资料以及用以获得生活资料的工具，主要是人们在种植和放牧的劳作中自然收获的食物和用具。而且，人们对于生活必需品的需要乃是有限度的，这一点很好理解，因为人们对于食物和用具的需求总是有限的。⑤但是，随着物品交换的需要，商业贩卖逐渐兴起，同时，为了远距离交易的方便，金属货币逐渐充当流通手段，人们在交易中学会利用供求关系和垄断等手段谋取利益，在亚里士多德看来，这种交易是以损害他人利益为前提而谋取自己的利益，不合乎自然，应该受到指责；有些人致力于无止境地聚敛货币，将赚钱视为主要事业，只知道满足生活的欲望，不知道优良生活的宗旨。⑥因此，亚里士多德提到的超越生计操劳，只有基于这种自然经济的生活形态或崇尚简朴的生活习惯，才是可以期望和可以实现的。

然而，随着工业革命的蓬勃发展，人类社会逐渐进入了工业社会，亚里士多德的那些古典主义的基本假设越来越缺乏力量，为数众多的劳动阶级逐渐取代少数自由人而成为公众社会关注的焦点，劳动和消费的二重奏逐

① 参见柏拉图：《理想国》，郭斌和、张竹明译，商务印书馆，2000年，第62页；亚里士多德：《政治学》，吴寿鹏译，商务印书馆，2007年，第130—131页。并非只有所谓的“奴隶”才无缘参与政治和学术，还有大量出卖劳动力的佣工，他们虽有自由身份，但是，受生计驱使，仍旧无缘于政治和学术。

② 参见亚里士多德：《政治学》，吴寿鹏译，商务印书馆，2007年，第322页。

③ 参见亚里士多德：《政治学》，吴寿鹏译，商务印书馆，2007年，第208—209页。

④ 亚里士多德：《政治学》，吴寿鹏译，商务印书馆，2007年，第11页。

⑤ 亚里士多德：《政治学》，吴寿鹏译，商务印书馆，2007年，第22—24页。

⑥ 亚里士多德：《政治学》，吴寿鹏译，商务印书馆，2007年，第25—36页。

渐取代了超越生计操劳的古典追求。

以恩格斯观察的英国为例,“在采用机器以前,纺织和织布都是在工人家里进行的。……这些织工家庭大部分住在城市近郊的农村,靠自己挣的钱能生活得不错,……他们散居在农村。这样,织工多半能够积蓄一点钱,租一小块地,在空闲的时候耕种。至于空闲的时间,他们愿意有多少就有多少,因为什么时候织布和织多长时间是随他们便的。……工人们就这样颇为愉快地度过时光,他们极其虔诚、受人尊敬,过着正直而又平静的生活,他们的物质状况比他们的后代好得多;他们无须过度劳动,愿意做多少工作就做多少工作,但是仍然能够挣得所需要的东西;他们有余暇到自己的园子或田地里做些有益于健康的工作,这种工作本身对他们就是一种休息;此外,他们还能够参加邻居的娱乐和游戏……”①。可以说,在工业革命前,人们的生活方式仍然有亚里士多德设想的古典主义风度:在自然经济的社会形态下,坚持着简朴节制的生活习惯,为获取有限的生活资料而进行有限的劳作,能够享受劳作之外的闲暇。而在后来的工业时代和消费时代,人们往往一方面过度劳动,另一方面过度放纵和过度消费。

随着机器生产和工业革命的蓬勃发展,农业生产和工业生产都转向了大规模经营,一方面提高了工作效率,另一方面降低了生产成本,所以,他们的产品价格要比小规模经营的价格便宜得多。于是,小规模经营的自耕农和手工业生产在竞争中走向失败,走向破产,于是,从农村涌向城市,成为大规模生产的雇佣劳动者。②从农村的小规模自主劳动转向城市的大规模雇佣劳动,劳动者的生活状况和工作状况发生了翻天覆地的变化:原来他们在农村的生活费用很低,由于他们有自己的居所,生活费用主要是获取食物的费用,更何况他们往往在余暇自己耕作,所以,获取食物几乎不需要多少支出,但是,大量劳动者涌入城市之后,他们在房租和食物方面的支出则会急剧增长。但是,在工业革命初期,劳动者的收入水平非常低,工资只是“工人在劳动期间的生活费用,再加上使工人能够养家糊口并使工人种族不致死绝的费用……通常的工资就是同‘普通人’即牲畜般的存在状态相适应的最低工资”③。由于工资水平的低下,劳动者的居住条件也就

---

① 恩格斯:《英国工人阶级状况》,《马克思恩格斯文集》第1卷,人民出版社,2009年,第389页。

② 恩格斯:《英国工人阶级状况》,《马克思恩格斯文集》第1卷,人民出版社,2009年,第392、403页。

③ 马克思:《1844年经济学哲学手稿》,《马克思恩格斯文集》第1卷,人民出版社,2009年,第115页。

相当恶劣了："城市人口本来就过于稠密，而穷人还被迫挤在一个狭小的空间。他们不仅呼吸街上的污浊空气，还被成打地塞在一间屋子里，他们在夜间呼吸的那种空气完全可以使人窒息。给他们住的是潮湿的房屋，不是下面冒水的地下室，就是上面漏顶的阁楼"①；而且，"如果他付不起租金，他每天都可能被赶走。他必须为这停尸房支付租金"。②

在机器生产以前，人们散居在农村，就在自己家里劳作，无论是居住的需要还是食物的需要，都容易解决，只需要一定程度的劳作，根本不需要过度劳动，不仅不需要过度劳动，而且在生计之外还可以安享一定的闲暇。但是，在机器大生产时代，随着自耕农和手工业的破产，人们涌向了城市，为了获得租金、食物以及有限的休息，不得不从事与机器同步的过度劳动，"他们越想多挣几个钱，他们就越不得不牺牲自己的时间，并且完全放弃一切自由，在挣钱欲望的驱使下从事奴隶劳动"③。由于从事着与机器同步的过度劳动，劳动者在工作中筋疲力尽，疲惫不堪，可是，他们下班后还得回到那种不宜居住的居所，他们的内心烦闷、忧郁，难以看到明天的希望，于是，纵欲和酗酒就是他们唯一的消遣和享受，在纵欲和酗酒的短暂时间可以暂时忘却生活的贫困和工作的压力。④因此，在这种状况下，劳动者在劳作时没有感受到对自己的肯定，没有感觉到幸福，而是感觉到不幸和不自在；"只有在运用自己的动物机能——吃、喝、生殖，至多还有居住、修饰等——的时候，才觉得自己在自由活动，而在运用人的机能时，觉得自己只不过是动物。动物的东西成为人的东西，而人的东西成为动物的东西。"⑤

于是，亚里士多德的设想——超越生计操劳，从事务虚的事业，在工业化以来的现代社会，越来越显得虚无缥缈了：亚里士多德实际上着眼的只是少数人如何超越生计操劳，这在自然经济的和崇尚简朴的古典时代是可以实现的。可是，如果将赋予自由希望的主体从少数人切换到多数人，并且将社会背景从古典时代切换到市场经济高度发达和消费主义盛行的现

① 恩格斯：《英国工人阶级状况》，《马克思恩格斯文集》第1卷，人民出版社，2009年，第410—411页。

② 马克思：《1844年经济学哲学手稿》，《马克思恩格斯文集》第1卷，人民出版社，2009年，第225页。

③ 马克思：《1844年经济学哲学手稿》，《马克思恩格斯文集》第1卷，人民出版社，2009年，第119页。

④ 恩格斯：《英国工人阶级状况》，《马克思恩格斯文集》第1卷，人民出版社，2009年，第411、415—416页。

⑤ 马克思：《1844年经济学哲学手稿》，《马克思恩格斯文集》第1卷，人民出版社，2009年，第159—160页。

代社会,超越之理想就变得极其困难了,甚至于连超越之理想也会被遮蔽起来。因为在现代人看来,无论做什么,都是在谋生,否则就是在娱乐或消费。由于现代人大多处在过度劳作之中,所以,为了缓解工作的创伤和强制的创伤,他们在工作之外倾向于选择无节制的动物式娱乐和动物式消费。①而且,由于广告的合法诱骗和攀比心理的驱使,人们变成了乖巧的消费者,经常购买许多并不真正需要的东西;从自然经济向市场经济的转变,同时意味着生活方式的转变——从简朴节制到纵欲消费。消费主义隐含着货币主义:"我是什么和我能够做什么,决不是由我的个人特征决定的",毋宁说,是由我拥有的货币决定的,我拥有多少货币,我的力量就有多大。②现代社会的基本特征,除了消费主义和货币主义,还有"竞争主义":"竞争贯穿在我们的全部生活关系中,造成了人们今日所处的相互奴役状况"。③因此,在现代社会条件下,对于普通人而言,超越生计操劳的古典理想不仅是困难的,而且就连超越之理想也往往被遮掩起来;无论是农工商这些务实的工作,还是军政学这些务虚的工作,都容易演变为职业竞赛,失去其原本自由的精神内涵。④因此,在此问题上,如何复归古典精神,这是一个现代性的疑难。

三、财富论题的曲折出场

在亚里士多德看来,友爱可以分为出于有用而建立的友爱、出于快乐而建立的友爱和出于德性的相似而建立的友爱。这种划分隐含着希腊哲学的三个论题:财富、身体和德性。出于有用而建立的友爱,虽然不是最完善的友爱,但还是很有必要的:"在好运中我们需要有人陪伴,需要有人接受善举,……在厄运中友爱更必要,更需要有用的朋友"⑤;即使是最完善的友爱,即出于德性相似而建立的友爱,也并不排斥有用和快乐,毋宁说,最完善的友爱兼容着有用和快乐。⑥这就表明,友爱离不开财富:在困境中施惠于他人,对于施惠者和受惠者双方而言都是好事情;即使是出于德性相似而建立的友爱,也并不排斥财富,而只是不限于财富交往而已。因此,

① 参见阿伦特:《人的境况》,王寅丽译,上海世纪出版集团,2009 年,第 95 页;斯特恩斯:《世界历史上的消费主义》,邓超译,商务印书馆,第 69—70 页。

② 马克思:《1844 年经济学哲学手稿》,《马克思恩格斯文集》第 1 卷,人民出版社,2009 年,第 244 页。

③ 恩格斯:《国民经济学批判大纲》,《马克思恩格斯文集》第 1 卷,人民出版社,2009 年,第 84 页。

④ 参见亚里士多德:《政治学》,吴寿鹏译,商务印书馆,2007 年,第 432 页。

⑤ 亚里士多德:《尼各马可伦理学》,廖申白译,商务印书馆,2003 年,第 286 页。

⑥ 参见亚里士多德:《尼各马可伦理学》,廖申白译,商务印书馆,2003 年,第 233 页。

财富是生活当中必不可少的东西,但是,如何让财富在哲学论述中出场,这对亚里士多德来说,也并不是一件轻松的事情。因为,即使是在后现代肆虐的当代,财富问题依旧隐藏在哲学讨论的背后。

财富作为一个严肃的论题,在亚里士多德《政治学》第1卷随着家务管理而出场。亚里士多德这样设问:获取财富是否就是家务管理,还是说它是家务管理的一个部分,或者只是附属于家务管理的一个枝节?亚里士多德擅长类比修辞,一个纺织工人是需要羊毛的,但只是运用羊毛,并不同时生产羊毛,与此相似,家务管理需要财富,但只是运用财富,并不专门致力于获取财富。亚里士多德倾向于这样的观点:"一般说来,……财富是在进行管理家务之先,早已预备好了的。自然对于每一诞生的动物安排了维持其生命的资料;对于动物初生的子息配备着足够的营养资料,这就可见自然的意旨了。"但是,凭借我们的天赋直觉,获取财富确实不能被排除在家务管理之外,它应当在家务管理中具有一定的地位,所以,亚里士多德说:"在一个意义上说,获得财富也是家主的业务;但在另一意义上说,这就不是他的本分,而是家务管理技术中的一个枝节。"①家务管理离不开财富的获取,这一点固然是不可否认的,但是,亚里士多德的风格在于他特别强调获取财富并不是家务管理的本分,也算不上是家务管理的一个部分,只能算作家务管理的一个枝节。

亚里士多德不得不承认获取财富的必要性,但是,他倾向于将获取财富放在一个比较低的位置上。所以,尽管亚里士多德在讨论过获取财富的地位之后也探讨了获取财富的诸种细节,但是他在这个问题上的格调始终保持着。在亚里士多德看来,获取财富可以分为两种方式:其一,通过种植、放牧、渔捞和狩猎等活动,获取食物等生活必需品和生活资料,需要特别说明的是,以这些手段获取的家庭必需品是物品,是实物;亚里士多德说:"真正的财富就是这些物品。"家庭生活所需要的生活必需品是有限的,并不需要无限度的物品。在亚里士多德看来,获取这种意义上的财富是合乎自然的。其二,随着交往范围的扩大,人们逐渐需要进行远距离的交易,于是就出现了便于携带的货币,从此以后,就出现了以谋取货币为目标的致富技术。人们有可能利用供求关系和垄断,甚至于将一切才德(诸如军事技术和医疗技术)都用于致富,将发财致富视为生活的主要目的。这种无限度的致富技术损害着他人的利益,脱离了寻求生活必需品的本

① 亚里士多德:《政治学》,吴寿鹏译,商务印书馆,2007年,第21、30—31页。

义,在亚里士多德看来,是违背自然的。①

在亚里士多德看来,获取财富并不是家务管理的本分,最多只是家务管理的一个枝节;获取财富对于维系生活是非常必要的,但是,我们并不需要无限度的财富。既不能完全脱离财富,又不得不节制对于财富的追求,这是亚里士多德在《政治学》第1卷论述财富问题的基调,同样适用于《政治学》第7卷。亚里士多德将导致良好生活的因素归结为外物诸善、身体诸善和灵魂诸善。毫无疑问,这三种善对于良好的生活都是必要的。但是,人们不得不面对这三种善的排序问题:由于人们感觉到外物诸善(特别是财富)对于生活是不可或缺的,所以,人们就倾向于认为外物诸善,尤其是财富,是导致幸福的原因,进而认为外物诸善更加重要,多多益善,至于灵魂诸善有一点就行了。然而,这在亚里士多德看来,就好比是听到了美妙的乐曲,却仅仅看到了琴弦的必要性,而忘记了弹琴者的关键作用。②于是,有关三种善的日常排序是无法成立的。

在亚里士多德看来,优良的生活固然离不开外物诸善,但是,仅凭这一点并不能说明外物诸善更加重要;事实上,三种善之中的任何一种,都是优良生活所不可或缺的。毋宁说,外物之善的真正作用在于辅助成就灵魂之善,为了实现灵魂之善需要借助外物之善;只有在灵魂之善的基础上外物之善的效用才能显现出来;外物之善并非越多越好,灵魂之善却是越多越好;"凡才德优美的人,对于身外的需求一定轻微,要是天赋不充,便不能不对财物多所借重"③。亚里士多德动用了诸种曲折的修辞,令人信服地说明了:外物之善虽然是不可或缺的,但是,在以上诸种意义上,确实可以说,灵魂之善更加重要。需要注意,即使如此,亚里士多德并没有把外物之善排除掉。依据第欧根尼·拉尔修的叙述,柏拉图认为,"德性本身是自足的,但也需要添加两种工具,一是肉体方面的优势……,二是外在的优势,如财富、好的出身和名望";但是,亚里士多德更加坦诚:"对于幸福而言,德性是不自足的;因为还缺少肉体方面的善和外在的善,如若智慧之人生活在艰辛、贫穷以及诸如此类的境况之中,他就是不幸的。"④

可以说,亚里士多德以异常曲折的方式讨论了财富问题。因为获取财

① 亚里士多德:《政治学》,吴寿鹏译,商务印书馆,2007年,第21—36页。

② 亚里士多德:《政治学》,吴寿鹏译,商务印书馆,2007年,第345、390页。

③ 亚里士多德:《政治学》,吴寿鹏译,商务印书馆,2007年,第345—346、388—389页。

④ 第欧根尼·拉尔修:《名哲言行录》(希汉对照),徐开来、熊林译,广西师范大学出版社,2011年,第329、443页。

富在古典时代,甚至在我们当代,通常与学术讨论的严肃性和庄重性格格不入;当然,人们不是不讨论财富,而是更愿意在私底下悄悄地谈论财富问题。所以,亚里士多德在他的时代,出于阿提卡优雅风度的考虑,只好以非常曲折的方式讨论财富问题。例如,在普鲁塔克笔下,阿那克萨戈拉在穷困潦倒的时候,昔日的学生伯里克利来看望他,他的措辞是这样的:“伯里克利啊,谁需要一盏明灯,谁就得往灯里添油。”①这种修辞可谓是优雅风度的典型。亚里士多德将人的机能划分为三种:其一,获取营养和生长活动,这是植物就已具备的;其二,感觉,这是一般动物都具备的;其三;理性和实践,这是人所特有的。亚里士多德表示:“我们所探究的是人的特殊活动。所以,我们必须把生命的营养和生长活动放在一边。”②希腊哲学惯用的这种区分和排序很容易诱使人们重视位居高位的东西,从而把位居低位的东西忽略掉。然而,位居低位的,其实是生命当中最基本的事情。③营养与生长的维持,离不开财富的获取。

---

① 普鲁塔克:《希腊罗马名人传》上册,商务印书馆,1990年,第480页。

② 亚里士多德:《尼各马可伦理学》,廖申白译,商务印书馆,2003年,第19、33页。

③ 参见《尼采著作全集》第6卷,孙周兴等译,商务印书馆,2015年,第370—371页。

结论部分

第六章　形式显示实存哲学的运行机制
——参考具体哲学、实践哲学和黑格尔版实存哲学

本章导读　参考马尔库塞"具体哲学"、伽达默尔"实践哲学"和黑格尔版的实存哲学,可以从三个方面概括出海德格尔形式显示实存哲学的运行机制:a 呼吁实行;b 缺乏内容;c 对个体此在本真性的执着。同时,亦可从此三个方面做些调整,进而得出某种修订版的实存哲学:a 呼吁实行;b' 包含内容(诸如伦理、政治和经济等);c' 与他人积极共处之觉悟。

§ 16　马尔库塞"具体哲学"与实存哲学的运行机制

马尔库塞(H. Marcuse)是海德格尔的亲炙弟子。1928 年,即《存在与时间》出版的第二年,由于受到此书"具体哲学"(konkrete Philosophie)的感召,马尔库塞前往弗莱堡师从海德格尔学习哲学①;其间,撰写了《论具体哲学》(*Über konkrete Philosophie*)等论文。但是,由于纳粹上台,马尔库塞未能在海德格尔的指导下获得任教资格。后来,他批评海德格尔哲学的具体性乃是虚假的具体性,对海德格尔哲学感到失望。②另一方面,海德格尔在字里行间暗示,马尔库塞并不懂得他的哲学。③于是,马尔库塞与海德格尔的思想关系就悬了:马尔库塞是否真正读懂了海德格尔?④

---

① Marcuse, *Postscript: My Disillusionment with Heidegger*, in: Heideggerian Marxism, ed. Richard Wolin and John Abromeit, University of Nebraska Press 2005, p. 176.

② Marcuse, *Heidegger's Politics: An Interview*, in: Heideggerian Marxism, ed. Richard Wolin and John Abromeit, University of Nebraska Press 2005, p. 166.

③ cf. Heidegger, *Seminar in Le Thor* 1969, in: *Seminare* (GA 15), Verlag Klostermann1986, S. 353.

④ 在某种意义上,马尔库塞可以被称作"左翼海德格尔主义者"或"海德格尔左派"(a Left Heideggerian),参见 Richard Wolin, *Introduction: What is Heideggerian Marxism?* in: *Heideggerian Marxism*, ed. Richard Wolin and John Abromeit, University of Nebraska Press 2005, xxxvii;理查德·沃林:《海德格尔的弟子:阿伦特、勒维特、约纳斯和马尔库塞》,江苏教育出版社,2005 年,第 177—178 页。

2017 年是海德格尔《存在与时间》(1927 年)出版 90 周年,马尔库塞《论具体哲学》(1929 年)发表 88 周年,马尔库塞与海德格尔的思想关系久经沉淀,有待我们重新审视。这将有助于我们重新认识海德格尔哲学。近些年来,由于《黑皮本》的公开出版,海德格尔与纳粹的牵涉再度成为热门话题,海德格尔的政治失误似乎有了铁证;海德格尔与胡塞尔的私人交往也被考据论证,海德格尔的人品问题再度受到质疑。①这些现象提示我们重新审视海德格尔哲学,海德格尔与马尔库塞的思想关系乃是一个重要视角。

在《历史唯物主义现象学论稿》(1928 年)中,马尔库塞对海德格尔《存在与时间》有直接引用。但是,在《论具体哲学》(1929 年)中,他不再作任何引用,完全使用自己的修辞手段来传达自己的领悟,最引人注意的就是他动用了"具体哲学"(konkrete Philosophie)这个提法。在开篇的脚注中,马尔库塞表明了自己的立场:海德格尔的《存在与时间》是现象学哲学,阐述了具体哲学的可能性和具体哲学对于当前处境的必要性。②在这里,我们并不专门探讨海德格尔、马尔库塞和"具体哲学"③,而是依循马尔库塞对海德格尔的"诊断"来审视海德格尔实存哲学的"缺失"。

一、马尔库塞的"海德格尔诊断":缺乏具体性

在马尔库塞看来,哲学关涉着具体的人生实存和特定的历史性处境:每个个体都活动于特定的活动(Tätigkeit)、特定的社会形势(soziale Lage)和特定的民族共同体(volkliche Gemeinschaft)中;社会秩序、经济形态和政治形态共同构成着此在的历事;"具体哲学关注着有丰富内容的人生实存,涵盖[政治的、经济的和社会的]一切人生实存的全部实际方式"④。他认为,有关具体的人生实存,不应选用"抽象的—普遍的研究"(abstrakt-

① 参见倪梁康,《胡塞尔与海德格尔——弗莱堡的相遇与背离》,商务印书馆,2016 年,第 7 页。

② Marcuse, *Über konkrete Philosophie*, in: *Schriften* 1, Verlag Suhrkamp 1978, S. 385. 译文参考马尔库塞:《论具体哲学》,王宏健译,《哲学分析》2017 年第 1 期,第 25—38 页。

③ 关于马尔库塞"具体哲学"的论述,可以参考:冯潇:《马克思主义的现象学诊疗——马尔库塞早期"具体哲学"研究》,《理论界》2013 年第 1 期,第 18—20 页;黄璇、张莉:《哲学的真理性与人的自由——对马尔库塞〈关于具体的哲学〉的思考》,《马克思主义与现实》2013 年第 3 期,第 100—106 页;安德鲁·芬伯格:《海德格尔与马尔库塞:论物化与具体哲学》,高海青、陈真君译,《国外理论动态》2014 年第 3 期,第 39—43 页;李杨:《具体哲学与基础存在论》,《现象学方法与马克思主义》,张庆熊主编,上海三联书店,2014 年,第 130—149 页;余在海、江永霞:《青年马尔库塞的"具体哲学"思想研究》,《南京社会科学》2018 年第 12 期,第 18—23 页。

④ Marcuse, *Über konkrete Philosophie*, in: *Schriften* 1, Verlag Suhrkamp 1978, S. 388-389, 391, 398.

allgemeine Abhandlung),这将掩盖具体实存"关键而又尖锐的意义","只有在极端具体的领域中进行探讨才能澄清问题"。具体哲学乃实践之学,不过,"具体哲学之聚焦点,亦即行动之准绳,……绝不会是抽象的规范,或者空洞的命令,这些准绳必须从具体实存的历史处境中依循具体实存的必然性而获取,始终不是抽象的普遍性,而是关涉着具体实存的主体"。①

马尔库塞有关具体实存的诸种论述与海德格尔的运思非常相似:一方面阐发具体实存的处境特征,另一方面质疑抽象规范的效用。1924—1925年,海德格尔借助亚里士多德传达了实践生活的处境特征:此在始终处在某种处境(Lage、Situation、Umstände)之中;广义的处境包括行动的针对者、行动的方式和行动的时机等;这种变动不居和各个不同的具体处境(konkrete Lage)可以标识为"具体当下性"(Jeweiligkeit)。②由于我们的存在以具体当下性为特征,故而无法给出一劳永逸的绝对标准(einmalige und absolute Norm)。③这种思路延续到1927年《存在与时间》中:"处境(Situation)对人们而言在本质上封闭着。人们只认识所谓的一般形势(allgemeine Lage),却错失了最切近的诸种机会(Gelegenheiten)"④;并且,在1946年《关于人道主义的书信》中表现为对约束性规则(verbindliche Regeln)的质疑。⑤

依据马尔库塞的回忆,《存在与时间》出版后,他和他的朋友们感受到,这部作品开创了某种新的哲学:"关注着人生实存、人生境况,而不只是抽象观念和抽象原则";并且,他把这种哲学称作"具体哲学"(concrete philosophy)。⑥当时,马尔库塞认为,"存在主义和马克思主义之间可以有某些融合(some combination)",因为它们都主张"对人生实存作具体分析"。于是,他撰写并发表了《历史唯物主义现象学论稿》和《论具体哲学》等论文。

---

① Marcuse, *Über konkrete Philosophie*, in: *Schriften* 1, Verlag Suhrkamp 1978, S. 388, 399.

② Heidegger, *Platon: Sophistes* (GA 19), Verlag Klostermann 1992, S. 146-148.

③ Heidegger, *Grundbegriffe der aristotelischen Philosophie* (GA 18), Verlag Klostermann 2002, S. 186.

④ Heidegger, *Sein und Zeit* (EA), Verlag Max Niemeyer 2006, S. 300.

⑤ Heidegger, *Wegmarken* (GA 9), Verlag Klostermann 2004, S. 353.

⑥ Marcuse, *Heidegger's Politics: An Interview*, in: Heideggerian Marxism, ed. Richard Wolin and John Abromeit, University of Nebraska Press 2005, p. 186; Marcuse, Postscript: My Disillusionment with Heidegger, in: Heideggerian Marxism, 2005, p. 176. 据说,海德格尔哲学在法国的最初传播也是因为,人们觉得老一辈哲学家们没有探讨现实问题,而海德格尔哲学则"使哲学返回到日常生存的具体问题",参见克莱因伯格:《存在的一代:海德格尔在法国1927—1961》,陈颖译,新星出版社,2010年,第382页。

但是,不久之后,马尔库塞就改变了他对海德格尔哲学的看法,不再认为它是具体哲学了。他认为,“海德格尔的具体性(concreteness)在很大程度上是伪装的、虚假的具体性”;“他的哲学是抽象的,远离现实,甚至避免现实”;“他的实存分析远离社会现实,而不是切入社会现实”;“海德格尔的存在主义其实是某种先验观念主义”。①这种反差是如何产生的?何以起初认之为具体哲学,而之后却说它是虚假的具体性呢?

前面我们提及,有关具体实存的论述,海德格尔与马尔库塞有很大的相似性。如果求同存异,则海德格尔和马尔库塞哲学都可以称作具体哲学。但是,马尔库塞后来不再认为海德格尔哲学是具体哲学了,这乃是因为马尔库塞采取的尺度不是求同,而是求异:海德格尔的具体性是虚假的具体性,不包含具体的质料内容;真正的具体性应当含有具体的质料内容。在他看来,海德格尔的许多字语都缺乏质料内容:“此在”只是中性范畴(neutral category),没有牵涉个体的阶级、工作、消遣、痛苦、反抗和奋斗,连性别差异都不存在;“历史”作为实存范畴,不含有任何特殊的物质和文化,也被中性化了(neutralization);“本真性”只是说回到自身,自行决断,至于决断的内容、决断的目标、决断是否有益,这些经验内容都被存而不论和中性化了(neutralization)。②

此处引人注意的是 neutralization,这是马尔库塞对海德格尔的诊断,正是由于这一点,他才断定海德格尔哲学只是某种虚假的具体性。而 neutralization 则在于忽略质料性内容,只作形式分析。可以说,马尔库塞的思想嗅觉极其敏锐,确实把握到了海德格尔哲学的要害。F. Volpi 亦有类似的看法,他认为,《存在与时间》是对《尼各马可伦理学》的消化和吸收,但是,消化和吸收的方式却是“存在论化”(Ontologisierung),只保留了其中的存在论关联,排除了其中存在者层次上的成分。③ 照此意见,海德格尔吸收了亚里士多德伦理学的某些成分,却忽略了其中显赫的伦理意义。在此问题上,G. Figal 是这样看的:“海德格尔关心的只是生活现象学的历史性范例,牵涉具体当下行动的考虑,对他而言则无关紧要。”④海德格尔自己

① Marcuse, *Heidegger's Politics: An Interview*, in: Heideggerian Marxism, 2005, p. 166, pp. 166-168.

② Marcuse, *Heidegger's Politics: An Interview*, in: Heideggerian Marxism, 2005, pp. 167-169, p. 172.

③ Volpi, *Sein und Zeit: Homologien zur Nikomachischen Ethik*, in: Philosophisches Jahrbuch (96), Verlag Karl Alber 1989, S. 231, 234.

④ Figal, *Heidegger als Aristoteliker*, in: Heidegger-Jahrbuch 3, Verlag Karl Alber 2007, S. 60.

这样说:他的“现象学解释并非是去认识存在者的诸种属性,而是要去规定其存在的诸种结构”①。

可以这样说:海德格尔确实是关注具体实存的,但是,他致力于作形式分析,揭示其中的结构;马尔库塞同样关注具体实存,只是要深入探讨具体实存的质料内容,尤其是像马克思那样,面对特定的经济、政治和文化内容。② 这是具体哲学的两个版本。海德格尔版的具体哲学并非毫无意义,不过,马尔库塞版的具体哲学,在当代哲学“小叙事”的潮流中,可能更加切合时代的需要和人们的需要。

在当代社会,具体哲学不仅要面向具体实存,作形式分析,探讨更多的质料内容,还要提供一些操作性内容,才能应对时代的困厄。在古代社会,青少年需要接受大量的体育训练和军事磨炼,由此积累丰富的生活经验,此后再接触高深的学问,可谓是内外兼修。而在当代社会,青少年长期浸淫在学习竞赛中,极度缺乏生活经验,突然间接触高深的哲学,往往陷入茫然无措的境地。为此,日常性的洒扫应对和待人接物应当纳入具体哲学的视域,因为日常性维度的关注和操持,是从逻各斯进入实践的关键。

二、海德格尔哲学在伦理—政治论题上的欠缺

我们在第 10 节“海德格尔与亚里士多德的共在论比较”中业已提到海德格尔哲学与亚里士多德伦理学—政治学的比较:

共在作为人生在世的基本规定,这一点并非海德格尔特色,毋宁说是许多哲人的共识,例如亚里士多德亦作如是观,概括起来,他从三个视角肯定了共在的必要性。首先,家政学视角,从人的基本需要出发论证共在的必要性。家庭涉及三种关系——夫妇、父子和主奴。夫妇关系不仅能解决种族繁衍的实际需要,而且有共同生活的快乐;孩子是夫妇之间的联系纽带,父母爱孩子就像手艺人爱自己的作品;至于奴隶(或者译为“仆人”)那就更加必要了,他们从事体力劳动,解决家主的生活所需。亚里士多德甚至说:“与城邦相比,人更需要配偶。家庭先于城邦且更为必需。” ③ 其次,伦理学视角,从友爱现象出发论证共在的必要性。无论人们处境优越还是困窘,都需要与朋友一起度过;对于处境优越的人而言,财富的保持或者美

---

① Heidegger, *Sein und Zeit* (EA), Verlag Max Niemeyer 2006, S. 67.

② 马尔库塞,《历史唯物主义现象学论稿》,《现象学方法与马克思主义文选》,张庆熊编译,上海三联书店,2014 年,第 20 页。

③ 亚里士多德:《尼各马可伦理学》,廖申白译,商务印书馆,2003 年,第 252—253 页;亚里士多德:《政治学》,吴寿彭译,商务印书馆,2007 年,第 4—5 页以及第 1 卷其他部分。

德的成就都离不开朋友的存在;对于身陷困境的人而言,那就更需要得到朋友的帮助了。①无论人们从事理论活动还是实践活动,有人相伴都是好事情,都比独自一人要好很多;从事交往实践需要有个针对者或者助手,独自一人无法进行;从事理论活动,尽管独自一人也能进行,但是能有合作者,有可能进行得更好。②第三,政治学视角,从整体与部分的角度论证共在的必要性。个人必须在城邦中才能满足其生活需要,脱离了城邦则无法实现生活的自给自足;就像手足在身体之中时,保持自身为手足,一旦离开了整个身体,便不再是手足了;所以说,人是城邦的动物。③

由于海德格尔致力于揭示实存的诸种结构(Strukturen)或者诸种特征④,并不在意对实存之详细刻画,所以,海德格尔的共在论是粗犷的,点到为止——《存在与时间》大致介绍了他人从周围世界中的出场,后来就指出“此在本质上乃是共在”。于是,“共在”(Mitsein)就与“向我我属性”(Jemeinigkeit)和“去存在”(Zu-sein)并列为人生此在的基本规定了。亚里士多德则是从实际生活出发将共在划分为若干类型(家庭、朋友、城邦),进而论述共在的必要性。可以看到在家庭的形式下夫妇、父子和主仆诸种共在的必要性,也可以看到,无论是在何种境况下——身处优越地位还是深陷不幸、从事实践活动还是从事理论活动,共在都是必要的。而且,详细并不意味着琐碎,并不意味着亚里士多德就不追求结构性的东西,毋宁说,详细的论述中蕴藏着深意。

海德格尔和亚里士多德的共在论比较,大致有以下初步结论:其一,就共在之基本规定而言,海德格尔提到,共在是此在的基本规定,共在并不是物理学意义上的挨在一起(Nebeneinanderliegen);这些观念在亚里士多德那里也可以得到认同,但是,亚里士多德进一步将共在落实到地面上——家政学视角、伦理学视角和政治学视角,共在具有各种具体的形态。其二,就公众意见和个体判断而言,海德格尔论述了个体此在沉沦于公共意见的非本真状态,呼吁个体此在转向独立判断之本真状态;相比之下,亚里士多德在很大程度上尊重群众意见,但是,他更加关注的乃是卓越个体的意见如何在公众生活中发挥引领作用。其三,就共在之非本真与本真之二重性

① 参见亚里士多德:《尼各马可伦理学》,廖申白译,商务印书馆,2003年,第228、286—287页。

② 参见亚里士多德:《尼各马可伦理学》,廖申白译,商务印书馆,2003年,第228、306页。

③ 参见亚里士多德:《政治学》,吴寿鹏译,商务印书馆,2007年,第7—9页。

④ 参见 Heidegger: *Sein und Zeit* (EA), Verlag Max Niemeyer 2006, S. 12;海德格尔:《形式显示的现象学》,孙周兴译,同济大学出版社,2004年,第78页。

而言,可以说,在海德格尔那里,共在同样源始地处于非本真状态与本真状态之中,本真共在之实现有赖于个体此在自主、自觉、自愿和自由地联合;亚里士多德就领导和被领导的各种具体形态论述本真共在的实现问题,唯当领导者与被领导者在理智方面有了心悦诚服,在利益方面有了共存之互信,共在之诸种形态才能通达本真之境界。

进一步说,海德格尔在论述共在问题时,偏好结构性内容的阐发,诸如共在之实存论意义、抵制公众意见之必要性和实现本真共在之个体性条件,往往无视实际生活的质料性内容,诸如家庭、友爱、城邦、领导与被领导的各种形态,个体间智慧水平的差异,以及自由人作为自由人的先决条件——财富问题。因此,海德格尔的论述,一方面,可谓是针砭时弊,启发思考;但是,另一方面,接触的时日长了,便会有空泛无力之感受,大有现代主义甚至后现代主义之偏失。然而,在亚里士多德的论述下,人们正好生活在共在的具体形态(诸如家庭、友爱和城邦)中,由于理智水平的差异、年龄代际的差异、财富占有的差异,以及其他差异,在领导与被领导之基本模式中,人们往往不能尽遂己意,难免会有所服从。可是,这些正是生活之真实。在心悦诚服和共存互信的基础上,提升理智水平、增加年岁经验和改善生活状况;就在此岸世界中,就在遮蔽中,做些解蔽的工作。这大概是贤哲们对于共在之二重性的认识。

三、海德格尔哲学在身体—财富论题上的欠缺

我们在第13节“海德格尔的尼采阐释与实存哲学的基本形象”中业已提到海德格尔哲学与尼采哲学(以及马克思哲学)的比较:

从海德格尔的尼采阐释出发,我们重新阅读了尼采(《偶像的黄昏》、《瞧,这个人》和《权力意志》),我们感觉到,海德格尔的尼采阐释是对头的,尼采哲学确实是对柏拉图主义的倒转;尼采对于柏拉图主义的倒转,确实可以构成海德格尔批判传统哲学的历史性范例,确实可以为其实存哲学提供历史性的理论支撑。但是,我们也发现,海德格尔的尼采阐释与尼采哲学本身,确实存在着很大的距离,并不是说,他的阐释不对头,而是说,他的阐释还不够彻底:由于他忽略了尼采身体哲学的质料性内容,正如他忽略了亚里士多德伦理学和政治哲学的质料性内容,所以,海德格尔哲学给人的印象是:流于空泛;它是一种伟大的内学,但是,缺乏外学的维度。试问,一种缺乏外学维度的内学,如何开启出一种外学? 须知,生命是内学和外学的统一。①

在我们看来，海德格尔为实存哲学指明了方向，但是，还不够。从海德格尔的尼采阐释出发重读尼采，从尼采哲学出发重读希腊哲学，这些工作有助于实存哲学的建构和落实。哲学家们区分了精神和肉体、超感性的和感性的世界、形而上和形而下的世界，以柏拉图主义为代表的传统形而上学推崇精神、超感性的世界和形而上的世界，那么，实存哲学应当采取何种形态？实存哲学作为一种哲学，必定有其形而上的方面。然而，实存哲学，作为对柏拉图主义和传统形而上学的抵制，归根结底，不应拘泥于采取另一种形而上学的形态，毋宁说，实存哲学应当兼容形而上和形而下两个方面，应当具备"形而上—下"的格局，应当具备内外一体的格局。倘若在肉身性、个体性和创造性方面增添质料性和操作性内容，实存哲学的基本形象才会更加完善：

人是肉身性的存在——这本是一个平淡无奇的命题，但是，却遭受着长期的遮掩、耽搁和遗忘，难以进入主流文化的视域。即使是在较为温和的亚里士多德哲学中，肉身性的维度也被深深地遮蔽着：由于"生命活动也为植物所有，而我们探究的是人的特殊活动，所以我们必须把生命的营养和生成活动放在一边"；"人如果不具备必需的条件，他简直无法生活"，但是，获取财富并不是家主的本分，而是"家务管理技术的一个枝节"；"我们不为任何其他利益而找寻智慧"，"只因人本自由"，这句话深受后世推崇，但是，亚里士多德这番话其实是有前提的——"这类学术研究的开始，都在人生的必需品以及使人快乐安适的种种事物几乎全部获得了以后。"②

直到尼采哲学，才把肉身性的维度安置到显赫的位置，"哲思的视野里纳入了人间烟火"③："营养"（Ernährung）、"地方"（Ort）、"气候"（Clima）、"休养"（Erholung），换言之，"饮食"（Nahrung）、"居住"（Wohnung）、"疾病治疗"（Krankenbehandlung）、"清洁"（Reinlichkeit）、"天气"（Wetter）等方面，看起来是微不足道的小事情，实际上是必须严肃对待的问题，其重要性

① 张祥龙教授提道："海德格尔毕竟还只是当代西方的道家，以老庄的诗意天道为家，只知个人化的天地阴阳交合，却未窥见夫妻化的阴阳造端、亲亲—孝悌—艺化—齐家—仁民—爱物—治国—平天下的儒家大诗意境界"，参见张祥龙：《"家"的歧异——海德格尔"家"哲学的阐发和评析》，《同济大学学报（社会科学版）》2016 年第 1 期，第 29 页。

② 亚里士多德：《尼各马可伦理学》，廖申白译，商务印书馆，2003 年，第 19 页；亚里士多德：《政治学》，吴寿鹏译，商务印书馆，2007 年，第 11、31 页；亚里士多德：《形而上学》，吴寿鹏译，商务印书馆，2007 年，第 5 页。

③ 孙周兴：《〈瞧这个人〉译后记》，载于尼采：《瞧这个人》，孙周兴译，商务印书馆，2016 年，第 200—201 页。

远远超过那些虚构出来的超感性的概念(诸如“上帝”“灵魂”“彼岸”“真理”“永生”)。[①]尼采提出身体哲学的文稿《瞧这个人》写于1888年,事实上早在1845—1846年间,马克思和恩格斯就曾在身体以及财富等论题上有过论述:“人们为了能够创造历史,必须能够生活。而生活就包括饮食(Essen und Trinken、Nahrung)、居住(Wohnung)、衣被(Kleidung)以及其他东西”;人区别于动物的首要行为并非人会思想(denken),而是人开始生产自己的生活资料(Lebensmittel)。[②]海德格尔在阐释尼采之际,尽管偶尔提及“肉身性的存在”(das leibliche Sein)[③],但是,他的关注焦点始终是尼采哲学的原则——对超感性事物的否定和对感性事物的肯定。然而,光讲原则或形式,还是不够的,因为我们不知道接下来该如何行事。重读尼采和重读希腊哲学,可以发现肉身性或照料身体的质料性内容。从肉身层面进展到思想层面,这是实存哲学的进路,区别于传统哲学“呵护灵魂”的口号。

通常而言,传统哲学侧重三个方面:精神追求、普遍关怀、思想对于行动的激励作用。这些方面的初衷都很好,但是,在传播和运行的层面上出现了许多偏差。在这种情况下,实存哲学的方案值得关注:从呵护身体进展到精神追求,从呵护个体进展到呵护共同体,从思想对行动的激励作用进展到切切实实的创造性行动。此外,在大众教育时代,哲学早已不再是少数精神贵族的特权,哲学之传播光靠暗示是不够的,应该有更多的明示;与此相应,实存哲学不能仅仅停留在激励和启发的层面,更要深入到操作方法的层面;不仅要有形而上的心性清谈,更要有形而下的洒扫应对和待人接物。从海德格尔的尼采阐释出发,重读尼采哲学,重读希腊哲学,重思实存哲学,可以发现:有必要对海德格尔的实存哲学做适当的损益或扬弃,增添质料性内容和操作性内容。

依循马尔库塞的“海德格尔诊断”(海德格尔哲学缺乏具体性),结合我们的进一步考察,可以说,海德格尔哲学在伦理—政治和身体—财富等论题上存在着“缺失”或者说缺乏具体性。马尔库塞是海德格尔的学生,他对海德格尔哲学的判断具有重要的参考价值。非常难得的是,马尔库塞

---

① 《尼采著作全集》第6卷,孙周兴、李超杰、余明锋译,商务印书馆,2015年,第370—371、484—485页。

② 参见《文献学语境中的〈德意志意识形态〉》,广松涉编注,彭曦译,张一兵审订,南京大学出版社,2005年,第196—197页。马克思这部手稿直到1932年才得到出版。

③ 海德格尔:《尼采》,孙周兴译,商务印书馆,2002年,第108—109页。

在20世纪的20年代末就提出了他对海德格尔哲学的诊断或批评，那个时候的海德格尔刚刚出版《存在与时间》，刚刚接任胡塞尔在弗莱堡大学的教席，正是春风得意和如日中天的时候，因而，马尔库塞的海德格尔批评如同稍后卡尔纳普的海德格尔批评，都没有引起人们的关注。此外，我们还可以参考列维纳斯对于海德格尔哲学的诊断或批评，列维纳斯也是海德格尔学生，也是海德格尔批评者中的重要代表。①依循列维纳斯的海德格尔批评，朱刚给出了这样的概括总结：

> 最终是存在，与他人无关的存在，中性的存在，规定着人，统治着人，决定着人之为人：人是什么？是Dasein：存在，在这里的存在。人所占有的这个这里，这个Da，不是为了向他人开放，以接纳他人、款待他人、应承他人，而是为了向存在开放，为了显现存在一般的意义。这种从存在的境遇出发理解人之为人，在海德格尔后期更为明显。在这个意义上，海德格尔的存在论就不仅仅是先于伦理学的，而且根本上是非伦理学的，甚至还是反伦理学的——因为反伦理也是伦理的一种方式——而是根本就与伦理无关，这比反伦理还要彻底，它根本就没有给伦理留下可能的空间。②

朱刚在2004年的一次在线讨论中提到：如果一定要说海德格尔也有某种“伦理学”的话，那么只好说海德格尔的“伦理学”与列维纳斯的“伦理学”不是同一意义上的伦理学，而且，事情的关键在于，海德格尔是要用存在论给伦理学奠基，而列维纳斯的做法刚好相反。③此次讨论的参与人之一柯小刚在后来的论著中提到，海德格尔哲学“在伦理学和政治哲学上有根本的缺陷”，不过，人们在疏解海德格尔时可以有自己的导向，不至于曾经热衷于海德格尔而现在却要放弃海德格尔。④韩潮在《海德格尔与伦理

---

① 参见克莱因伯格：《存在的一代：海德格尔哲学在法国1927—1961》，陈颖译，新星出版社，2010年，第333—381页。海德格尔在法国的接受史可以分为若干阶段：科耶夫在解读黑格尔哲学时对海德格尔哲学的借鉴、萨特对海德格尔的存在主义解读以及列维纳斯对海德格尔哲学的解读。

② 朱刚：《多元与无端：列维纳斯对西方哲学中一元开端论的解构》，江苏人民出版社，2016年，第16—17页。

③ 参见柯小刚：《思想的起兴》，同济大学出版社，2007年，第70—71页。

④ 参见柯小刚：《道学导论（外篇）》，华东师范大学出版社，2010年，第213—214页。

学问题》(“同济·德意志文化丛书”不仅推出了孙周兴编译的《形式显示的现象学——海德格尔早期弗莱堡文选》,而且推出了韩潮的这部论著)的后记中提到:

> 和许多人一样,我也经历过被海德格尔完完全全迷住的阶段。无论是早期著作的驳杂还是晚期作品的纯净,再加上尼采般摧枯拉朽的蛮力,都让人欲罢不能,的确让我这个后来者投入不少。有一阵子,和现时许多海氏爱好者一样,我也是只知有海德格尔不知有其他。直到三四年前重新读回柏拉图、亚里士多德,渐渐领略到古典思想的魅力时,才发现真正重要的东西其实被耽搁了。①

为什么国内海德格尔学界的许多学者在研究海德格尔之后有所“转向”——转向古希腊哲学或中国哲学或伦理学?这种转向可能就和海德格尔哲学本身的“缺失”相关,指出此种缺失的先行者大概就是马尔库塞和列维纳斯等海德格尔自己的学生们。海德格尔学生中更为“正宗”或更为“出色”的诸如伽达默尔和阿伦特,也并不抱守海德格尔哲学的陈规,而是在伦理—政治和身体—财富等论题上进行着更为具体的探讨。②

§ 17 伽达默尔“实践哲学”与实存哲学的运行机制

1960 年《真理与方法》“论亚里士多德的诠释学现实性”提到:“伦理学(Ethik)这一名称表明,亚里士多德把善建立在了习行(Übung)和习俗(ethos)的基础之上”。③这句话揭示出:其一,善离不开习行,这就是说,人们必须得去面对具体处境;其次,善离不开习俗,这意味着,指引人们伦理

---

① 韩潮:《海德格尔与伦理学问题》,同济大学出版社,2007 年,第 346—347 页。

② 刘小枫提到,让海德格尔“定居”中国有两条路径,或者让海德格尔进入中国传统,或者从海德格尔出发关注“偶在”。参见刘小枫:《海德格尔在中国》,华东师范大学出版社,2017 年,第 6—7 页。关于实存哲学的偶然性论述,诸如九鬼周造和马奎德,参见王俊:《现象学中的偶然性问题及其思想效应》,《哲学研究》2018 年第 11 期,第 78—86 页。

③ 关于伽达默尔与海德格尔的思想关系,参见新译传记:格朗丹:《伽达默尔传:理解的善良意志》,黄旺、胡成恩译,上海社会科学院出版社,2020 年;关于伽达默尔哲学的介绍,参见本书第 5 节“伽达默尔的实践哲学”、第 11 节“阿伦特和伽达默尔:实存哲学的两种格调”、第 18 节第二部分“伽达默尔与实存哲学的另一格调”。Hans-Georg Gadamer, *Hermeneutik I* (GW1), Verlag Mohr Siebeck 1999, S. 317;有关《真理与方法》两卷的译文,选用洪汉鼎译文,商务印书馆,2007 年,不做一一标注。

实践的普遍知识与习俗有着紧密关系,并不是纯粹的没有任何共同体背景的目的—手段式的工具理性。换言之,logos 诚然是有用的,实践哲学诚然是有用的,但是,离不开 Übung 和 ethos;用常见话语来说,logos 在这里是必要条件,而不是充分条件。离开 Übung,不面对具体处境,则 logos 失去了其应有的意义。离开 ethos,脱离了共同体背景,则 logos 变成了单纯机械的工具理性。

1963 年《论哲学伦理学的可能性》再次提到 logos 的作用问题。既然伦理选择不是理论知识可以决定的,那么,伦理学作为普遍知识究竟如何成立,便意味着某种疑难:这种普遍性知识到底如何应对具体情况(Konkretion)? 在“普遍知识”或“普遍概念”(allgemeine Begriffe),诸如何谓正义、何谓勇敢的“指引”下(im Lichte solchen Wissens),伦理知识方才完成了其“具体应用”(konkrete Applikation)。“普遍观念”(allgemeine Vorstellung),诸如何谓善、何谓正义,只有在个别事情的具体现实中(im der konkreten Wirklichkeit des Falles)才能获得其真正的、本真的规定性,这种普遍观念诸如亚里士多德所讲的“适度”(die Mitte)只是提供某种“大致的图式”(ein vages Schema)。①

70 年代,伽达默尔提到,“毫无疑问,‘实践哲学’并不是有关给定处境下可实行事情的知识(即使它可能会流露出有关可实行事情的知识,以至于教导者在实践哲学的理论指示中与普遍的存在论问题保持着距离)。实践哲学在任何情况下都具有理论特征。它可以叫作 episteme、techne、methodos、pragmateia,甚至可以叫作 theoria,但是不能叫作术语意义上的 phronesis”②可见,“实践哲学”并不会针对特定处境而给出明确的指示,毋宁说,仅仅能够提供一些理论性的指示(theoretische Unterweisung),以至于它可以被称作“理论”(theoria),却不能被称作“实践智慧”(phronesis);这就是说,伽达默尔这里所说的实践哲学具有理论特征,并不等同于亚里士多德所讲的实践智慧。

一、伽达默尔:“实践哲学”并不代替“实践”

那么,实践哲学有何用处呢? 还是根本没有用处? 尽管实践哲学具有理论特征,并不为特定处境给出明确指示,而且它所提供的理论指示并不像技术性规则那样是可以直接应用的,但是,在伽达默尔看来,“亚里士多

① Hans-Georg Gadamer, *Neuere Philosophie II* (GW4), Verlag Mohr Siebeck 1999, S. 183-184.

② Hans-Georg Gadamer, *Griechische Philosophie III* (GW7), Verlag Mohr Siebeck 1999, S. 218。

德还是坚持认为,他所讲授的这种理论性学说对于实践(praxis)而言必定是有用的(von Nutzen sein)”①,为此他举出了《尼各马可伦理学》所使用的一个很好的例子:“关于这种善的知识岂不对生活有重大影响?它岂不是,像射手有一个标记帮助他一样,更能帮助我们命中正确的东西?”②伽达默尔对此这样解释:“亚里士多德使用这个伟大的例子是为了说明:人们在实践哲学中可以传达出来的理论性指示,确实不能给出任何可上手的(an die Hand)和人们可以依循的规则,以便人们内行地切中正确的东西。”③但是,“由于注视这个准线(Marke),他就(可以)轻而易举地射中目标,……为了使人更容易对准目标,为了更精确和更好地掌握发射的方向,这种准线却起了它的作用”④。因而,实践哲学对于具体决断和具体实践乃是有助益的,可以使人更好地认识到“要观看什么地方和注意哪些方面”(wohin man zu sehen hat und worauf man achtzuhanben hat)。⑤

伽达默尔在此还特别说明了另一方面,“这当然不是说射箭术仅仅在于瞄准这个准线。为了能射中目标,人们必须掌握射箭的技术”⑥;“瞄准准线(das Ins-Visier-Nehmen)无论如何并不构成射箭艺术的全部。人们必须事先学习过射箭,同样,如若人们意欲从实践哲学中得出某种益处(Gewinn),那么就要以恰当的方式进行某种准备”⑦。这就是说,要想精通射箭,光靠瞄准准线还是不够的,还需要事先的射箭学习和操练;同样,要想做好实践,光靠实践哲学还是不够的,必须还要有预先的准备,而这种准备还是实践。伽达默尔提道:“实践哲学本身并不承诺可以使人通晓如何切中正确的东西。这始终是实践本身的任务,并且是实践理性这种德性的任务,实践理性并不是某种单纯的机智(Fundigkeit)。”⑧

关于实践哲学或者 logos 发挥作用的具体机制或具体方式,伽达默尔借助亚里士多德的相关论述而传达了出来。“亚里士多德强调说,在‘实践哲学’(praktische Philosophie)里不可能有那种数学所达到的高度精确性(Genauigkeit)。要求这样一种精确性其实乃是一种错误。这里需要做

① Hans-Georg Gadamer, *Griechische Philosophie III* (GW7), Verlag Mohr Siebeck 1999, S. 220.

② 亚里士多德:《尼各马可伦理学》第1卷第1章,1094a23;译文选用亚里士多德:《尼各马可伦理学》,廖申白译,商务印书馆,2003年,不做一一标注。

③ Hans-Georg Gadamer, *Griechische Philosophie III* (GW7), Verlag Mohr Siebeck 1999, S. 220.

④ Hans-Georg Gadamer, *Hermeneutik II* (GW2), Verlag Mohr Siebeck 1999, S. 316.

⑤ Hans-Georg Gadamer, *Griechische Philosophie III* (GW7), Verlag Mohr Siebeck 1999, S. 220.

⑥ Hans-Georg Gadamer, *Hermeneutik II* (GW2), Verlag Mohr Siebeck 1999, S. 316.

⑦ Hans-Georg Gadamer, *Griechische Philosophie III* (GW7), Verlag Mohr Siebeck 1999, S. 220.

⑧ Hans-Georg Gadamer, *Griechische Philosophie III* (GW7), Verlag Mohr Siebeck 1999, S. 221.

的事情只是概略地呈现事物,并且通过这种概观给予道德意识以某种帮助”(Es gilt lediglich, die Dinge im Umriss sichtbar machen und durch diese Zeichnung des Umrisses dem sittlichen Bewusstsein eine gewisse Hilfe zu leisten)。[①]而且,伽达默尔在此处的注释中提示我们关注《尼各马可伦理学》第1卷第7章和第2卷第2章。

以上论述表明了实践哲学的概略性,这是由实践哲学所关注的对象题材决定的。“因为具体行为谈不上什么技艺与法则,只能因时因地制宜,就如在医疗和航海上一样”,但是,不能因为实践哲学或有关实践事务的逻各斯具有这样的概略性,精确性程度不及数学,就放弃实践哲学的相关研究,毋宁说,“尽管这种研究是这样的性质,我们还是要尽力而为”。[②]这就是说,实践哲学或者说有关实践事务的逻各斯还是可以成立的,还是要尽力探讨。但是,实践哲学的概略性或者有关实践事务的逻各斯的概略性,还隐含着另一层次的意蕴:人们要在这种概略性逻各斯之后,展开具体的实行,就像伽达默尔所讲的 Übung 和海德格尔所讲的操练。关于这一层次的意蕴,可以援引亚里士多德的另一表达而加以引证:有关公正或节制的谈论,并不能使人成为公正的人或节制的人,毋宁说,人们要公正地或节制地去做事,“……但是多数人不是去这样做,而是满足于空谈。……”[③]

1972年撰写、1982年编入文集《科学时代的理性》的有一篇论文《作为实践哲学的诠释学》。在这篇论文中,伽达默尔提出,“实践哲学当然是一种‘科学’,一种可传授的、具有普遍意义的知识”,同时,他认为,诠释学作为某种理论乃是“实践哲学的近邻”,或者说“诠释学是哲学,而且是实践哲学”。[④]另外,在1968年《古典诠释学和哲学诠释学》,他提到,虽然里特尔(J. Ritter)及其学派促进了实践哲学在德国的复兴,但是“实践哲学乃是某种理解实践的理论,因而仍然是理论,而不是实践”[⑤]。在1985年《在现象学和辩证法之间》又提到,实践哲学并不是亚里士多德意义上的实践

① Hans-Georg Gadamer, *Hermeneutik I* (GW1), Verlag Mohr Siebeck1999, S. 318.

② 亚里士多德:《尼各马可伦理学》第2卷第2章,1104a1—10。

③ 亚里士多德:《尼各马可伦理学》第2卷第4章,1105b10—15。

④ 伽达默尔:《科学时代的理性》,薛华译,国际文化出版公司,1988年,第81、85、98页。

⑤ Hans-Georg Gadamer, *Hermeneutik II* (GW2), Verlag Mohr Siebeck 1999, S. 117.

智慧,而是某种哲学反思。①

这几处论述表明,在伽达默尔看来,他所讲的实践哲学仍然保持为带有普遍性的某种理论,而不是与现实处境中具体实践直接相关的实践智慧(phronesis)。不过,伽达默尔也说,这种实践哲学也离不开实践,倘若离开了实践,就只剩下虚无了。②这些提法表明了某种看似模糊其实有所道说的图式:

实践哲学 → 实践智慧 → 实践
(praktische Philosophie) (phronesis) (praxis)

正如同一地方伽达默尔的提法:"在相同的意义上可以说哲学诠释学也并非理解的艺术,而是理解艺术的理论(nicht selbst die Kunst des Verstehens, sondern die Theorie derselben)。"③换句话说,实践哲学,就像哲学诠释学是对理解的理解,实践哲学乃是对实践智慧或实践知识的理解和反思。我们目前探讨亚里士多德的实践哲学以及伽达默尔的实践哲学,实际上就是在对先前的实践哲学进行再次的哲学反思。固然,不可避免地会再次想到亚里士多德和伽达默尔举出的事例,但是,这种思考毕竟处在反思的层次。一言以蔽之,实践哲学有助于实践,但是并不替代实践!

二、马尔库塞:"具体哲学"必须介入"行动"

《论具体哲学》开篇提到:"本研究的起点是,将哲学活动(Philosophieren)看作某种人生活动;在这种人生活动中,哲学(Philosophie)得以构成自身。哲学活动,就其严格意义而言,乃是某种人生实存。"哲学是某种人生实存,需要从以下两方面来理解:其一,通常意义上的"人生实存"意味着什么?马尔库塞这样表述:"在任何时刻,人生此在的实存都是与世界的交往活动:主动的行动与回应的行动。"其二,哲学乃是何种特殊意义上的人生实存?他是这样表述的:"真正的哲学努力"或"哲学活动的意义"在于"揭示真理"(Sichtbarmachen von Wahrheit)。④可以这样说:哲学乃是揭示

① Hans-Georg Gadamer, *Hermeneutik II* (GW2), Verlag Mohr Siebeck 1999, S. 23. 参见洪汉鼎:《实践哲学 修辞学 想象力:当代哲学诠释学研究》,中国人民大学出版社,2014年,第7、96页:实践智慧是具体操作知识,而实践哲学是理论性的反思哲学;参见潘德荣:《"德行"与诠释》,《中国社会科学》2017年第6期,第23—41页:实践智慧直接指导实践,而实践哲学指向的乃是"知识"。

② Hans-Georg Gadamer, *Hermeneutik II* (GW2), Verlag Mohr Siebeck 1999, S. 23.

③ Hans-Georg Gadamer, *Hermeneutik II* (GW2), Verlag Mohr Siebeck 1999, S. 23.

④ Marcuse, *Über konkrete Philosophie*, in: *Schriften* 1, Verlag Suhrkamp 1978, S. 385, 387, 385.

真理的交往活动。海德格尔在 1921—1922 年冬季学期就曾提道:"哲学乃是与作为存在的存在者的原则性的认识性的交往活动"①,至于"揭示真理"更是众所周知的海德格尔式规定。

但是,最引人注目的其实是马尔库塞对于 Philosophieren(这里译作"哲学活动")的动用。海德格尔在 1929 年就曾动用过 Philosophieren 这一字语:"超越在者之上的活动发生在达在②的本质中。此超越活动就是形而上本身。……形而上既不是学院哲学的一个部门,也不是任意心血来潮的一块园地。形而上是达在之中的基本历事。形而上就是达在本身。……只要我们存在,我们就总是已经处于形而上之中。只要人存在,哲学活动(Philosophieren)就以一定方式发生。"③

根据语境,philosophieren 意指 Metaphysik, Metaphysik 意指某种 Hinausgehen,是达在之中的 Grundgeschehen。此时,Metaphysik 不是某种学问,而是 meta-physik,某种超越活动;philosophieren 不是哲思,而是这种超越活动。这里讨论的不是某种学问,不是某种哲思,而是达在的基本历事,甚至就是达在本身。达在本身不会是某种学问,某种哲思,而是对在者的超越活动。通常情况下,Philosophieren 被译作"哲学思考"或"哲思",但是,哲学活动并不局限为单纯的思考,同时会牵涉到诸种活动;Philosophieren 作为开篇动用的第一个重要字语,要让其意义保持在悬而待定的状态中(如"做哲学"或"从事哲学")。④

将 philosophieren 从"哲思"调校为"从事哲学"或"做哲学",关涉世界哲学安身立命的根本问题。人们通常将尧、舜、禹、汤、文、武、周公、孔子和孟子作为中国文化的道统,以显示中国文化或中国哲学注重实行的特色;同时,将泰勒斯以来的哲学家作为欧洲文化的道统,用以说明欧洲文化注重知识的特色。其实,欧洲文化或欧洲哲学的原始道统首先是梭伦、庇西特拉图和伯利克里等贤哲(sophos),其次才是以苏格拉底、柏拉图和亚里士多德为顶峰的哲学家(philosophos)。改变世界原本就是欧洲哲学的事

① Heidegger, *Phänomenologische Interpretationen zu Aristoteles* (GA 61), Verlag Klostermann 1985, S. 60.

② 这里将 Dasein 译作"达在",用以突显其动态意义,参见靳希平:《〈存在与时间〉的缺爱现象》,载于《世界哲学》2016 年第 4 期,第 20 页。

③ Heidegger, *Wegmarken*(GA 9), Verlag Klostermann 2004, S. 121-122. 译文参见《熊译海德格尔》,王炜编,同济大学出版社,2004 年,第 165 页;海德格尔:《路标》,孙周兴译,商务印书馆,2000 年,第 141 页。

④ 李超杰曾将尼采《偶像的黄昏》的副标题译作"怎样用锤子从事哲学"(Wie man mit dem Hammer philosophirt),参见尼采:《偶像的黄昏》,李超杰译,商务印书馆,2013 年。

业和诉求，只是在学术活动日益学院化和职业化以后，“从事哲学”或“做哲学”才被狭隘化为某种单纯的沉思活动。

在海德格尔看来，人生在世的基本规定就是交道活动（Umgang），并且，最切近的交道活动并非认识，而是操劳；操劳（实践、行动）并不是毫无观看，毫无思考，其实已有自己的观看和思考，只不过没有专门的、专题的观看和思考。① 与此相应，“从事哲学”或“做哲学”未必以沉思活动为专职。光有逻各斯而缺乏经验的人们，在事功上反而不如那些没有逻各斯但是经验丰富的人们。② 读书和思考自然是不可缺少的，但是，“有民人焉，有社稷焉”（《论语·先进篇》），最终还是要致力于家国事务。

此后，马尔库塞引入了“实践哲学”的提法：“对人生实存及其真理的操心使哲学在最深刻的意义上变成了‘实践哲学’（Praktische Philosophie），同时，这种操心——这是此处的关键点——将哲学引入了人生实存的具体困境之中。”对具体实存的忧虑（Bekümmerung um konkrete Existenz）正是哲学的责任和义务（Verantwortung und Pflicht）。③ 不过，如果哲学仅仅停留在对具体实存的关注和忧虑的阶段，还难以成为真正意义上的实践之学。卢卡奇曾经区分过“关于实践的理论”（Theorie der Praxis）和“改造现实的实践的理论”（praktische Theorie）；伽达默尔提到“实践哲学”（praktische Philosophie）的复兴时曾说，“一种理解实践的理论当然是理论而不是实践”。④ 仅仅满足于理解实践和忧虑实践，还不是真正的实践之学。

马尔库塞提到，“哲学活动对于具体实存的必要性在于，当这一实存处于某种实存困境中时，哲学活动有助于它的转向（zu deren Wendung beitragen kann）”；“哲学必须确切地观察实存的每一种动变，进而去推进那些朝向真理的动变，或者去抑制那些导向沉沦的实存方式”。⑤ 众所周知，海德格尔的《存在与时间》针对沉沦现象曾有精辟的分析，马尔库塞接着海德格尔的思路，具体批评了资本主义社会尤其是发达资本主义社会的物化现象和实存危机。⑥ 哲学要有助于实存危机的转向，这种思路在海德格尔那

① Heidegger, *Sein und Zeit* (EA), Verlag Max Niemeyer 2006, S. 67-69.

② Heidegger, *Platon: Sophistes*(GA 19), Verlag Klostermann 1992, S. 76.

③ Marcuse, *Über konkrete Philosophie*, in: *Schriften* 1, Verlag Suhrkamp 1978, S. 387, 396.

④ 卢卡奇，《历史与阶级意识》，杜智章等译，商务印书馆，2014 年，第 310—311 页；伽达默尔，《真理与方法》下册，商务印书馆，2007 年，第 141 页。

⑤ Marcuse, *Über konkrete Philosophie*, in: *Schriften* 1, Verlag Suhrkamp 1978, S. 394, 397.

⑥ Marcuse, *Über konkrete Philosophie*, in: *Schriften* 1, Verlag Suhrkamp 1978, S. 394-395.

里早已存在；海德格尔在1922年就曾提道："实际生命对其实存的忧虑（Bekümmerung）并不是沉溺于自我中心主义的反思中；它的成其所是，只是作为对生命之沉沦趋向的反向动变（Gegenbewegung）。"①

在马尔库塞看来，哲学要观察实存之动变，并且效力于实存危机之转变，"以此方式，一切哲学活动最可贵的和最迫切的东西——理论与实践之统一，就可以成为现实"；在这种意义上，哲学的必要性也得到了真正的体现。② 而且，只有这样，哲学才能成为具体的，才能成为具体哲学；哲学，或者说具体哲学，其使命当然是要将人生此在带向实存的真理（das Dasein in die Wahrheit des Existierens zu bringen），但是，"具体哲学要想真正地把此在带向真理"，"就必须进入行动的领域（in der Sphäre des Handelns angreifen）"；"此在之实存在其具体化中，作为'历事'（Geschehen）③始终是对既定事件的某种改变、某种作用，亦即是某种行动"。④

马尔库塞仅依据《存在与时间》就敏锐地感受到了海德格尔哲学的实践维度。我们现在有幸接触更多的文献，尤其是海德格尔的讲课稿，可以更充分地体会海德格尔哲学的实践维度。其理论支撑乃是海德格尔形式显示的思想方法。要点如下：其一，在海德格尔看来，传统哲学"掩盖了实行因素，而且片面地以内涵为指向"，而形式显示则要让"实行特征依然保持开放"⑤；其二，形式显示只是指引出实行的起始方向（Ansatzrichtung），只是给出道路（Weg）；如欲通达本真的境界，仍需对显示出来的东西进行源初的充实，亦即相时而动的实行。⑥

借助形式显示的思想方法，可以更好地领会海德格尔对马克思改变世界主张的评论。⑦通常认为，海德格尔对马克思改变世界之主张提出了质疑，仍旧主张解释世界之优先性。其实不然。海德格尔只是说，理论与实

---

① Heidegger, *Phänomenologische Interpretation ausgewählter Abhandlungen des Aristoteles zu Ontologie und Logik* (GA 62), Verlag Klostermann 2005, S. 362.

② Marcuse, *Über konkrete Philosophie*, in: *Schriften* 1, Verlag Suhrkamp 1978, S. 397.

③ 这个字语源自海德格尔。海德格尔对Geschehen、Geschichtlichkeit的动用对于其参与实际事务具有促动作用，参见卡尔·勒维特：《与海德格尔的最后一次见面》，载于《回答——海德格尔说话了》，奈斯克等编著，陈春文译，江苏教育出版社，2005年，第140页。

④ Marcuse, *Über konkrete Philosophie*, in: *Schriften* 1, Verlag Suhrkamp 1978, S. 397, 399.

⑤ Heidegger, *Phänomenologie des religiösen Lebens* (GA 60), Verlag Klostermann 1995, S. 63-64.

⑥ Heidegger, *Phänomenologische Interpretationen zu Aristoteles* (GA 61), Verlag Klostermann 1985, S. 33.

⑦ cf. Heidegger, *Wegmarken* (GA 9), Verlag Klostermann 2004, S. 447; Heidegger, *Seminar in Le Thor* 1969, in: *Seminare* (GA 15), Verlag Klostermann 1986, S. 352.

践之间的严格对立其实并不存在;改变世界往往要以解释世界为前提。撇开海德格尔形式显示的思想方法,容易误解海德格尔,以为海德格尔的观点是解释世界更重要。但其实,海德格尔根本就无意于为理论和实践孰为优先的问题作出某种裁决,而只是说,要先有思想指引,然后再作具体实行。

另一方面,确实也可以说,解释世界已然是对世界的某种改变了,这里谈论的是思想活动的自立性,并不是反对实践,更不是取消实践。此种思想逻辑可以参照王阳明的论述:博学、审问、慎思、明辨,这四个阶段已然是行动了,只是还不够深厚,于是才把第五个阶段称作笃行;并不是说前四个阶段不是行动,只有最后一个阶段才是行动。(《传习录》)马尔库塞认为,即使是理论活动,也是对实存的改变,也是某种行动;而且,马尔库塞还将苏格拉底在公共场合与他人的交谈视为介入行动的范例。①实践活动有深浅,有大小,但是,只要量力而行,总是可以"大以成大,小以成小"(《传习录》)。

三、海德格尔:"形式显示"呼吁"具体实行"

本书第 2 节"海德格尔形式显示的出场方式"业已介绍了海德格尔的形式显示:

依据 1983 年出版的海德格尔全集第 29/30 卷,也就是 1929—1930 年冬季学期讲课稿,可以这样概括:"形式显示的概念"(die formale anzeigenden Begriffe)指向个体此在的具体状况,但并不给出内容(Gehalt),而是形式显示(formal anzeigend),只是给出某种显示(Anzeige)或提示(Hinweis),以此呼吁此在在其自身中实行某种改变(eine Verwandlung vollziehen)。② 1986 年伽达默尔读到海德格尔 1921—1922 年冬季学期讲课稿后,对形式显示作了这样的表述:每个人都要个体化地去实行和充实形

---

① Marcuse, *Über konkrete Philosophie*, in: *Schriften* 1, Verlag Suhrkamp 1978, S. 399, 403.

② 参见 Heidegger, *Die Grundbegriffe der Metaphysik. Welt-Endlichkeit-Einsamkeit*(GA29/30), Verlag Klostermann 1983, S. 429-430: Der Bedeutungsgahalt dieser Begriffe meint und sagt nicht direkt das, worauf er sich bezieht, er gibt nur eine Anzeige, einen Hinweis darauf, dass der Verstehender von diesem Begriffszusammenhang aufgefordert ist, eine Verwandlung seiner selbst in das Dasein zu vollziehen.

式显示所显示出来的东西。[①] 从这些文字中可以看出,形式显示有两个步骤:其一,有所显示,显示出某些东西;其二,需要进一步加以充实,加以实行,涉及到改变。于是,笔者将此称作"形式显示的两段法",当然这是两个不可分割的步骤,前一个步骤启发和发动着后一个步骤,而后一个步骤乃是对前一个步骤的充实和完成。用流行的话语来说,它们乃是相辅相成的关系。

在1921—1922年冬季学期讲课稿中,海德格尔不仅介绍了形式显示的两段法(首先显示,然后充实),而且还为这种两段法添加了一组可以震撼整个海德格尔学术界的形容词"非本真的"(uneigentlich)与"本真的"(eigentlich):a)显示出来的东西、具有形式性质的东西,还是非本真的,然而,恰是这个"非"字彰显出了积极的指引。b)要想通往本真的东西,那就要对非本真地显示出来的东西加以遭受和充实。[②] 由此可见,形式显示的两段法固然是不可分割的,但是,其第二个步骤更为要紧。当然,这种重要性的排序丝毫不能影响其两个步骤的相辅相成。形式显示既要有所显示,也要有所充实,但是,就某种意义而言,其重点在充实。当然,在一般情况下,还是要这样说:显示和充实都是至关重要的。形式显示确实要避免两个极端——脱离行动的思想和脱离思想的行动,但是,如果把思想与行动的分离和对立看作一个极端的话,那么形式显示恰好是与之相对的另一个极端。

关于海德格尔形式显示的两段法,我们可以再添加一些支撑性的论述:i. J. V. Buren:"形式显示之实行指引着这一显示在各个个体之自身世界的持续的具体化",此种方法"源自并且返回每个人的具体生活"。ii. R. Streeter:"形式显示可以指引着并且勉励着人们去实行它所指引出来的方向,海德格尔之所以说此在具有形式显示的特征正是此意。"iii. S. Overgaard:形式显示着的诸种概念起初是防御性的和悬空的,但是,"我们需要

---

① 参见 Hans-Goerg Gadamer, *Martin Heidegger's One Path*, in: *Reading Heidegger from the start*, State University of New York Press 1994, pp. 33-34: But when we have immersed ourselves in these things and taken to heart that what formal indication is describing in this way is itself a formal indication, then what was important to Heidegger comes into view: namely, that it remains for each and every one of us to carry out individually our own fulfillment of the thing of which we are given an indication.

② 参见 Heidegger, *Phänomenologische Interpretationen zu Aristoteles. Einführung in die phänomenologische Forschung* (GA61), Verlag Klostermann 1985, S. 33: a) …, dass das, was gesagt ist, vom Charakter des 》Formalen《 ist, uneigentlich, aber gerade in diesem 》un《 zugleich positiv die Anweisung. b) …, dass es, soll es zum Eigentlichen kommen, nur den Weg gibt, das uneigentlich Angezeigete auszukosten und zu erfüllen, der Anzeige zu folgen.

积极地通达我们未来的主题”。iv. L. MacAvoy:“显然,形式显示有两个方面:一方面,形式显示类似于悬空的意向。……在此意义上,形式显示严格而言并非某种方法,它只是某种始点。另一方面,……形式显示不止是这种始点,而且是对此种始点所显示出来的东西的充实和实行”,这是“形式显示更为广阔的意义”。v. M. I. Burch:“在 Kisiel 看来,海德格尔使用的形式显示着的概念引导着我们本真地去承接那种处境并且使之化为己有。这就是形式显示的实践智慧方面(phronetic aspect)。……在 Kisiel 看来,形式显示就是海德格尔用来激励我们如此作为的工具”。①

与此同时,本书第 3 节“海德格尔形式显示的实践论述”业已提到海德格尔实存哲学的形式显示特征:

亚里士多德不以普遍的道德法则去考量经验的和质料的道德行为,而是致力于揭示道德行为与其具体处境的密切关系。亚里士多德将伦理德性规定为适度之品质,这是一种普遍的规定或普遍的原则。然而,光有这条普遍原则还是远远不够的,毋宁说,要“在适当的时间、适当的场合、对于适当的人、出于适当的原因、以适当的方式”,才能做到适度和体现出伦理德性;“这些并不是每个人都做得到或容易做得到的”。②亚里士多德对于伦理政治实践的这种姿态,乃是由于他对伦理政治事务之特性给予了充分的考虑和充分的尊重。他说:“实践关乎那些具体的事例,我们的理论也必须同这些事例相吻合”;伦理政治领域的具体事务,并没有什么确定不变的东西,谈不上什么确定的技艺和法则,就像医疗和航海那样,需要因地制宜,因而相关的论述只能是概略的,不可能很精确。也就是说,伦理政治事务的不确定性,决定了有关伦理政治事务的学问亦即实践哲学的概略特征。在亚里士多德这里,实践哲学具有概略特征,这种特征乃是与其对象相符合的,乃是实事求是的,并非什么缺陷,关键在于依循着这种概略的论

① John Van Buren, *The Ethics of Formale Anzeige in Heidegger*, American Catholic Philosophical Quarterly, vol. LXIX, No. 2, 1995, p. 168; R. Streeter, ‘*Heidegger’s Formal Indication: A Question of Method in Being and Time*, Man and World, vol. 30, 1997, p. 427; Søren Overgaard, *Being There: Heidegger’s Formally Indicative Concept of Dasein*, The New Yearbook for Phenomenology and Phenomenological Philosophy, vol. 5, 2005, p. 151; Leslie MacAvoy, Formal Indication and the Hermeneutics of Facticity, Philosophy Today, vol. 54, 2010, p. 86; Matthew I. Burch, *The Existential Sources of Phenomenology: Heidegger on Formal Indication*, European Journal of Philosophy vol. 21-2, 2011, p. 260. 这几篇论文在标题上就明确提到了形式显示。

② 亚里士多德:《尼各马可伦理学》,廖申白译,商务印书馆,2003 年,第 47、55 页。

述进行亲自的实践，而不是满足于空谈。①

关于亚里士多德模式，海德格尔给予了更多的关注，具体表现在三个字语上："处境"、"适度"和"时机"。首先，人的实践总是处在各个不同和具体多样的处境中。这里的"处境"（Lage、Situation）包括：特定的事物、特定的方式、特定的时间和特定的人物。②如此这般的处境乃是变动不居的，正是实践活动需要首先加以斟酌的。其次，由于人的实际生活是变动不居、各个不同和具体多样的，所以，无法以一种"一劳永逸的绝对标准"（einmalige und abstrakte Norm）去应对人的实际生活；亚里士多德将伦理德性刻画为"适度"（meson），正是考虑到人生实存的具体多样性。③最后，亚里士多德的"适度"首先考虑的乃是"时机"（kairos）④，"时机"意味着"对瞬间的观看"（Augen-Blick），意味着审时度势和"相时而动"（Zeitlichkeit）。⑤ 可以说，海德格尔注意到了亚里士多德模式的优势：对于变动不居和具体多样的实际生活给予了充分的尊重；要想做到"适度"，务必要考虑诸种"处境"或"时机"，进而采取"相时而动"的姿态。

莱瑟（F. Rese）察觉到，海德格尔《存在与时间》与亚里士多德《尼各马可伦理学》在方法上具有相似性：后者主张，研究的精确程度应当与其研究的对象相一致，因而，伦理学不应追求过度的精确性，毋宁说，应当满足于概略性（Grundrisscharakter）；前者也只是给出了人生此在的基本结构，并未对人生此在作事无巨细的规定。⑥ 关于亚里士多德伦理学的"概略性"，赫费（O. Höffe）论述得更为详尽："概略之论述意味着一种限制。它没有达到对事物的全面认识，没有把握到事物的全部形态，而只是把握到了其基本形式。运用到伦理学上，这就意味着：哲学无法在具体和个体现实上认识伦理行为，毋宁说，只能在其核心（Kern）或基本特征上认识伦理行为。

① 亚里士多德：《尼各马可伦理学》，廖申白译，商务印书馆，2003 年，第 49、38、42 页。

② 参见 Heidegger, *Platon: Sophistes* (GA19), Verlag Klostermann 1992, S. 146-147.

③ 参见 Heidegger, *Grundbgriffe der aristotelischen Philosophie* (GA18), Verlag Klostermann 2002, S. 186, 185.

④ 参见 Heidegger, *Grundbgriffe der aristotelischen Philosophie* (GA18), Verlag Klostermann 2002, S. 180.

⑤ 参见 Heidegger, *Platon: Sophistes* (GA19), Verlag Klostermann 1992, S. 163-164; Heidegger, *Sein und Zeit* (EA), Verlag Max Niemeyer 2006, S. 338; Heidegger, Die *Grundprobleme der Phänomenologie* (GA24), hrsg. von F.-W. v. Herrmann, Verlag Klostermann 1975, S. 409.

⑥ Friedrike Rese, *Handlungsbestimmung vs. Seinsverständnis. Zur Verschiedenheit von Aristoteles' Nikonachischener Ethik und Heideggers Sein und Zeit*, in: *Heidegger und Aristoteles*, Verlag Karl Alber 2007, S. 173-174.

任何深入的要求都是哲学无法满足、无法实现的";"与理论哲学一样,伦理学也在追求可控制的、普遍的、必然的知识。但是,伦理学同时知道,它的这般追求绝不能完全赶得上事物。因此,伦理学必定是概略科学(Grundriss-Wissenschaft)"。①只不过,赫费没有将亚里士多德的"概略性"与海德格尔联系起来,莱瑟虽然将亚里士多德的概略性与海德格尔《存在与时间》的论述风格联系了起来,但是,她没有意识到《存在与时间》的此种风格正是海德格尔"形式显示"②的生动体现。

以形式显示来阐释海德格尔与实践哲学的关联,其实已经有人在做了:魏格特(C. Weigelt)这样说:"哲学不可能是关于伦理学的精确理论,这是因为,在海德格尔看来,个体的抉择不可能是理论的直接推论,个体的抉择必定牵涉着更多的东西,远远超出理论能够言说的范围";"哲学只能形式显示某些可能,其精确的内容要保持悬而不定。这就是说,如若人们认为,伦理学研究可以向我们给出用以解决道德问题的稳固不变的原则,那么人们就是在强暴作为现象学和彻底追问的哲学。关于人生实存基本可能性的哲学分析与个体对这些可能性的具体实行这二者之间始终是有距离的;任何理论都不能消除这个距离,毋宁说,这个距离要靠个体生命的个体抉择来解决,为其形式的或敞开着的可能性赋予特定的内容"。③

借助赫费、莱瑟和魏格特的相关论述,并且参照我们刚才提到的伽达默尔和马尔库塞的相关论述④,我们注意到,海德格尔的"形式显示"方法与亚里士多德的概略方法具有惊人的相似性。这种相似性不完全是历史的巧合,很可能来自海德格尔对亚里士多德思想精髓的参悟——"普遍不离个别","通式不自外于万有"⑤。从海德格尔讨论过的亚里士多德文本来看,海德格尔接触到了亚里士多德的"适度"(meson)和"时机"(kairos),这些字语与亚里士多德的概略方法具有密切关联。1936—1938 年间,海德格尔曾有这样的论述:自然科学是精确的,乃是因为自然科学的题材在

① Otfried Höffe, *Praktische Philosophie-Das Modell des Aristoteles*, Akademie Verlag 1996, S. 110-112.

② 参见海德格尔:《形式显示的现象学》,孙周兴编译,同济大学出版社,2004 年,第 65—75 页以及"编者前言"第 1—21 页。海德格尔"形式显示"的立言宗旨:思想不应为行动提供普遍主义的规定,而应作方向性指引,行动当在此指引下展开具体实行。

③ Charilotta Weigelt, *The Logic of Life. Heidegger's Retrieval of Aristotle's Concept of Logos*, Almqvist & Wiksell International Press 2002, S. 48-49, 44-47, 149-150.

④ 伽达默尔和马尔库塞并没有听到海德格尔有关形式显示的课程,不过,伽达默尔后来看到了海德格尔有关形式显示的讲稿的出版。

⑤ 亚里士多德:《形而上学》,吴寿彭译,商务印书馆,1997 年,"译后记",第 391 页。

数量上是可测算的，此乃自然科学的严格；然而，精神科学若要成为严格的，就必须是不精确的，这并不是精神科学的缺陷，恰好是其优点。①据此判断，海德格尔很可能注意到了亚里士多德的概略方法，尽管我们并没有直接的证据。可以说，海德格尔是要告诉我们：实际生活是变动不居和具体多样的，我们应当采取相时而动的应对姿态，切勿执着于以某种一劳永逸的、普遍有效的现成规范来应对变动不居的实际生活；不要满足于泛泛的空谈，毋宁说，要在概略论述的形式指引下，积极展开个体此在的具体实行。

§ 18 黑格尔版实存哲学与实存哲学的运行机制

众所周知，黑格尔早已使用过 Dasein 和 Existenz 两个字语。关于定在（Dasein），他是这样规定的："某物由于其自己的质，首先是有限的，其次是变化的，因此，有限性与变化性都属于某物的本质。"由此可见，定在（Dasein）具有两个方面的规定性，有限性（Endlichkeit）和变化性（Veränderlichkeit）。有关定在的这两种规定，虽然看似朴素，但是，可以说是黑格尔相关论述的基础和纲要。由此可见，有限性或者限度，对于定在而言，发挥着积极的作用。但是，根据黑格尔，这还只是事情的一个方面。进一步而言，"限度"一方面意味着定在的实在性，另一方面意味着对定在的否定。定在本身就包含着固有的内在矛盾，这种内在矛盾促使定在不断地超出自己，这就是说，定在本身由于包含着内在矛盾因而就潜在地包含着变化，其后的变化只是将原本就有的内在矛盾表现了出来。②关于实存（Existenz），他是这样规定的："实存是自身反映与他物反映的直接统一。实存即是无定限的许多实存事物反映在自身内，同时又映现于他物中，所以它们是相对的，它们形成一个根据与后果互相依存而且无限联系的世界"；在这个世界中，"一切都显得只是相对的，既制约他物，同时又为他物所制约，没有什么地方可以寻得一个固定不移的安息之所"。③

① 海德格尔：《哲学论稿》，孙周兴译，商务印书馆，2012 年，第 157—158 页。

② 黑格尔：《小逻辑》，贺麟译，商务印书馆，2014 年，第 204—206 页；德语原文 Etwas ist durch seine Qualität erstlich endlich und zweitens veränderlich, so daß die Endlichkeit und Veränderlichkeit seinem Sein angehört., Hegel, *Enzyklopädie der philosophischen Wissenschaften I*（Werke 8）, Verlag Suhrkamp 2013, S. 196-197.

③ 黑格尔：《小逻辑》，贺麟译，商务印书馆，2014 年，第 267—268 页，德语原文 In diesem bunten Spiel der Welt als des Inbegriffs des Existierenden zeigt sich zunächst nirgends ein fester Halt, alles erscheint hier nur als ein Relatives, bedingt durch Anderes und ebenso Anderes bedingend, Hegel, *Enzyklopädie der philosophischen Wissenschaften I*（Werke 8）, Verlag Suhrkamp 2013, S. 252-253.

再看海德格尔对于Dasein和Existenz这些字语的使用。在他看来,此在(Dasein)的本质乃是其去存在(Zu-sein),而且,此在总是我的此在。前一特征可以称作实存(existentia)先于本质(essentia),而后一特征被海德格尔称作向来我属性(Jemeinigkeit)。①海德格尔用"去存在"(Zu-sein)刻画此在(Dasein),并且用"实存"(Existenz)来称呼此在的存在,意在将此在之存在和现成事物之现成存在(Vorhandensein)加以区分。②在这里,海德格尔使用的词语有:去存在、实存、并非现成。不妨举例说明:人们在谈论桌子、椅子、树木之类的事物时,总是会说:这是……,也就是表达出这一事物的诸种属性(Eigenschaften),诸种言说方式就是讲出事物的所谓本质(essentia);与此相反,"去存在"(Zu-sein)或"实存"(Existenz)并不揭示此在的诸种属性,并不揭示此在的所谓本质,而是意指此在存在的诸种可能方式(mögliche Weisen zu sein)或者说"可能性"(Möglichkeit),因为还有这样的表述:"此在总是其可能性(Dasein ist je seine Möglichkeit)。"③可以这样说:用来刻画此在之存在的"去存在"和"实存"区别于"是什么"和"本质",而另一种刻画方式"非现成存在"则可以表述为"可能性"。

另一方面,海德格尔提出了此在的另一规定:此在总是我的此在,亦即此在的"向来我属性"(Jemeinigkeit)。最初提出这一规定时,海德格尔的出发点看起来是比较客观中立的,因为"向来我属性"似乎是对"非现成性"的进一步说明。为此,他提道:"此在永远不可能从存在论上被把捉为某种现成存在者族类中的一员和样本(Dasein ist daher nie ontologisch zu fassen als Fall und Exemplar einer Gattung von Seiendem als Vorhandenem.)。"④如果仅仅从知识论上看,这一点是毫无疑问的,此在——用来刻画我们这种存在者,肯定是各个不同的,毋庸置疑具有个别性或个体性。事实上,从知识论的角度,不仅此在这种存在者是各个不同的,一切事物包括自然物都是各个不同的(没有两个完全相同的苹果,没有两张完全相同的人民币,……),除非人们在特定的工作程序中故意忽略诸种同类事物之

① Heidegger, *Sein und Zeit* (EA), Verlag Max Niemeyer 2006, S. 42-43.

② 海德格尔知道,拉丁文existentia差不多就意味着现成存在,因而并不适合用来传达此在的存在,但是,这种历史包袱实际上被海德格尔置之不理了:他原本是要用德语的Existenz来称呼此在之存在,但是往往也用到拉丁文的existentia,比如他提到der Vorrang der 》existentia《 vor der essentia,因此,我们姑且不管这个词语的历史负担,只需知道,海德格尔所讲的此在之存在乃是并非现成的存在。

③ Heidegger, *Sein und Zeit* (EA), Verlag Max Niemeyer 2006, S. 42.

④ Heidegger, *Sein und Zeit* (EA), Verlag Max Niemeyer 2006, S. 50.

异质性。

一、黑格尔与实存哲学的另一版本

海德格尔为此在添加的第二规定并不仅仅是知识论意义上的(或者说是逻辑学意义上的、通常而言的存在论意义上的),而是带有人类生存的意味——这种意味可以被解读为伦理学或政治学的意味,尽管海德格尔自己多次声明他这些论述并不是在伦理学乃至政治学的层面上进行的。因为,海德格尔提出了某种现在看来有些奇特的区分:此在具有本真和非本真两种存在样式(beiden Seinsmodi der Eigentlichkeit und Uneigentlichkeit)。尽管海德格尔从一开始就表示,他无意于贬低"非本真状态",还说人们之所以会失去自身还是因为首先能够拥有自身亦即能够处在本真状态中①,但是,由于《存在与时间》第25—27节特别刻画了此在于"常人"(das Man)中的沉沦(Verfall)②,所以,在许多读者看来,海德格尔很明显地传达出了本真与非本真的对立、此在和他人的对立。不错,海德格尔确实表示:此在同样源始地处在本真和非本真之中,但是此类表态或者遭到忽略,或者遭遇另一番执着的理解:确实如此,不过,这只是在陈述某种事实,而海德格尔的态度仍然是呼吁本真性。

如若比较海德格尔和黑格尔有关Dasein的规定,可以发现海德格尔与黑格尔在格调上确实存在着差异,——哲学家多半是相当聪明的,在行文中会留有余地,所以,无论面对怎样的批评,总是可以使自己的文本自圆其说并且保持某种全面的和超然的姿态。黑格尔所讲的Dasein这一阶段尚且不是意指我们人类,而是首先意指万事万物;在讲到"自为存在"以及"实存"的时候,开始意指人的存在了,但是,他所讲的Dasein的两个规定——有限性和变化性,作为万事万物的一般规定,同样适用于人的存在,也就是说,有限性和变化性同样可以在人类那里得到表现。我们意在说明,无论是黑格尔的Dasein还是海德格尔的Dasein,其实都可以用Zu-sein加以刻画,都可以说是有待存在、有待展开的东西。因而,Dasein无论是在黑格尔那里,还是在海德格尔那里,都包含着变化性(Veränderlichkeit)。在黑格尔那里固然不用说,在海德格尔那里,此在既要区别于现成事物,那么此在就必须有所变化。在海德格尔阐释亚里士多德的时候,喜欢使用"动变"(Bewegtheit)等词汇来刻画人生的变化;此在的沉沦也是一种动变,

① 参见Heidegger, *Sein und Zeit* (EA), Verlag Max Niemeyer 2006, S. 42-43.

② 参见Heidegger, *Sein und Zeit* (EA), Verlag Max Niemeyer 2006, S. 113-130.

只不过,人们要借助哲学去抵制沉沦,也就是说,要实施某种反向动变(Gegen-Bewegung);尽管海德格尔表示,此在同样源始地处在本真和非本真状态之中,但是,他确实谈到了对于沉沦之抵制,而所谓沉沦又是在所谓常人中的沉沦。①此种论述给人的感受是,海德格尔始终还是更加偏向所谓本真性。而黑格尔则大不相同,黑格尔总是劝说我们要和他人相适应,黑格尔的"实存"概念就含有这层意思。②

《存在与时间》字里行间还是流露出了本真与非本真这一区分对于本真的执着。共在首先与通常的样式是残缺而冷漠的样式,这是日常共处的特点;当然,本真的共在还是有的;诚然,沉沦与本真实存并非隔绝,而是在日常生活中做出改变调整就可以实现的状态;而且,沉沦并不是从某种高级状态沦落而来的,并不意味着此在的黑暗面,并不意味着此在在人性上的堕落,而是此在的本质性结构,组建着此在的日常状态,乃是存在论上的动变概念。③但是,海德格尔至多只是告诉我们,本真与非本真乃是不可隔绝、并非断裂的,而他流露出来的思想倾向则是:本真性更加优越于非本真性。

而黑格尔的风格则是致力于论述自己与别人的互相联系,个人与国家的互相联系。一方面是自己、个人、特殊性、特殊利益,另一方面是别人、国家(或社会)、普遍性、普遍目的。两个方面互相联系,谁也离不开谁,两个方面的利益要兼顾。似乎牵涉两种视角,微观个体与宏观国家两种视角,这些视角都被黑格尔谈到了,于是,黑格尔哲学占据了理论高度,多角度全方位地审视着整个世界。④不过,多角度和全方位并不意味着对单一角度和单一立场的摒弃。毋宁说,事物作为定在,必须坚持自己的有限规定。诸如谈到紧急避难的权利,在危及生命的紧急情况下,做出某些不合尺度

① 参见本书第三章第7节有关潜能、实现和动变的阐释。

② 参见黑格尔:《法哲学原理》,范扬、张启泰译,商务印书馆,2014年,第197、207页。

③ 参见 Heidegger, *Sein und Zeit* (EA), Verlag Max Niemeyer 2006, S. 118-151, 167-180.

④ 黑格尔提到,雅典的政制经过从梭伦到伯利克里的发展,能够使个体性与共同体保持和谐一致,个体性得到了自由发展,参见黑格尔:《哲学史讲演录》第1卷,贺麟、王太庆译,商务印书馆,2014年,第382—383页;黑格尔在论述普遍性对于特殊性之促进时,以纳税和警察为例,这就表明这种哲学乃是国家哲学,作为国家哲学,《法哲学原理》当然致力于劝诫或劝善,从好的方面立论立言,使人看到好的方面,参见黑格尔:《法哲学原理》,范扬、张启泰译,商务印书馆,2014年,第198、237、258—259页。在现代社会中,特殊性与普遍性的互相联系和互相促进,可以在同业公会中表现出来,参见黑格尔:《法哲学原理》,商务印书馆,2014年,第251页;个人要对国家尽义务,同时也要享有权利;国家的普遍性和个人的特殊性乃是同样本质性的:个人在履行义务时,必须要找到自己的利益;特殊利益不应遭到压制,而应与普遍性符合一致,参见黑格尔:《法哲学原理》,商务印书馆,2014年,第261—263页。

的行为,归根结底乃是合乎理性的;再比如,谈到对外殖民和对外战争时,黑格尔给出了积极的评价,这是国家哲学,总要以一个国家的特殊利益作为考虑问题和采取行动的角度和立场(Standpunkte)。但是,与此同时,黑格尔哲学还告诉人们,凡事要有所专注,要立足于有限之定在,但是,却也不可趋向极端。自己面对别人,国家面对别的国家,诚然可以主张自己的权利,考虑自己的特殊利益,这是毋庸置疑的;但是,另一方面,一个自己,或一个国家,也要考虑其他的方面,也要顾及其他的自己或其他的国家的利益,否则,双方在恪守各自利益时会总走向冲突,甚至走向毁灭,这种情况就是黑格尔所讲的悲剧性。①

或许可以这样说:海德格尔在区分本真与非本真,谈论非本真与本真之间的双向动变时,仍然流露出了对于本真的顾念。而黑格尔有关自己和别人以及个人与国家的论述,则可以理解为:自己与别人实际上乃是多个自己、所谓"群己",互相联系和互相促进才是良好状态。严格而言,不存在自己与别人的对立,毋宁说只存在这个自己和那个自己之间的对立,各有正当性和合理性,各自利益应当得到兼顾。处理得好,互相促进,互相提高;处理得不好,互相冲突,甚至于互相毁灭。海德格尔所讲的 Dasein 与 andere 的关系,应当是这个 Dasein 与那个 Dasein 的关系。倘若仅仅把自己当作 Dasein,而把别人当作 andere,则是从概念上就否定了别人的有限存在、定在,亦即从概念上否定了别人的合理性和正当性,并且否定了别人的特殊利益。

由于黑格尔也使用 Dasein 和 Existenz 这两个词语②,于是,不妨把黑格尔的相关思想称作"实存哲学"(Existenzphilosophie)。只不过,黑格尔版的实存哲学在风格上区别于海德格尔版的实存哲学。靳希平教授提到过"人生现象学",人生现象学是某种人生哲学;冯友兰曾写过一本书,就叫作

① 关于紧急避免权、对外战争和限定自身的合理性说明,参见黑格尔:《法哲学原理》,范扬、张启泰译,商务印书馆,2014 年,第 130、247、341、24 页;关于黑格尔对悲剧性的解释,参见张振华:《试论黑格尔〈安提戈涅〉解释》,《同济大学学报(社会科学版)》,2007 年第 4 期,第 1—6、13 页。

② 关于 Dasein 和 Existenz 的翻译,参见贺麟的提法:"定在指存在于特定地方、时间,有特定的质和量的特定存在,一般译作定在;实存指有根据的存在或实际存在,简称实存。"黑格尔:《小逻辑》,贺麟译,商务印书馆,2014 年,第 247 页;

《人生哲学》。①所谓实存哲学,其实就是人生哲学。只不过,无论是黑格尔版的,还是海德格尔版的实存哲学,都包含着诸种"概念"(Begriffe)和"逻各斯"(Logos),都是某种带有抽象性的或者说理论性的实存哲学或人生哲学。但是,这种哲学其实只是在思想风格和言说风格上显得抽象,就其论题和意义来说,都指向着人的生活、人的实存,并且对于人生实存发挥着引导和劝诫的作用。

由于这种实存哲学也是某种逻各斯,所以不可避免地带有形式指引的特征。在海德格尔那里,这种形式指引表现为,个体此在要在变动不居的具体处境中进行瞬间观看,展开相时而动的具体实行。当然,与黑格尔相比,海德格尔的论述在内容性上显得有些欠缺。在黑格尔那里,形式指引的特征特别表现为,人们要根据具体处境来决定某一时刻某一事情上到底是要坚持自己的权利还是更多地顾及别人的感受,——总体而言,当然是要兼顾各个方面,但是就某一时刻某一处境而言,坚持有限的存在,乃是合乎理性的。在这里,事关宏旨的乃是视角转换或视角选取的瞬间观看和相时而动。至于行动或实践的呼吁,在黑格尔那里有很明显的流露:例如关于志向和实行,要立大志,也要能实行;其次,"内"必须表现于"外",如此才是真正拥有"内";再者,以亚历山大举例说明思辨哲学对于实践的作用。②

二、伽达默尔与实存哲学的另一格调

伽达默尔具有很深的黑格尔哲学研究背景,从他的文本论述中可以看到黑格尔哲学观念的印记。这里介绍一下伽达默尔对于启蒙的看法。③本书第 11 节"阿伦特和伽达默尔:实存哲学的两种格调"业已提到:

在伽达默尔看来,"启蒙运动的普遍倾向就是不承认任何权威,并把一切都放在理性的审判台面前";理性取代权威,取代传统,成为真理的唯一源泉;康德在《何谓启蒙》就提出了启蒙的口号:大胆使用你自己的理智。

① 参见靳希平:《〈存在与时间〉的缺爱现象——兼论〈黑皮本〉的"直白称谓"》,《世界哲学》2016 年第 5 期,第 20—28 页;冯友兰:《人生哲学》,广西师范大学出版社,2005 年,该书的内容简介这样写:"以人生哲学为切入点,对中国古代哲学、西方古典哲学以及欧美现代哲学等都提出自己的真知灼见。"

② 参见黑格尔:《法哲学原理》,范扬、张启泰译,商务印书馆,2014 年,第 128 页;黑格尔:《小逻辑》,贺麟译,商务印书馆,2014 年,第 295 页;黑格尔:《历史哲学》,王造时译,上海世纪出版社集团,2006 年,第 253—254 页;黑格尔:《哲学史讲演录》第 2 卷,贺麟、王太庆译,2014 年,第 287 页。

③ 可以参考何卫平:《伽达默尔与启蒙反思》,何卫平:《理解之理解的向度》,人民出版社,2016 年,第 256—284 页。

这里暂且不提康德论述启蒙的诸种意蕴,姑且依据伽达默尔的论述过程介绍伽达默尔的理解。在伽达默尔看来,如此这般的启蒙运动实际上是从原则上否定了前见。为此,他呼吁,要为前见恢复名誉,要让人们认识到前见的合理性。在他看来,前见可以分为两类:其一,由于他人的权威而导致的前见,人们觉得权威是正确的,从而没有有意识地使用自己的理性;其二,由于人们自己的过分轻率而导致的前见,人们没有使用正确的方法从而产生了相应的前见。面对这两类前见,需要分别对待:由于轻率而导致的前见,我们必须加以克服,这一点是毫无疑问的。但是,由于权威而导致的前见,却不能笼统地加以全部排斥;因为,"如果权威的威望取代了我们自身的判断,那么权威事实上就是一种偏见的源泉。但是,这并不排除权威也是一种真理源泉的可能性"。①这就是说,由于权威而导致的前见,有可能会导致错误的认识,但是,权威意见之为权威意见,多半还是正确的。

通常而言,权威与服从有着不可忽视的关系,而且,"拒绝权威"和"拒绝服从"有可能具有某种反对专制和反对独断的伦理政治意蕴,这些反对与启蒙运动以来理性和自由的价值观念保持一致。但是,伽达默尔大声疾呼:命令—服从,并不是权威的本质,尽管这些东西确实与权威有关系;毋宁说,权威的本质在于某种承认和认可,亦即"承认和认可他人在判断和见解方面超出自己,因而他的判断领先,即他的判断与我们自己的判断相比具有优先性"。在权威的存在方式中,确实存在着命令和服从,但是,权威的来源和基础乃是他人的承认和认可,因而可以说,权威的基础乃是自由和理性,并不是盲目和无理性。伽达默尔甚至这样表述:"因为上级具有更完善的知识,所以理性才从根本上认可上级有权威。"②

当然,伽达默尔从前见出发为权威正名的努力,主要是在诠释学的层面上进行的,是在理论层面上,并不意味着伽达默尔是在为某个特殊的权威制度或权威人物进行正当性的辩护。他在相关论述的脚注还提到:Die Partei[oder der Füher] hat immer Recht(与德国纳粹时期的政治口号有关)之所以是错误的,并不是因为它要求领导的优越性,而是因为它服务于压制批评的权力运作。伽达默尔还提及他与哈贝马斯的相关争论,提及哈贝马斯主编的论文集《诠释学和意识形态批判》以及伽达默尔自己的讲演《论权威和批评自由的关系》;此外,他还有一个专门的表态:Wahre

① Hans-Georg Gadamer, *Hermeneutik I* (GW1), Verlag Mohr Siebeck 1999, S. 276, 282, 283.

② Hans-Georg Gadamer, *Hermeneutik I* (GW1), Verlag Mohr Siebeck 1999, S. 284

Autorität braucht nicht Autoritär aufzutreten，真正的权威并不需要独裁者出现。①真正的权威，并不需要独裁者，这就是说，真正的权威要兼容对于权威的批评，这方面可以参考修昔底德和普鲁塔克笔下伯利克里的人物形象。

伽达默尔从前见出发不仅致力于说明权威的正当性，而且致力于说明传统的正当性。传统乃是由于流传和习俗而形成的，可能并未成文，但是具有权威性，而且是无需经过证明就有的那种有效性。当受教育者年纪成熟并且拥有了智慧，他们开始运用自己的独立见解，但是，这种所谓的独立并不意味着他们能够“摆脱一切习俗和传统”；于是，在伽达默尔看来，传统和理性并不存在绝对的对立，毋宁说，理性总是植根于传统的基础之上。②在某一次访谈中，伽达默尔也提到，大学教师们可以传授知识，但是可能无力于培养年轻人的性格，因为在年轻人进入大学之前，他们已经受到习俗和传统的影响而形成了各自的性格，已经有了相应的前见，而大学教师们要想使学生们逾越其自身的诸种前见，那并不是一件容易的事情；因而，在古代作家诸如柏拉图和亚里士多德那里曾经多次强调，良好的法律和社会习俗对于青少年的健康成长和性格培养具有非常重要的作用。③

伽达默尔提到，“公元前5世纪，演说与论证的新兴技艺迷惑了当时大批生机勃勃富有修辞天赋的雅典青年，但它确实缺少言语和行为的多立克式和谐(dorische Harmonie)”④。在这里，伽达默尔想说，随着智者运动的发展，论辩术出现并走向了兴盛，这给人们造成了许多困惑，人们可以轻而易举地反驳许多东西，有可能因此失去了行动的根据和方向，导致人们只是沉湎于论辩(logos)，却忽略和遗弃了实际生活应有的行为(ergon)；当然，这并不局限于当时的雅典，毋宁说可能出现在任何时代，sophistik始终与哲学相伴随。⑤伽达默尔指出，苏格拉底之死给柏拉图造成了巨大的影响，他对苏格拉底相当崇拜，并且将其当作自己的榜样，但就是这样一个人

---

① Hans-Georg Gadamer, *Hermeneutik I* (GW1), Verlag Mohr Siebeck 1999, S. 284. 洪汉鼎先生译文为“真正的权威并不需要权威者出现”，可能不太确切：有权威，却没有权威者，这样讲比较费解。毋宁说，更加确切的理解是：真正的权威，却没有独裁者；Autoritär 这个词语的意义主要偏向于贬义。

② 参见 Hans-Georg Gadamer, *Hermeneutik I* (GW1), Verlag Mohr Siebeck 1999, S. 285-286.

③ 参见陈郑双：《三位现代思想家之友爱》，载于柏拉图：《吕西斯》译疏，陈郑双译疏，华夏出版社，2014年，第162—163页。

④ Hans-Georg Gadamer, *Griechische Philosophie II* (GW6), Verlag Mohr Siebeck 1999, S. 171-172.

⑤ Hans-Georg Gadamer, *Griechische Philosophie II* (GW6), Verlag Mohr Siebeck 1999, S. 172.

却被判处死刑，原因竟然是“他用诡辩（Sophistik ）这种新式技艺腐蚀青年”，因而，“柏拉图全部伟大作品的使命就在于说明，苏格拉底这个不得不饮下毒酒的人并不是智者”。①

在伽达默尔看来，亚西比德（Alcibiades）②这一人物形象正好构成了与苏格拉底形象的对照：“或许亚西比德不懂热爱，因为他始终只是希望被热爱，正因为如此这个大有希望的人后来却变成了雅典的 home fati（致命的敌人），无论如何，亚西比德乃是苏格拉底所遭遇到的一个巨大的挫败。他最终甚至要为伯罗奔尼撒战争中雅典的败落负责，这在柏拉图的读者那里乃是众所周知的事情。”③伽达默尔这里的评论非常精辟——或许亚西比德不懂热爱，因为他始终只是希望被爱，确实，当遭遇到不公正的待遇时，亦即不被热爱时，亚西比德就背叛了自己的母邦，而苏格拉底则选择了承受；前者的逻辑是，如若你不热爱我，那么我也不热爱你，而后者的逻辑则是，即使你不热爱我，我仍然热爱你，而且仍然服从你。这样看来，苏格拉底显得更加懂得热爱。

伽达默尔表示，即使苏格拉底提供了灵魂不朽的证明，仍不能使人们得到完全的确信；人们对于死亡仍然有畏惧，对于灵魂不朽仍然有怀疑，不能保持完全的宁静；“人们终其一生在这样一个问题上都可能得不到确定，但是，人们应当在其自身的伦理实践和社会实践中如此表现，好像人们已经知道，他们将在哈德斯的诸神那里得到良善的接纳。我们所有人都应该如此表现。……无论如何人们在其生活中都要这样表现，使他们的生活看起来是良善的和正确的”；而且在《斐多篇》结尾，苏格拉底当时已经四肢僵硬了，还对自己的朋友说，一定要为 Aaskulap 献祭一只公鸡；这一结尾被人们挖掘出了某种深意：“再次表明，苏格拉底谨慎地顺从着那种通过风俗和伦理而被神圣化了的传统”，虽然苏格拉底总是一再表示他是某种无知者。④这再次表明，苏格拉底注重 logos 与 ergon 亦即言行的和谐，不因 logos 之过度膨胀、误用和滥用，而忽略对于日常伦理的遵循和恪守。

---

① Hans-Georg Gadamer, *Griechische Philosophie II* (GW6), Verlag Mohr Siebeck 1999, S. 172.

② 可以参考樊黎：《哲学教育为什么失败——以阿尔喀比亚德为例》，《湖南师范大学教育科学学报》2016 年第 4 期，第 41—46 页；刘艳侠：《德性之教的艰难——以苏格拉底对阿尔喀比亚德的教育为例》，《湖南师范大学教育科学学报》2017 年第 3 期，第 13—19 页；魏朝勇：《爱国、虔敬与正义——阿尔喀比亚德与苏格拉底的选择》，《中山大学学报（社会科学版）》2018 年第 1 期，第 137—144 页。

③ Hans-Georg Gadamer, *Griechische Philosophie III* (GW7), Verlag Mohr Siebeck 1999, S. 244.

④ Hans-Georg Gadamer, *Griechische Philosophie III* (GW7), Verlag Mohr Siebeck 1999, S. 239.

三、实践教化与形式显示的实存哲学

伽达默尔在《真理与方法》谈到“教化”(Bildung)①时,所依循的就是黑格尔哲学,而且,他认为黑格尔关于“教化”作出了相当精辟的阐释。伽达默尔的相关表述可以概括为以下几个方面:首先,人之为人,人按其本性,就不是其直接性和本能性——用《小逻辑》的风格来说,人作为有限存在、定在,其直接性和本能性并不符合其本性,因此,人需要教化(Bildung);其次,教化(Bildung)的使命就是使人脱离其直接性和本能性、个别性和特殊性,从而走向普遍性和精神性——在这里,“直接性”意指欲望的直接性、个人需求和私人利益的直接性;最终,教化要实现何种境界呢?教化——在黑格尔那里包括理论性的和实践性的,使人“学会容忍异己的东西,接受普遍的观点”,“不带个人私利地去把握事物”;受过教化的人,就会形成某种普遍的感觉(ein allgemeiner Sinn),亦即所谓的共同感(sensus communis)。②就此而言,黑格尔的相关思想,尽管从方法上可以称作“辩证哲学”,但是从内容上说,由于关系到伦理和政治等领域,所以,他的相关思想可以叫作“实践哲学”,伽达默尔有关实践哲学的论述显然就受到了黑格尔实践哲学的影响。当然,在这里,为了和海德格尔哲学进行对照,我们愿意将黑格尔的相关思想叫作“黑格尔版的实存哲学”。

黑格尔论述实践性教育(praktiche Bildung)时涉及“劳动”和“任性”:“实践教育首先在于使做事的需要和一般的勤劳习惯自然地产生;其次,在于限制人的活动,即一方面使其活动适应物质的性质,另一方面,而且是主要的,使人能适应别人的任性;最后,在于通过这种训练而产生客观活动的习惯和普遍有效的技能的习惯。”③人们在劳动中可以得到陶冶(bildet)④,“陶冶”这是《精神现象学》汉译本当时的翻译,实际上就是教育或教化;不过,《精神现象学》的相关论述使用了主人和奴隶等思想元素,这些元素对于恰当理解黑格尔的思想可能有妨碍作用。相比之下,《法哲学原理》的

① 可以参考何卫平:《伽达默尔的教学解释学论纲》,何卫平:《理解之理解的向度》,人民出版社,2016年,第174—198页。

② 伽达默尔:《真理与方法》,洪汉鼎译,商务印书馆,2007年,第22—25、29—30页。

③ 黑格尔:《法哲学原理》,范扬、张启泰译,商务印书馆 2014年,第209页。德语原文:Die praktische Bildung durch die Arbeit besteht in dem sich erzeugenden Bedürfnis und der Gewohnheit der Beschäftigung überhaupt, dann der Beschränkung seines Tuns, teils nach der Natur des Materials, teils aber vornehmlich nach der Willkür anderer, und einer durch diese Zucht sich erwerbenden Gewohnheit objektiver Tätigkeit und allgemeingültiger Geschicklichkeiten, Hegel, *Grundlinien der Philosophie des Rechts* (Werke 7), Verlag Suhrkamp, S. 351.

④ 参见黑格尔:《精神现象学》,贺麟、王玖兴译,商务印书馆,1996年,第122—132页。

相关论述就免去了可能的障碍，可以使人不带包袱地直接进入论题：首先谈到理论教育，可以使人们获得诸种观念和知识，同时可以使人们的思想变得灵巧敏捷，能够从一个观念过渡到另一观念，以及把握复杂的和普遍的关系等等；其次就谈到了实践教育，“通过劳动的实践教育”一方面可以使人适应物质的性质，另一方面可以使人适应别人的任性，同时还可以使人产生做事的需要、勤劳的习惯和普遍有效的技能。①

我们知道，《法哲学原理》第182节和第192节谈到自己与别人的互相配合和互相联系，在此过程中，别人会得到满足，自己也会得到满足，自己是别人的手段，别人也是自己的手段，区别于康德哲学所讲的人是目的而不是手段。② 这种互相配合和互相联系的过程，应当就是劳动(Arbeit)或者说实际事务。在实际事务中，亦即在黑格尔所讲的通过劳动的实践教育中，人们会逐渐学会克制自己和适应别人。于是，黑格尔的此种提法就具有实行意义(Vollzugssinn)：如何处理自己与别人的关系，这并非易事；“应该如何做人，靠本能是不行的，而必须努力”③；需要学习，不仅需要理论教育——理论(logos)，更需要实践教育——实行(Vollzug)。

关于“普遍有效的技能”，可以给出进一步的评论：在“通过劳动的实践教育”中，在实际事务中，人们可以得到锻炼，学会适应物质和适应别人。这里值得一提的是，适应物质和适应别人，不是空洞的口号，而是要在实际工作中通达事物和配合别人(古代人所说的待人和接物)，也就是说，要培养出工作技能、普遍有效的工作技能，方才谈得上配合别人。从完全缺乏工作技能到熟练掌握工作技能，在这个学习过程中，“自己”必定会遭受来自“别人”的批评甚至斥责。自己与别人的矛盾和冲突在这一阶段可能会表现得非常突出。另一种情况则是，在实际工作中，自己与别人的竞争；现代社会以来，人与人的关系被竞争支配着，用马克思的字语来说，这是劳动异化的某种表现。

现代人为理论教育设定的学习期限往往过于漫长，同时所设定的学习强度过于苛刻，以至于年轻人长期沉浸在理论教育中并且陶醉于理论教育中的诸种虚幻的成就感，却延误了走向实际生活所真正需要的实践教育。只有在实践教育中，而不是在理论教育中，年轻人才能更加生动和更加深刻地经历和体会到自己与别人可能发生的诸种矛盾和冲突，才能从中逐渐

① 黑格尔：《法哲学原理》，范扬、张启泰译，商务印书馆2014年，第209页。
② 黑格尔：《法哲学原理》，范扬、张启泰译，商务印书馆2014年，第197、207页。
③ 黑格尔：《法哲学原理》，范扬、张启泰译，商务印书馆2014年，第188页。

学会如何使自己与别人保持较好的共处——较好的互相联系和互相配合以及较好的互相竞争。关于自己与别人如何共处,此种共处的艺术,不是仅凭理论教育的灵机一动便可以通晓和掌握的。毋宁说,要在充分的实际事务中,才能经历、体会和学习到。自己与别人如何共处,首先而且通常是某种实践问题,而不是某种理论问题。理论教育的帮助,在黑格尔那里表现为对知性思维的批判以及有关自己与别人的诸种论述,这些论述具有形式指引的特征,关键还在于在具体实行,在事上磨炼。

在实践教化这一环节,“形式显示的实存哲学”在“实行”、“内容”和“格调”等方面都得到了较好的体现,也就是说,形式显示实存哲学的运行机制在此得到了较好的体现。

	尺度一 是否强调“实行”	尺度二 是否关注人生实存	尺度三 突出何种格调
I. 现象学或存在论视域中的海德格尔	可能不强调“实行”	可能不关注人生实存	——
II. 形式显示实存哲学视域中的海德格尔	强调“实行”	关注人生实存, 但可能缺乏内容	个体此在之本真性
III. 伦理学或政治学或合称实践哲学	可能强调“实行”	关注人生实存, 可能并不缺乏内容	个体与他人之共处

参照上面的表格,“海德格尔形式显示实存哲学”的运行机制可以大致概括为:a 呼吁实行—b 缺乏内容—c 本真性格调,这是本书参考诸种意见并结合自身观察而得出的“诊断”。如若我们将 b 和 c 略加修订,就可以得出另一种实存哲学或者说是修订版的“实存哲学”,其运行机制是:a 呼吁实行—b’带有内容—c’与人共处。据此,我们不妨再度陈述一番本书的结论:

首先,实存哲学固然首先是某种论述,但是其终极目的乃是具体实行;论述不等于实行,不能替代实行,所谓“论述本身就是某种实行”固然是正确的,但仍旧回避不了个体切身的与伦理—政治以及身体—财富等内容相关的具体实行;例如,伽达默尔所讲的“实践哲学”并不等同且并不能代替亚里士多德所讲的“实践智慧”(phronesis)。①

① 参见洪汉鼎:《实践哲学 修辞学 想象力:当代哲学诠释学研究》,中国人民大学出版社,2014 年,第 7、96 页。

其次，任何论述难免是概略指引，但是面向具体论题的概略指引或许更贴近人生实存；海德格尔的后学们诸如伽达默尔、阿伦特和马尔库塞等人，都倾向于更加细致的论述风格，而不是固守所谓"海德格尔本身"的论述风格；随着时代的变化，二战后业已出现了学生的大众化①，现在的大学教育愈加大众化了，哲学的受众不再是为数较少的精英贵族了，为此，哲学论述还是以细致和详细为好。

最后，实存哲学不仅有呼吁本真性的海德格尔版本，也有倡导不任性的黑格尔版本，黑格尔版的实存哲学标识着实存哲学的另一格调，值得深思；伽达默尔讲授"教化"(Bildung)时，就依循着黑格尔的容忍异己和适应他人的思想观念。②

① 参见伽达默尔：《哲学生涯》，陈春文译，商务印书馆，2003年，第121—122页。
② 参见伽达默尔：《诠释学I：真理与方法》，洪汉鼎译，商务印书馆，2007年，第19—32页。

结语　形式显示的“哲学变革”是否有效?

到现在为止,《海德格尔形式显示的实存哲学》业已写就,但是,书稿的意义是否得到了清晰的传达,还不得而知,只好期待读者们的指正和批判了,尽管本书作者为了此书的构思和写作已经付出了十年的光阴。这里权且再写一篇扼要的结语,作为全书的最后陈述。本书在介绍海德格尔哲学时,不仅将海德格尔的前辈们诸如亚里士多德、尼采和马克思作为考察背景或参考坐标,而且特别留意了海德格尔后学诸如伽达默尔、阿伦特和马尔库塞等人对于海德格尔哲学的思想见证。在这篇结语中,我们要特别提及美国学者罗森(Stanley Rosen)对于海德格尔哲学的一种诊断,同时重温孙周兴教授的问题——海德格尔形式显示的哲学变革是否有效?

罗森提到,沃尔皮(F. Volpi)、塔米尼奥(J. Taminuaux)、克兹尔(T. Kisiel)和伽达默尔等学者们业已深入探讨了亚里士多德实践哲学(practical Philosophy)对海德格尔实存存在论(existential ontology)的影响;而且,许多学者认为,海德格尔对亚里士多德实践哲学的消化和吸收(appropriate)乃是为了克服胡塞尔的理论化倾向。①可以说,罗森对相关研究动态比较熟悉,而且他的用词也很讲究:将亚里士多德“实践哲学”与海德格尔“实存存在论”相区别。

可以看到,海德格尔在1924—1925冬季学期试图将phronesis转换为人生实存存在论的某种关键要素,但是,在罗森看来,这种尝试是一个错误(a mistake)! 因为这种做法扭曲了亚里士多德学说,而且,存在论的诱惑会给伦理学带来灾难。他认为,phronesis优越于ontology,亚里士多德比海德格尔看得更加透彻;海德格尔的本真个体要比亚里士多德理论人的自我中心倾向更加严重,海德格尔的实存存在论不能给人生事务带来任何东

---

① 参见Stanley Rosen, *Phronesis or Ontology*: *Aristotle and Heidegger*, in Riccardo Pozzo (ed.), The Impact of Aristotelianism on Modern Philosophy, The Catholic University of America Press 2004, pp. 248-249.

西，只能带来 blindness（盲目、茫然）。①

孙周兴教授对形式显示进行了较早的译介，他曾提到：“……但现在的问题在于：‘形式显示’是如何进行的？”我们不仅要关注形式显示的消极预防的方面，还要关注其积极的方面亦即付诸行动的可能性。“……海德格尔借助他所谓的‘形式显示的概念’意在发动一场变革，可以说是一场旨在激发词语（语言）的力量的变革，也可以说是一场旨在重新唤起哲学改变人性的使命的变革。但能不能成功却是成问题的”②。于是，这就牵涉到了一个关键问题：形式显示如何操作？或者说，海德格尔形式显示的“哲学变革”是否有效或能否成功？

在当前语境下，这个问题自然可以改写为：海德格尔形式显示的实存哲学是否有效？或者说能否成功？在我们看来，这就不仅是海德格尔的责任了，也就是说，某种论著能否发挥效用，不仅取决于论著或作者这一方面，而且还取决于读者那一方面，作者和读者两个方面或两个环节才构成了完整的理解—效用机制。可以设想，如若读者生活阅历极其丰富，那么他在接触到一些形式显示的提示或暗示时，多半能吸收这种提示或暗示的积极意义；但是，如若读者一方缺乏生活经验，纵然遭遇到一些形式显示的提示或暗示，可能也会无动于衷或茫然无措，难以形成恰当和良好的反应或反馈。

形式显示固然是反对总体化（Generalisierung）和形式化（Formalisierung）的，但是，由于形式显示自身总是局限于诸种提示或暗示，虽有一定的内容，却终究是偏重“形式的”（formal）。海德格尔形式显示的实存哲学偏重“形式（das Formale）”，故而欠缺“内容”。这到底是为什么？在我们看来，这个问题也许并不难解答：学者们本就偏重形式的东西，因为形式的东西不容易引起争议。比如，阿伦特评论了社会热点艾希曼事件，结果直到现在，她的评论都充满了争议；海德格尔牵涉纳粹时，倒是有了“内容”，倒是不空洞了，但是，这段经历成了政治错误，成了他永远抹不掉的污点。

于是，我们不妨这样看待问题：海德格尔的实存哲学或者我们这里所讲的形式显示的实存哲学，其最初动机确实是要探讨一下人生实存，因而，

---

① 参见 Stanley Rosen, *Phronesis or Ontology: Aristotle and Heidegger*, p. 249, p. 265.

② 海德格尔：《形式显示的现象学——海德格尔早期弗莱堡文选》，孙周兴编译，“编者前言”，同济大学出版社，2004 年，第 14、18 页。

我们现在从他的讲课稿可以看到许多相关的词语诸如“人生此在”(das menschliche Dasein)和“实际生活”(das faktische Leben),但是,此种哲学最终还是偏向形式和缺乏内容。海德格尔果真不懂得亚里士多德 phronesis 的丰富意涵吗?未必,恐怕是出于学者身份或欧洲哲学传统风格的考虑吧。或者可以这样说:海德格尔只是在做些有自身特色的学术创作,而这种特色就是 Ontologiesierung(存在论化)或 formale Anzeige(形式显示)。海德格尔哲学确实令许多人着迷,但他只是经典大师中的一位,套用鲁迅先生的话,我们不妨多读几种不同的书。①

① 赵卫国教授提到,某种哲学的特质既与时代相关,更和个人性格相关;如若人们倾向于将某种哲学作为世界观来指导自己的行动,不如多看些古希腊哲学和德国古典哲学;学习海德格尔哲学至少可以提供某种思维训练,参见赵卫国:《〈存在与时间〉导论讲读》,人民出版社,2019 年,第 4—5 页。

参考文献

一、海德格尔原著

Die Lehre vom Urteil im Psychologismus. Ein kritisch-positiver Beitrag, Ein zur Logik(Dissertation 1913), in: Frühe Schriften(GA1), hrsg. von F. -W. v. Herrmann, Verlag Klostermann 1978, S. 59-188.

Die Kategorien-und Bedeutungslehre des Duns Scotus (Habilitation 1915), in: Frühe Schriften (GA 1), hrsg. von F. -W. v. Herrmann, Verlag Klostermann 1978, S. 189-412.

Der Zeitbegriff in der Geschichtswissenschaft (Probevorlesung 1916), in: Frühe Schriften (GA 1), hrsg. von F. -W. v. Herrmann, Verlag Klostermann 1978, S. 413-433.

Bestimmung zur Philosophie (KNS 1919 und SS1919), GA 56/57, hrsg. von B. Heimbüchel, Verlag Klostermann 1987, 2. Auflage 1999.

Grundprobleme der Phänomenologie (WS1919/20), GA58, hrsg. von H. -H. Gander, Verlag Klostermann 1992.

Anmerkungen zu Karl Jaspers „Psychologie der Weltanschauungen“ (1919/21), in: Wekmarken (GA 9), hrsg. von F. -W. v. Herrmann, Verlag Klostermann 1976, S. S. 1-44.

Phänomenologie der Anschauung und des Ausdrucks(SS1920), GA 59, hrsg. von C. Strube, Verlag Klostermann 1993.

Phänomenologie des religiösen Lebens. 1. *Einleitung in die Phänomenologie des Religion* (WS1920/21); 2. Augustinus und der Neuplatonismus (SS1922), (GA60), hrsg. von M. Jung et T. und C. Strube, Regehly Verlag Klostermann 1995.

Übungen über Aristoteles, de anima (SS 1921), Nachschriften von Oskar Becker, in: Heidegger und Aristoteles, Heidegger-Jahrbuch 3, Verlag Karl Alber 2007, S. 9-22.

Phänomenologische Interpretationen zu Aristoteles. Einführung in die phänomenologische Forschung(WS 1921/22), GA61, Verlag Klostermann 1985.

Phänomenologische Interpretationen ausgewählter Abhandlungen des Aristoteles zu Ontologie und Logik (SS 1922), GA 62, hrsg. von G. Neumann, Verlag Klostermann 2005.

Phänomenologische Interpretationen zu Aristoteles (*Anzeige der hermeneutischen Situation*), Herbst 1922, in: *Phänomenologische Interpretationen ausgewählter Abhandlungen des Aristoteles zu Ontologie und Logik* (SS 1922), GA 62, hrsg. von G. Neumann, Verlag Klostermann 2005, S. 303–419.

Übungen über Phänomenologische Interpretationen zu Aristoteles (*Nikomachische Ethik VI*; *de anima*; *Metaphzsik VII*) (WS 1922/23), Nachschriften von Oskar Becker, in: *Heidegger und Aristoteles*, Heidegger-Jahrbuch 3, Verlag Karl Alber 2007, S. 23–48.

Ontologie: *Hermeneutik der Faktizität* (SS 1923), GA 63, hrsg. von K. Bröcker-Oltmanns, Verlag Klostermann1988.

Wahrsein und Dasein. Aristoteles, *Ethica Nicomachea Z*(Vortrag 1923/24), in: *Becoming Heidegger*: *On the Trail of His Early Occasional Writings*, 1910–1927, Theodore Kisiel and Thomas Sheehan (ed.), Northwestern University Press 2007.

Einführung in die phänomenologische Forschung (WS 1923/24), GA 17, hrsg. von F. -W. v. Herrmann, Verlag Klostermann 1994.

Der Begriff der Zeit(Vortrag Juli 1924), in: Der Begriff der Zeit (GA 64), hrsg. von F. -W. v. Herrmann, Verlag Klostermann 2004, S. 105–125.

Der Begriff der Zeit(1924), GA 64, hrsg. von F. -W. v. Herrmann, Verlag Klostermann 2004, S. 105–125.

Grundbegriffe der aristotelischen Philosophie(SS 1924), GA 18, hrsg. von M. Michalski, Verlag Klostermann 2002.

Platon: *Sophistes*(WS 1924/25), GA 19, hrsg. von Ingeborg Schüssler, Verlag Klostermann 1992.

Logik. Die Frage nach der Wahrheit (WS 1925/26), GA 21, hrsg. von W. Biemel, Verlag Klostermann 1976.

Grundbegriffe der antiken Philosophie(SS 1926), GA 22, hrsg. von F. –K.

Blust, Verlag Klostermann 1993.

Sein und Zeit (1927), GA 1, hrsg. von F.-W. v. Herrmann, Verlag Klostermann1977; Sein und Zeit (EA), Verlag Max Niemmeyer, 2006.

Die Grundprobleme der Phänomenologie (SS 1927), GA 24, hrsg. von F.-W. v. Herrmann, Verlag Klostermann 1975.

Einleitung in die Philosophie (WS 1928/29), GA 27, hrsg.: O. Saame et I. Saame-Speidel, Verlag Klostermann 1996.

Die Grundbegriffe der Metaphysik. Welt – Endlichkeit – Einsamkeit (WS 1929/30), GA 29/30, hrsg. von F. –W. v. Herrmann, Verlag Klostermann 1983.

Aristotles: *Metaphysik* 1–3: *Vom Wesen und Wirklichkeit der Kraft* (SS 1931), GA 33, hrsg. von H. Hüni, Verlag Klostermann 1981.

Einleitung in die Metaphysik(SS 1935), GA 40, Petra Jaeger, Verlag Klostermann 1983.

Beiträge zur Philosophie (*Vom Ereignis*) (1936 – 1938), GA 65, hrsg. von W. F. v. Herrmann, Verlag Klostermann 1989.

Nietzsche (1936 – 1946), GA 6, hrsg. von W. F. v. Herrmann, Verlag Klostermann 1996; Nietzsche, Verlag Neske 1961.

Vom Wesen und Begriff der Physis. Aristoteles, *Physik B*, 1(1939), in: Wegmarken(GA 9), hrsg. von W. –F. v. Herrmann, Verlag Klostermann 1976.

Brief über den „Humanismus“ (1946), in: *Wegmarken* (GA 9), hrsg. von W. -F. v. Herrmann, Verlag Klostermann 1976.

Die Frage nach der Technik(1953), in: *Vorträge und Aufsätze*(1936–1953), hrsg. von W. –F. v. Herrmann, Verlag Klostermann 2000.

Was ist das – die Philosophie? (1955), in: *Identität und Differenz* (1955 – 1957), GA 11, hrsg. von W. –F. v. Herrmann, Verlag Klostermann 2006.

Unterwegs zur Sprache (1950 – 1959), GA 12, hrsg. von W. – F. v. Herrmann, Verlag Klostermann 1985.

Seminare: *Platon–Aristoteles–Augustinus*, GA 83, hrsg. M. Michalski, Verlag Klostermann 2012.

Seminar in Le Thor(1966/1973), in: Seminare (1951–1973), GA 15, hrsg. von Curd Ochwadt, Verlag Klostermann 1986.

Reden und andere Zeugnisse eines Lebensweges(1910 – 1976), GA 16, hrsg. von W. –F. v. Herrmann, Verlag Klostermann 2000.

《存在与时间》，陈嘉映、王庆节译，熊伟校，三联书店，1987 & 2012 年。

《形而上学导论》，熊伟、王庆节译，商务印书馆，1996 年版 & 2015 年新译本。

《海德格尔选集》，孙周兴编译，上海三联书店，1996 年。

《面向思的事情》，陈小文、孙周兴译，商务印书馆，2010 年（1996 年初版）。

《林中路》，孙周兴译，上海译文出版社，2004 年（1997 年初版）。

《在通向语言的途中》，孙周兴译，商务印书馆，1997 年。

《路标》，孙周兴译，商务印书馆，2000 年。

《尼采》，孙周兴译，商务印书馆，2002 年。

《晚期海德格尔的三天讨论班纪要》，丁耘译，《哲学译丛》2001 年第 3 期，第 52—59 页。

《形式化和形式显示》，欧东明译，张祥龙校，《世界哲学》2002 年第 2 期，第 45—49。

《形式显示的现象学：海德格尔早期弗莱堡文选》，孙周兴编译，同济大学出版社，2004 年。

《演讲与论文集》，孙周兴译，三联书店，2005 年。

《现象学的基本问题》，丁耘译，上海译文出版社，2008 年。

《论真理的本质：柏拉图的洞喻和〈泰阿泰德〉讲疏》，赵卫国译，华夏出版社，2008 年。

《存在论：实际性的解释学》，何卫平译，人民出版社，2009 年。

《同一与差异》，孙周兴、陈小文、余明锋译，商务印书馆，2011。

《哲学论稿》，孙周兴译，商务印书馆，2012 年。

《对亚里士多德的现象学解释》，赵卫国译，华夏出版社，2012 年。

《亚里士多德哲学的基本概念》，黄瑞成译，华夏出版社，2014 年。

《早期著作》，张珂、马小虎译，商务印书馆，2015 年。

《论哲学的规定》，孙周兴、高松译，商务印书馆，2015 年。

《柏拉图的〈智者〉》，熊林译，商务印书馆，2015 年。

《形而上学的基本概念》，赵卫国译，商务印书馆，2017 年。

《讲话与生平证词》，孙周兴、张柯、王宏健译，商务印书馆，2018 年。

《海德格尔与妻书》，葛尔特鲁特·海德格尔选编，常晅、祁沁雯译，南京大学出版，2016 年。

二、其他论著和研究文献

Aristotle, *Metaphysik*, Griechisch-Deutsch, übersetzt von Herrmann Bonitz, Felix Meiner Verlag, Hamburg 2009.

——, *Physik*, Griechisch-Deutsch, übersetzt von Hans Günter Zekl, Felix Meiner Verlag, Hamburg 1987.

——, *Nikomachische Ethik*, übersetzt von Eugen Rolfes, Felix Meiner Verlag, Hamburg 1985; *Aristotelis: Ethica Nicomachea*, Bywater (ed.), Oxford University Press 1957.

——, *Politics* (Loeb Classical Library), translated by H. Rackham, Harvard University Press 1944.

Charilotta Weigelt, *The Logic of Life. Heidegger's Retrieval of Aristotle's Concept of Logos*, Almqvist & Wiksell International Press 2002.

D. Dahlstrom, *Heidegger's Method: Philosophical Concepts as Formal Indications*, The Review of Metaphysics, vol. 47, 1994, pp. 775-797

Friedrich Hegel, *Enzyklopädie der philosophischen Wissenschaften I* (Werke 8), Verlag Suhrkamp 2013.

——, *Grundlinien der Philosophie des Rechts* (Werke 7), Verlag Suhrkamp 2013.

Franco Volpi, ,*Sein und Zeit: Homologien zur Nokomachischen Ethik*?, in Hermann Krings, Arno Baruzzi, Hans Michael Baumgartner, Alois Haider, Klaus Jacobi & Heinrich Rombach (hrsg.), Philosophisches Jahrbuch (Band 96), Verlag Karl Alber 1989, S. 225-240.

——*Heidegger und der Neoaristotelismus*, in Alfred Denker, Günter Figal, Franco Volpi & Holger Zaborowski (hrsg.), Heidegger und Aristoteles, Verlag Karl Alber 2007, S. 221-236.

Friedrike Rese, *Handlungsbestimmung vs. Seinsverständnis. Zur Verschiedenheit von Aristoteles' Nikonachischener Ethik und Heideggers Sein und Zeit*, *in*: *Heidegger und Aristoteles*, S. 170-198.

Georg Imdahl, *Das Leben verstehen: Heideggers formale Anzeigende Hermeneutik in den frühen Freiburger Vorlesungen* (1919 bis 1923), Würzburg: Königshausen und Neumann 1997.

Günter Figal, *Heidegger als Aristoteliker*, in: *Heidegger und Aristotles* (Heidegger-Jahrbuch 3), hrsg. von A. Denker, G. Figal, F. Volpi, H. Zaborowski, Verlag Karl Alber, 2007, S. 53–76.

——, *Heidegger zur Einführung*, 5. Auflage, Junius Hamburg Verlag, Marburg 2003 (1. Auflage 1992).

Heinrich Rickert, *Die Grenzen der naturwissenschaftlichen Begriffsbildung. Eine logische Einleitung in die historischen Wissenschaften*, Verlag von J. C. B. Mohr, Tübingen und Leipzig 1902.

——, *Kulturwissenschaft und Naturwissenschaft*, Verlag von J. C. B. Mohr, Tübingen und Leipzig 1926.

Hannah Arendt, *The Human Condition*, University of Chicago Press1998.

——, *Vita Activa oder vom tätigen Leben*, Piper Verlag 2002

——, *What is Existenz Philosophy*, Partisan Review13, 1946, pp. 34–56.

Hans-Georg Gadamer, *Hermeneutik I* (GW1), Mohr Siebeck, Tübingen 1999

——, *Hermeneutik II*(GW2), Mohr Siebeck, Tübingen 1999.

——, *Neuere Philosophie II*(GW4), Mohr Siebeck, Tübingen 1999.

——, *Griechische Philosophie I*(GW5), Mohr Siebeck, Tübingen 1999

——, *Griechische Philosophie III*(GW7), Mohr Siebeck, Tübingen 1999.

——, *Hermeneutik im Rückblick*(GW10), Mohr Siebeck, Tübingen 1999.

——, *Martin Heidegger's One Path*, *in*: *Reading Heidegger from the start*, ed. by Theodore Kisiel & John van Buren , New York: State University of New York Press, 1994, pp. 19–34.

——, "Hermeneutik als praktische Philosophie", in: Manfred Riedel (Hg.), Rehabilitierung der praktischen Philosophie. Bd. 1, Freiburg: Rombach Verlag 1972, S. 325–344.

——, *Heideggers "theologische" Jugendschrift*, in: Martin Heidegger: *Phänomenologische Interpretationen zu Aristoteles* (*Anzeige der hermeneutischen Situation*), mit einem Essay von Hans-Georg Gadamer, hrsg. von Günther Neumann, Verlag Klostermann 2013, S. 67–75.

Herbert Marcuse, *Über konkrete Philosophie*[1929], in: *Schriften* 1, Frankfurt: Verlag Suhrkamp, 1978, S. 385–406.

——, *Heidegger's Politics*: *An Interview*[1977], in: Heideggerian Marxism, ed. Richard Wolin and John Abromeit, Lincoln & London: University of Nebraska Press, 2005, pp. 166–175.

——, *Postscript*: *My Disillusionment with Heidegger*[1977], in: Heideggerian

Marxism, University of Nebraska Press, 2005, p. 176.

Jacques Taminiaux, *Heidegger and the Project of Fundamental Ontology*, State University of New York Press 1991.

——, *The Interpretation of Aristotle's Notion of Arete in Heidegger's First Courses*, *in*: *Heidegger and practical Philosophy*, Francois Raffouland & David Pettigrew (ed.), State University of New York Press, Albany 2002, pp. 13-28.

John Van Buren, *The Ethics of Formale Anzeige in Heidegger*, American Catholic Philosophical Quarterly, vol. LXIX, No. 2, 1995, pp. 157-170.

Jussi Backman, *Für das Wohnen denken. Heidegger, Arendt und die praktische Besinnung*, in: Heidegger und Aristoteles, Heidegger Jahrbuch Band 3, Verlag Karl Alber, Freiburg/München 2007, S. 199-220.

——, *The End of Action*: *An Arendtian Critique of Aristotle's Concept of praxis*, in: Studies across Disciplines in the Humanities and Social Sciences 8, Helsinki Collegium for Advanced Studies, Helsinki 2010, pp. 28 - 47.

Karl Marx-Friedrich Engels - Werke (MEW), Dietz Verlag, Berlin/DDR, 1972.

Leslie MacAvoy, *Formal Indication and the Hermeneutics of Facticity*, Philosophy Today, vol. 54, 2010, pp. 84-90.

Matthew I. Burch, *The Existential Sources of Phenomenology*: *Heidegger on Formal Indication*, European Journal of Philosophy vol. 21-2, 2011, pp. 258-278.

Otfried Höffe, *Praktische Philosophie-Das Modell des Aristoteles*, Akademie Verlag 1996.

Ralf Elm, *Aristoteles-ein Hermeneutiker der Faktizität? Differenzierung von phronesis und sophia und ihre transformation bei Heidegger, in Heidegger und Aristoteles* (Heidegger-Jahrbuch 3), Verlag Karl Alber 2007, S. 255-282.

R. Streeter, *Heidegger's Formal Indication*: *A Question of Method in Being and Time*, Man and World, vol. 30, 1997, pp. 413-430.

Richard Wolin, Introduction: *What is Heideggerian Marxism*? in: *Heideggerian Marxism*, ed. Richard Wolin and John Abromeit, Lincoln & London: University of Nebraska Press, 2005

Rudolf Bernet, *Die Lehre von der Bewegung bei Aristoteles und Heideggers*

Verständnis von der Bewegtheit menschlichen Lebens, in: Martin-Heidegger-Gesellschaft Schriftenreihe(Band 8), Klostermann Verlag, Frankfurt 2007, S. 95–122.

Rudolf Carnap, *Überwindung der Metaphysik durch logische Analyse der Sprache*, in: Erkenntnis, vol. 2, 1931, S. 219–241.

Servanne Jolivet, *Das Phänomen der Bewegtheit im Licht der Dekonstruktion der aristotelischen Physik*, in: Heidegger und Aristoteles (Heidegger-Jahrbuch 3), Verlag Karl Alber 2007, S. 130–155.

Søren Overgaard, *Being There: Heidegger's Formally Indicative Concept of Dasein*, The New Yearbook for Phenomenology and Phenomenological Philosophy, vol. 5, 2005, pp. 145–163.

Theodore Kisiel, *The Genesis of Being and Time*, Berkeley: University of California Press, 1993.

——, *Die formale Anzeige als Schlüssel zu Heideggers Logik*, in: *Heidegger und Logik*, hrsg. von Alfred Denker & Holger Zaborowski, Amsterdam-New York: Rodopi B. V., 2006, S. 49–64.

——, *Die formale Anzeige: Die methodische Geheimwaffe des frühen Heideggers. Heidegger als Lehrer: Begriffsskizzen an der Tafel, in: Heidegger-neu gelesen, hrsg. von* Markus Happel, Würzburg: Königshausen und Neumann, 1997, S. 22–40.

Thomas Sheehan, *A paradigm shift in Heidegger research*, in: Continental Philosophy Review 34(2001), pp. 183–302.

Walter Brogan, *Heidegger and Aristotle. The Twofoldness of Being*, State University of New York Press, Albany 2005.

——, *Die Frage nach der Zeit in Heideggers Aristoteles-Interpretation. Auf dem Weg zu Sein und Zeit*, in: Heidegger Jahrbuch Band 3, Verlag Karl Alber, Freiburg/München 2007, S. 96–108.

Wang Hongjian, *Tradition, phronesis und Praktische Philosophie. Über Gadamers kritische Aneignung von Heidegger*, in: *Synthesis Philosophica*, no. 67 (1/2019), pp. 191–206.

——, *Destruktion und formale Anzeige. Zur Erläuterung der methodischen Grundlage des frühen Heidegger am Beispiel der Bestimmungen von Geschichte und Philosophie*, in: Studia Phaenomenologica, no. 18 (2018), pp. 255

-275.

——, *Der vortheoretische Praxisbegriff und die Ontologisierung der Praxis. Weitere Überlegungen zum Problem der Heidegger'schen praktischen Philosophie*, in: Philosophy and Society, vol. 29(2018), no. 4, pp. 519-532.

阿伦特:《人的境况》,王寅丽译,上海世纪出版集团,2009年。

阿伦特:《共和的危机》,郑辟瑞译,上海世纪出版集团,2013年。

阿伦特:《艾希曼在耶路撒冷》,安尼译,译林出版社,2017年。

阿伦特:《爱与奥都斯丁》,王寅丽、池伟添译,漓江出版社,2019年。

阿伦特:《什么是生存哲学》,陈高华译,《现代外国哲学》第16辑,张庆熊、孙向晨主编,2020年,第204—222页。

阿甘本:《潜能》,王立秋等译,漓江出版社,2014年。

安德鲁·芬伯格:《海德格尔与马尔库塞:论物化与具体哲学》,高海青、陈真君译,《国外理论动态》2014年第3期,第39—43页。

柏拉图:《理想国》,郭斌和、张竹明译,商务印书馆,2000年。

柏拉图:《柏拉图对话集》,王太庆译,商务印书馆,2007年。

蒂茨(Udo Tietz):《伽达默尔》,朱毅译,中国人民大学出版社,2010年。

陈鼓应编译:《存在主义》,中华书局,2019年。

陈嘉映:《实践/操劳与理论》,《同济大学学报(社会科学版)》2014年第1期,第15—23页。

陈嘉映主编:《普遍性种种》(修订版),华夏出版社,2013年。

陈治国:《哲学的友爱:亚里士多德、海德格尔与伽达默尔》,《复旦学报(社会科学版)》2015年第2期,第63—76页。

陈治国:《海德格尔基础存在论中的友爱伦理》,《哲学动态》2014年第7期,第61—67页。

陈郑双:《三位现代思想家之友爱》,《柏拉图〈吕西斯〉译疏》,陈郑双译疏,华夏出版社,2014年,第155—196页。

陈晓华:《人间游戏》,台北,松阴艺术,2006年。

成肖玉:《现代艺术的巨人》,《中国美术馆》2009年第7期,第113—116页。

戴斯·迈尔斯:《社会心理学》第11版,侯玉波等译,人民邮电出版社,2016年。

登克尔等主编:《海德格尔及其思想的开端》,靳希平等译,商务印书馆,2009 年。

邓安庆主编:《存在论的伦理学:以海德格尔为中心的探讨》,上海教育出版社, 2019 年。

《邓晓芒讲黑格尔》,北京大学出版社,2007 年。

笛卡尔:《谈谈方法》,王太庆译,商务印书馆,2000 年。

第欧根尼·拉尔修:《名哲言行录》(希汉对照本),徐开来、熊林译,广西师范大学出版社,2010 年。

方向红:《谁是“非现象学的”?——海德格尔与胡塞尔的相互指摘及其意义》,《外国哲学》(第 23 辑),2012 年,第 191—207 页。

伏尔皮:《〈存在与时间〉——〈尼各马可伦理学〉的改写?》,王宏健译,《清华西方哲学研究》2017 第 2 期 ,中国社会科学出版社,第 155—172 页。

伏尔皮:《以谁之名:海德格尔与“实践哲学”》,刘明峰译,《中国现象学与哲学评论》2019 年第 2 期,第 292—325 页。

伽达默尔:《诠释学 I:真理与方法》,洪汉鼎译,商务印书馆,2007 年。

伽达默尔:《诠释学 II:真理与方法——补充与索引》,洪汉鼎译,商务印书馆,2007 年。

伽达默尔:《科学时代的理性》,薛华译,国际文化出版公司,1988 年。

伽达默尔:《哲学生涯》,陈春文译,商务印书馆,2003 年。

格朗丹:《伽达默尔传:理解的善良意志》,黄旺、胡成恩译,上海社会科学院出版社,2020 年。

高宣扬:《存在主义》,上海交通大学出版社,2016 年。

霍布斯:《利维坦》,黎思复、黎廷弼译,商务印书馆,1997 年。

黑格尔:《法哲学原理》,范扬、张启泰译,商务印书馆,2014 年。

黑格尔:《小逻辑》,贺麟译,商务印书馆,2014 年。

黑格尔:《哲学史讲演录》第 1、2、4 卷,贺麟、王太庆译,商务印书馆,2014 年。

黑格尔:《历史哲学》,王造时译,上海世纪出版社集团,2006 年。

洪汉鼎:《实践哲学 修辞学 想象力——当代哲学诠释学研究》,中国人民大学出版社,2014 年。

何卫平:《理解之理解的向度——西方哲学解释学研究》,人民出版社,2016 年。

韩潮:《海德格尔与伦理学问题》,同济大学出版社,2007 年。

哈兰:《什么是艺术:博伊斯与学生的谈话》,韩子仲译,商务印书馆,2017 年。

黄笃、朱金石:《人人都是艺术家——黄笃、朱金石谈博伊斯》,《东方艺术》2008 年第 11 期,第 112—117 页。

黄楠森主编:《马克思主义哲学史》,高等教育出版社,2017 年。

靳希平:《〈存在与时间〉的"缺爱现象"——兼论〈黑皮本〉的"直白称谓",《世界哲学》2016 第 5 期, 第 20—28 页 。

卡尔纳普:《通过语言的逻辑分析清除形而上学》,王太庆译,《逻辑经验主义》,洪谦主编,商务印书馆,1992 年,第 13—36 页。

康德:《道德形而上学原理》,苗力田译,上海人民出版社,1986 年。

康德:《康德著作全集》第 8 卷,李秋零编译,中国人民大学出版社,2010 年。

康德:《实践理性批判》,韩水法译,商务印书馆,2000 年。

克莱因伯格:《存在的一代:海德格尔哲学在法国 1927-1961》,陈颖译,新星出版社,2010 年。

库恩:《康德传》,黄添盛译,上海世纪出版集团,2014 年。

柯小刚:《思想的起兴》,同济大学出版社,2007 年。

柯小刚:《道学导论(外篇)》,华东师范大学出版社,2010 年。

劳思光:《存在主义哲学新编》,张灿辉、刘国英合编,中文大学出版社,2001 年。

勒维特:《与海德格尔的最后一次见面》,奈斯克主编:《回答:海德格尔说话了》,陈春文译,江苏教育出版社,2005 年。

李凯尔特:《文化科学和自然科学》,涂纪亮译,杜任之校,商务印书馆,1986 年。

李凯尔特:《李凯尔特的历史哲学》,涂纪亮译,北京大学出版社,2012 年。

李章印:《解构—指引:海德格尔现象学及其神学意蕴》,山东大学出版社,2009 年。

李义天:《作为实践理性的实践智慧——基于亚里士多德主义的梳理与阐述》,《马克思主义与现实》2017 年第 2 期,第 156-163 页。

李杨:《具体哲学与基础存在论》,《现象学方法与马克思主义》,张庆熊主编,上海三联书店,2014 年,第 130-149 页。

卢卡奇:《历史与阶级意识》,杜志章等译,商务印书馆,2014 年。

卢梭:《社会契约论》,何兆武译,商务印书馆,2008 年。

罗素:《西方哲学史》上册,何兆武等译,商务印书馆,2004 年。

罗素:《西方哲学史》下册,马元德译,商务印书馆,2015。

洛克:《政府论》下册,叶启芳等译,商务印书馆,2008 年。

刘小枫:《海德格尔在中国》,华东师范大学出版社,2017 年。

刘怀玉:《现代性的平庸与神奇——列斐伏尔日常生活批判哲学的文本学解读》,北京师范大学出版社,2018 年。

马克思、恩格斯:《马克思恩格斯文集》,第 1、2、4、10 卷,人民出版社,2009 年。

马克思、恩格斯:《文献学语境中的〈德意志意识形态〉》,广松涉编注,彭曦译,张一兵审订,南京大学出版社,2005 年。

马尔库塞:《历史唯物主义现象学论稿》,《现象学方法与马克思主义文选》,张庆熊编译,上海三联书店,2014 年。

马尔库塞:《论具体哲学》,王宏健译,《哲学分析》2017 年第 1 期,第 25—38 页。

尼采:《尼采著作全集》,第 13 卷,孙周兴、李超杰、余明锋译,商务印书馆,2015 年。

尼采:《尼采著作全集》,第 6 卷,孙周兴、李超杰、余明锋译,商务印书馆,2015 年。

尼采:《偶像的黄昏》,李超杰译,商务印书馆,2013 年。

倪梁康:《胡塞尔与海德格尔——弗莱堡的相遇与背离》,商务印书馆,2016 年。

倪梁康:《心的秩序:一种现象学心学研究的可能性》,江苏人民出版社,2010 年。

倪梁康:《哲学何为? 哲人何为?》,https://www.douban.com/group/topic/2197059/.

牛文君:《具体化:关联伽达默尔诠释学和实践哲学的重要概念》,《安徽师范大学学报(人文社会科学版)》2008 年第 3 期,第 289—294 页。

庞学铨:《生活哲学:当代哲学的一种可能路向》,《哲学分析》2016 年第 6 期,第 74—84 页。

潘德荣:《"德行"与诠释》,《中国社会科学》2017 年第 6 期,第 23—41 页。

帕特里夏·奥坦伯德·约翰逊:《阿伦特》,王永生译,中华书局,

2014 年。

彭伟:《艺术介入社会:博伊斯和他的作品》,《公共艺术》2016 年第 3 期,第 50—60 页。

普鲁塔克:《希腊罗马名人传》上册,黄宏煦等译,商务印书馆,1990 年。

钱穆:《中国历代政治得失》,三联书店,2015 年。

萨弗兰斯基:《来自德国的大师——海德格尔及其时代》,靳希平译,商务印书馆,2007 年。

萨特:《存在主义是一种人道主义》,周煕良等译,上海译文出版社,2016 年。

莎拉·贝克韦尔:《存在主义咖啡馆:自由、存在和杏子鸡尾酒》,沈敏一译,北京联合出版公司,2017 年。

斯珀伯:《卡尔·马克思:一个 19 世纪的人》,中信出版社,2014 年。

孙轶凡:《从博伊斯的艺术理念观当代艺术和社会生活》,《视觉艺术理论研究》2013 年第 6 期,第 49—50 页。

孙周兴:《形式显示的现象学——海德格尔早期弗莱堡讲座研究》,《现代哲学》2002 年第 4 期,第 85—95 页。

孙周兴:《本质与实存——西方形而上学的实存哲学路线》,《中国社会科学》2004 年第 6 期,第 71—81 页。

孙周兴:《作为实存哲学的伦理学:海德格尔思想的伦理学之维》,《哲学研究》2008 年第 10 期,第 76—84 页。

孙周兴:《有关尼采查拉图斯特拉思想形象的若干问题》,《同济大学学报(社会科学版)》2009 年第 5 期,第 18—27 页。

孙周兴:《非推论的思想还能叫哲学吗?——海德格尔与后哲学的思想前景》,《社会科学战线》2010 年第 9 期,第 18—26 页。

孙周兴:《后哲学的哲学问题》,商务印书馆,2009 年。

孙周兴:《以创造抵御平庸——艺术现象学演讲录》,中国美术学院出版社,2014 年。

孙周兴:《实存哲学与当代汉语哲学》,《存在哲学与中国当代思想——张志扬从教五十周年庆祝会文集》,商务印书馆,2015 年,第 558—567 页。

孙周兴:"《瞧这个人》译后记",尼采:《瞧这个人》,孙周兴译,商务印书馆,2016 年,第 196—205 页。

孙周兴:《马克思的技术批判和未来社会》,《学术月刊》2019 年第 6 期,第 5—12 页。

邵华:《实践智慧与解释学》,人民出版社,2015 年。

唐君毅:《海德格》,陈鼓应主编:《存在主义》,中华书局,2019 年,第 110—122 页。

王阳明:《传习录》。

王炜:《海德格尔与马克思主义》,《求是学刊》1992 年第 6 期,第 3—6、21 页。

王庆节:《论海德格尔哲学中的社会存在论——从“谁之在”分析中的“共在”概念谈起》,《中国现象学与哲学评论》第 4 辑(现象学与社会理论),上海译文出版社,2002 年,第 25—52 页。

王恒:《出离存在——列维纳斯的现象学初论》,《南京社会科学》2005 年第 6 期,第 9—15 页。

王俊:《从现象学到生活艺术哲学》,《浙江大学学报(人文社会科学版)》2018 年第 1 期,第 331—340 页。

王俊:《现象学中的偶然性问题及其思想效应》,《哲学研究》2018 年第 11 期,第 78—86 页。

王珏:《大地式的存在—海德格尔哲学中的身体问题初探》,《世界哲学》2009 第 5 期,第 126—142 页。

王宏健:《海德格尔式生活哲学》,《中国社会科学报》2016 年 7 月 26 日。

文德尔班:《历史与自然科学》,王太庆译,《西方现代资产阶级论著选辑》,洪谦主编,商务印书馆,1982 年,第 49—67 页。

文德尔班:《哲学史教程》上册,罗达仁译,商务印书馆,1997 年。

文晗:《潜能存在论——论阿甘本政治哲学的存在论根源》,《马克思主义与现实》2018 年第 2 期,第 116—122 页。

沃尔夫冈·霍尔、贝恩德·海特尔、斯特凡妮·罗森穆勒:《阿伦特手册》,社科文献出版社,2015 年。

沃林:《海德格尔的弟子:阿伦特、勒维特、约纳斯和马尔库塞》,张国清、王大林译,江苏教育出版社,2005 年。

希罗多德:《历史》上册,王以铸译,商务印书馆,2005 年。

夏开丰:《隐逸与潜能——评陈晓华的高士图》,陈晓华:《人间游戏》,台北,松阴艺术,2006 年,第 8—11 页。

熊伟编译:《存在主义哲学资料选辑》,商务印书馆,1997 年。

熊伟:《海德格尔与马克思主义》,《在的澄明——熊伟文选》,陈嘉映、陈小文编,商务印书馆,2011 年,第 138—142 页。

亚里士多德:《政治学》,吴寿鹏译,商务印书馆,2007 年。

亚里士多德:《尼各马可伦理学》,廖申白译,商务印书馆,2003 年。

亚里士多德:《物理学》,张竹明译,商务印书馆,1997 年。

亚里士多德:《形而上学》,吴寿鹏译,商务印书馆,1997 年。

亚里士多德:《灵魂论及其它》,吴寿鹏译,商务印书馆,2007 年。

亚里士多德:《亚里士多德全集》第 1 卷,苗力田编译,中国人民大学出版社,1990 年。

亚里士多德:《亚里士多德全集》第 9 卷,苗力田编译,中国人民大学出版社,1994 年。

盐野七生:《胜者的迷思》,《罗马人的故事》第 3 卷,刘锐译,中信出版社,2012 年。

晏绍祥:《古典民主与共和传统》上卷,北京大学出版社,2013 年。

晏绍祥:《荷马社会研究》,上海三联书店,2006 年。

仰海峰:《“此在”与“现实的个人”——海德格尔与马克思的一个比较研究》,《福建论坛(人文社会科学版)》1999 第 1 期 ,第 39—44 页。

仰海峰:《“实践”与“烦”——马克思与海德格尔比较研究之二》,《学习与探索》2001 第 2 期 ,第 18—24 页。

姚顺良主编:《马克思主义哲学史:从创立到第二国际》,北京师范大学出版社,2010 年。

叶朗:《美在意象》,北京大学出版社,2010 年。

尹兆坤:《范畴直观与形式显示——胡塞尔与海德格尔前期现象学方法的异同》,《现代哲学》2013 年第 1 期,第 80—85 页。

俞吾金:《从康德到马克思》,广西师范大学出版社,2004 年。

张鼎国:《黎德尔论“第二哲学”》(首发于《国立政治大学哲学学报》1996 年),张鼎国:《诠释与实践》,商务印书馆,2016 年,第 3—33 页。

张鼎国:《“实践智”与新亚里士多德主义》(首发于《哲学杂志》1997 年),张鼎国:《诠释与实践》,商务印书馆,2016 年,第 409—426 页

张祥龙:《海德格尔传》,商务印书馆,2007 年(河北人民出版社 1998 年初版)。

张祥龙:《现象学导论七讲》,中国人民大学出版社,2011 年。

张祥龙:《海德格尔的形式显示方法和〈存在与时间〉》,《中国高校社会科学》2014 年第 1 期,第 40—61 页。

张祥龙:《 “家”的歧异——海德格尔“家”哲理的阐发和评析》 ,《同济大学学报(社会科学版) 》2016 第 1 期 ,第 19—29 页。

张一兵:《构形与构序: 现象学表象的秘密——海德格尔〈形式化与形式显示〉的构境论解读》,《社会科学辑刊》2011 年第 5 期,第 5—10 页。

张一兵:《黑暗中的本有:可以不在场的潜能》,《社会科学战线》2013 年第 7 期,第 33—37 页。

张志扬:《“知其白守其黑”——“主从伦理”之政治秩序掩盖了什么?》,《中国现象学与哲学评论》第 7 辑(现象学与伦理),上海译文出版社,2005 年,第 34—55 页。

张志伟:《哲学学科的繁荣与哲学的危机》,《中国高校社会科学》2018 年第 1 期,第 27—33 页。

张再林:《具体之学 · 为己之学 · 之间之学———种新的中国式的哲学观》,《存在哲学与中国当代思想——张志扬从教五十周年庆祝会文集》,商务印书馆,2015 年,第 437—450 页。

张汝伦:《海德格尔的实践哲学》,《哲学研究》2013 年第 4 期,第 60—67 页。

张汝伦:《海德格尔与实践哲学》,《哲学动态》2005 年第 2 期,第 3—7 页。

张能为:《西方实践哲学传统与当代新发展——从亚里士多德、康德到伽达默尔》,《中国高校社会科学》2018 年第 2 期,第 119—126 页。

张能为:《理解的实践》,人民出版社,2002 年。

张任之:《伦理政治哲学的第三条道路》,《哲学研究》2013 年第 4 期,第 86—94 页。

张任之:《质料先天与人格生成——对舍勒现象学的质料价值伦理学的重构》,商务印书馆,2014 年。

张旭:《〈存在与时间〉的方法、内容和叙事》,《江海学刊》2014 年第 1 期,第 52—56 页。

张振华:《试论黑格尔〈安提戈涅〉解释》,《同济大学学报(社会科学版)》2007 年第 4 期,第 1—6 页。

赵汀阳:《共在存在论:人际与心际》 ,《哲学研究》 2009 年第 8 期,第 22—30 页。

赵汀阳:《第一哲学的支点》,三联书店,2013 年。

赵卫国:《〈存在与时间〉导论讲读》,人民出版社,2019 年。

朱光潜:《谈美》,东方出版中心,2016 年。

朱刚:《多元与无端:列维纳斯对西方哲学中一元开端论的解构》,江苏人民出版社,2016 年。

朱清华:《回到源初的生存现象——海德格尔前期对亚里士多德的存在论诠释》,首都师范大学出版社,2009 年。

朱松峰:《"反思"对"形式指引"——胡塞尔与海德格尔之方法的比较》,《武汉大学学报(人文科学版)》2009 年第 6 期,第 727—731 页。

朱海斌:《海德格尔形式显示的现象学方法》,《同济大学学报(社会科学版)》2013 年第 5 期,第 17—25 页。

致　谢

感谢我的父母对我的养育之恩,赐予我健康的身体,使我能够行进到现在。感谢姐姐们和兄弟们对我从事学术事业的支持。特别感谢我的妻子对我学业和工作的支持和奉献,感谢我的孩子给我带来生命中的惊喜。

非常感谢我的博士生导师孙周兴教授,没有孙老师的鼓励和支持,我不可能接触到海德格尔哲学的许多玄奥和神秘之处。当我自己从事教学之后,越发感受到孙老师对后学的慈爱、宽容和呵护。同时也要感谢参与我博士答辩的诸位老师。

感谢任老师和赵老师在工作上给予我的大力支持。同时感谢许多同事老师对我的帮助,无论是温和的还是激烈的。前辈们的诸种教导,都在很大程度上推动我向前走。最后,特别感谢本书责任编辑关宁老师和晏藜老师的辛勤工作。

马小虎

2022 年 5 月 31 日